21世纪普通高等院校系列精品教材

U0955691

会计学原理

（第三版）

刘 卫 蒋琳玲◎主编

西南财经大学出版社
中国·成都

图书在版编目(CIP)数据

会计学原理/刘卫,蒋琳玲主编.—3 版.—成都:西南财经大学出版社,2023.4(2024.1 重印)
ISBN 978-7-5504-5697-6

Ⅰ.①会… Ⅱ.①刘…②蒋… Ⅲ.①会计学 Ⅳ.①F230

中国国家版本馆 CIP 数据核字(2023)第 048770 号

会计学原理(第三版)
KUAIJIXUE YUANLI

刘 卫 蒋琳玲 主编

策划编辑:孙 婧
责任编辑:孙 婧
责任校对:李 琼
封面设计:墨创文化 张姗姗
责任印制:朱曼丽

出版发行	西南财经大学出版社(四川省成都市光华村街 55 号)
网 址	http://cbs.swufe.edu.cn
电子邮件	bookcj@swufe.edu.cn
邮政编码	610074
电 话	028-87353785
照 排	四川胜翔数码印务设计有限公司
印 刷	郫县犀浦印刷厂
成品尺寸	185mm×260mm
印 张	16.25
字 数	379 千字
版 次	2023 年 4 月第 3 版
印 次	2024 年 1 月第 2 次印刷
印 数	2001—4000 册
书 号	ISBN 978-7-5504-5697-6
定 价	39.80 元

▶▶ 第三版前言

经济越发展，会计越重要。会计人才的培养是经济发展的需要，而一本好的教材对会计人才的培养是非常重要的。因此，广西财经学院会计学原理教学团队精心组织编写了本教材。本教材结合党的二十大报告精神，并根据最新修订的《中华人民共和国会计法》《企业会计准则》《企业会计准则——应用指南》《会计基础工作规范》《会计档案管理办法》《中华人民共和国增值税法》等财经法规制度编写的。本教材的特点有两个：一是内容结构新颖。本教材以会计核算方法为主线索，先对会计的产生、发展等基础理论进行阐述，接着分章节介绍了七种会计核算方法，然后介绍账务处理的程序、账户体系、会计工作如何组织、要遵循哪些会计法规制度、有哪些常用的财务软件，内容安排合理，结构严谨。此外，本教材还编写了专门的具有针对性的学习辅导书（《会计学原理学习辅导书》西南财经大学出版社出版），对教材相应内容的知识点进行了梳理，把要点以表格的形式归纳整理，条理性强，思路清晰，便于读者复习巩固，也完善了教材的体系结构。二是实用性强。在阐述会计产生与发展，会计在经济管理和经济发展中的地位、作用的基础上，层层深入地论述了会计基础知识，如会计要素、记账方法、会计科目与账户、借贷复式记账法等，在论述中紧密结合企业实际发生的经济业务，从而使理论与实践有机结合，使枯燥的理论更好地被初学者理解掌握。

本教材既可作为会计、审计、财务管理等经济管理类专业在校学生学习会计知识的入门教材，也可以作为从事会计工作的会计人员的专业参考书，还可以作为其他从事经济管理工作的有关人员学习会计知识的参考书。选用本书作为教材，教师在教学过程中应抓住本书的主线，即制造业企业如何运用借贷复式记账法对基本的经济业务进行处理，突出会计的基本理论和基本经济业务；对会计基本理论的讲解应尽量简明扼要、通俗易懂，对企业基本经济业务的分析应详细透彻。

本教材由广西财经学院刘卫教授、蒋琳玲副教授主编，各章的具体编写分工如下：第一章和第三章由刘卫教授编写，第二章和第五章由唐冬妮讲师编写，第四章由陆婉彦会计师编写，第六章和第九章由吴春璇副教授编写，第七章由严丹良讲师编写，第八章和第十章由蒋琳玲副教授编写，第十一章和第十二章由赵瑾讲师编写。全书由刘卫教授、蒋琳玲副教授进行初审，最后由刘卫教授对全书进行总纂定稿。

本教材在编写过程中得到了胡国强教授的指导和帮助，在此表示衷心的感谢，也非常感谢对本教材的编写提出宝贵意见和建议的各位同事和朋友。由于编者的学识水平有限，本书在结构和内容上难免存在不足之处，恳请读者批评指正。

编　者

2023 年 1 月于南宁

目录

第一章 总论

■学习要求

通过本章的学习，要求读者了解会计产生与发展的历史进程，掌握会计的概念与特征；明确会计假设的重要意义，掌握会计四大假设与会计核算基础；理解会计信息质量要求；掌握会计对象、会计要素与会计等式；了解会计目标及会计准则体系。

■案例

经济发展与会计发展

党的二十大报告中提到："必须牢固树立和践行绿水青山就是金山银山的理念，站在人与自然和谐共生的高度谋划发展。""绿水青山就是金山银山"是我国生态文明建设的核心理念，这个理念科学阐明了经济发展和生态环境保护之间的关系，深刻揭示了保护生态环境就是保护生产力，改善生态环境就是发展生产力的道理，明确指出实现发展和保护协同共生的新路径。会计是核算和监督一个经济主体经济活动的一项经济管理工作，如果能通过会计反映一项经济活动带给生态环境的代价，就能够很好地制约污染性较大的经济活动。发展经济绝不能以破坏生态环境为代价，在未来，会计将在生态环境保护中充当着重要角色。随着经济不断发展，会计也不断向新的领域发展。

第一节 会计概述

一、会计的产生与发展

（一）会计的产生

物质生产是人类社会存在和发展的前提，会计就是人类生产活动发展到一定阶段的产物。在社会生产力水平极低的情况下，生活资料的生产无法满足人类生存的需要，人类过着朝不保夕的生活，自然不会形成会计的意识。只有当社会生产发展到能够满足人类生存的需要并且产生剩余时，人们开始用结绳记事、刻石计数，才产生了对生产活动进行专门计量与记录的会计。会计随着人类社会生产的发展和经济管理的发展需求而不断完善，经济越发展，会计越重要。因此，在学习会计的相关知识之前，先了解会计发展演进的历史，有助于我们更好地理解和掌握会计的含义。

（二）会计的发展阶段

随着社会生产的发展，会计的发展大致经历了古代会计、近代会计和现代会计三个主要阶段。

1. 古代会计

古代会计一般是指复式记账法出现以前的漫长时期。巴比伦、埃及、印度、希腊和中国等文明古国都留下了对会计活动的记载。例如，欧洲庄园的管家需将其管理成效向庄园主汇报；巴比伦人民精于组织管理，设置"专门记录官"；埃及首先出现了"内部控制思想"；印度与希腊出现铸币，并记录在账簿中。我国《周礼》中提到有会计官职"司会"的设置，司会掌管赋税收入、钱银支出等财务工作，采取了"月计岁会"（零星算之为计，总合算之为会）的方法；宋代就形成了"四柱清册"，即"旧管+新收=开除+实在"。

2. 近代会计

近代会计始于复式簿记的形成。1494 年，数学家卢卡·帕乔利（Luca Pacioli）在《算术、几何、比及比例概要》中专门阐述了复式记账的基本原理，这是近代会计发展史上的里程碑。复式簿记首先出现在意大利，随后传播至荷兰、西班牙、葡萄牙，又传入德国、英国、法国等国家。工业化革命后，会计理论和方法出现了明显的发展，从而完成了由簿记到会计的转化。

3. 现代会计

现代会计始于20 世纪50 年代，在发达的市场经济国家首先发展起来，尤其是在美国。现代会计的形成和发展主要表现在以下两个方面：

第一，会计由手工簿记系统发展为电子数据处理系统（EDP 会计）和网络系统。会计处理的电算化，是会计在记录与计算技术方面的重大革命。会计信息的网络化，大大促进了会计信息的传递，提高了会计信息的使用效率。

第二，随着企业内部和外部对会计信息的不同要求，会计分化为财务会计和管理会计两个子系统。财务会计也称"对外报告会计"，以向投资者、债权人和企业外部相关方面提供投资、信贷和其他经济决策所需要的信息为主。管理会计也称为"对内报告会计"，以向企业内部各级管理人员提供短期和长期经营、管理和理财决策所需要的经济信息为主。财务会计侧重于过去信息，为外部有关各方提供所需数据；管理会计侧重于未来信息，为内部管理部门提供数据。

随着经济的不断发展，新生事物不断涌现，现代会计除了上述两个方面的发展外，还有许多新的发展领域，如人力资源会计、通货膨胀会计、绿色会计等。

（三）会计的含义及特征

会计的含义一般表述为：会计是以货币为主要计量单位，运用专门的方法，核算和监督一个单位经济活动的一种经济管理活动。它具有以下四个方面的特征：

1. 会计是一种经济管理活动

会计是对一个单位的经济活动进行确认、计量和报告，作出预测，参与决策，实行监督，以实现最佳经济效益的一种管理活动。

2. 会计采用一系列专门的方法

会计方法是指从事会计工作所使用的各种技术方法，一般包括会计核算方法、会计分析方法和会计检查方法。其中会计核算方法是会计方法中最基本的方法。会计核算方法主要包括：设置账户、复式记账、填制和审核凭证、登记会计账簿、成本计算、财产清查、编制会计报表。上述七种会计核算方法并不是独立的，而是相互联系、相互依存、彼此制约的，构成了一个完整的会计核算方法体系。

3. 会计具有核算和监督的基本职能

会计的基本职能是对经济活动进行核算和监督。会计核算是为经济管理活动搜集、处理、存储和输送各种会计信息。会计监督是对特定主体的经济活动的真实性、合法性和合理性进行考核与评价，并采取措施，施加影响，以实现预期的目标。

4. 会计以货币作为主要计量单位

会计主体的经济活动是多种多样的，为了实现会计目的，必须综合反映会计主体的各种经济活动，这就要求有一个统一的计量尺度。可供选择的计量尺度有货币、重量、体积、数量和时间等，但在商品经济条件下，货币是一种特殊的商品，具有综合性，最适合充当统一的计量尺度。会计在选择货币作为统一的计量尺度的同时，还可辅助采用实物和时间计量尺度。

二、会计职能

会计职能是指会计在经济管理过程中所具有的功能。会计职能随着经济的发展及会计内容和作用的不断扩大而发展变化。从会计的本质来讲，核算和监督是会计的两大基本职能，同时，会计还具有预测、决策和评价等扩展职能。

（一）会计的基本职能

1. 会计核算职能

会计核算职能又称会计反映职能，是指会计以货币为主要计量单位，对特定主体的经济活动进行确认、计量和报告。

会计确认是运用特定会计方法，以文字和金额同时描述某一交易或事项，使其金额反映在特定主体财务报表的合计数中的会计程序。会计确认解决的是定性问题，以判断发生的经济活动是否属于会计核算的内容、归属于哪类性质的业务，是作为资产还是负债或其他会计要素等。会计确认分为初始确认和后续确认。

会计计量是在会计确认的基础上确定具体金额，会计计量解决的是定量问题。

会计报告是确认、计量的结果，即通过报告，将确认、计量的结果进行归纳和整理，以财务报告的形式提供给信息使用者。

会计核算贯穿于经济活动的全过程，是会计最基本的职能。会计核算的内容具体表现为生产经营过程中的各种经济业务，包括：①款项和有价证券的收付；②财物的收发、增减和使用；③债权债务的发生和结算；④资本、基金的增减和经费的收支；

⑤收入、费用、成本的计算；⑥财务成果的计算和处理；⑦需要办理会计手续、进行会计核算的其他事项。

2. 会计监督职能

会计监督职能又称会计控制职能，是指会计机构和会计人员在进行会计核算的同时，对特定主体和相关会计核算的真实性、合法性和合理性进行审查。真实性审查是指检查各项会计核算是否根据实际发生的经济业务事项进行；合法性审查是指保证各项经济业务符合国家的有关法律法规，遵守财经纪律，执行国家的各项方针政策，杜绝违法乱纪行为；合理性审查是指检查各项财务收支是否符合特定对象的财务收支计划，是否有利于预算目标的实现，是否有奢侈浪费行为，是否有违背内部控制制度要求等现象，为提高经济效益严格把关。

上述两项基本会计职能是相辅相成、辩证统一的关系。会计核算是会计监督的基础，没有核算所提供的各种信息，监督就失去了依据；而会计监督又是会计核算质量的保障，只有核算，没有监督，就难以保证核算所提供信息的可靠性。

（二）会计扩展职能

随着生产力水平的提高，社会经济关系的日益复杂和管理理论的不断深化，会计所发挥的作用日趋重要，其职能也在不断丰富和发展。除上述基本职能外，会计还具有预测经济前景、参与经济决策、评价经营业绩等职能。

1. 预测经济前景

会计预测是根据已有的会计信息和相关资料，对生产经营过程及其发展趋势进行判断、预计和估测，制定财务方面的预定目标，作为下一个会计期间实行经济活动的指标。

2. 参与经济决策

会计决策是指会计按照提供的预测信息和既定目标，在多个备选方案中，选出最佳方案的过程。

3. 评价经营业绩

会计评价是以会计核算资料为基础，结合其他相关资料，运用专门的方法，对经济活动的过程和结果进行分析，肯定成绩，找出不足，提出改进措施，改善经营管理。

三、会计对象

（一）会计的一般对象

会计对象是指会计所核算和监督的内容，具体是指社会再生产过程中能够以货币表现的经济活动，即价值运动或资金运动。因此，凡是特定主体能够以货币表现的经济活动，都是会计核算和监督的内容，也就是会计对象。

（二）会计的具体对象

由于各单位的性质不同，经济活动的内容不同，会计的具体对象也不尽相同。下面以生产企业为例来说明企业会计的具体对象。生产企业是从事生产和销售的营利性经济组织，为了从事产品的生产与销售活动，企业必须拥有一定数量的资金。企业的资金，是企业所拥有的各项财产物资的货币表现。企业的资金运动表现为资金投入、资金循环与周转和资金退出三个过程，如图 1-1 所示。

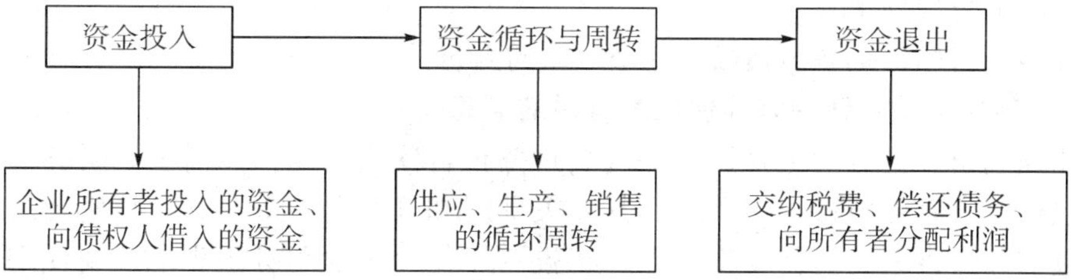

图 1-1　资金运动

1. 资金投入

资金投入包括企业所有者投入的资金和向债权人借入的资金两部分，前者属于企业所有者权益，后者属于企业负债。投入企业的资金一部分构成流动资产，另一部分构成非流动资产。

2. 资金循环与周转

生产企业的资金循环与周转分为供应、生产、销售三个阶段。在供应过程中，企业要购买原材料等劳动对象，发生材料费、运输费、装卸费等材料采购成本，与供应单位发生货款的结算关系。在生产过程中，劳动者借助于劳动手段将劳动对象加工成特定的产品，发生原材料消耗的材料费、生产工人劳动耗费的人工费、固定资产磨损的折旧费等，构成产品使用价值与交换价值的统一体。同时，还将发生企业与工人之间的工资结算关系、与有关单位之间的劳务结算关系等。在销售过程中，将生产的产品销售出去，发生有关销售费用、收回货款、交纳税费等业务活动，并同购货单位发生货款结算关系、同税务机关发生税务结算关系等；企业获得的销售收入，扣除各项成本费用后的利润，还要提取盈余公积并向所有者分配利润。

3. 资金退出

资金退出包括交纳税费、偿还债务、向所有者分配利润等，这部分资金将退出本企业的资金循环与周转。

上述资金运动的三个阶段，是相互支撑、相互制约的统一体。没有资金投入，就不会有资金循环与周转；没有资金循环与周转，就不会有偿还债务、交纳税费和利润分配等；没有这类资金退出，就不会有新一轮的资金投入，企业就不能进一步发展。

值得注意的是，不是企业生产经营过程的全部内容都是会计核算的对象，只有能以货币表现的经济活动，才是会计核算的内容。

四、会计目标

会计目标也称会计目的，是要求会计工作完成的任务或达到的标准。由于会计可分为财务会计与管理会计两大领域，两者目标略有不同。财务会计侧重于对外报告，即对外向股东、债权人、银行、政府机关和其他经济利益关系的团体或个人报告。因此，我国《企业会计准则——基本准则》中明确了我国企业财务报告的目标，是向财务报告使用者提供与企业财务状况、经营成果和现金流量等有关的会计信息，反映企业管理层受托责任履行情况，有助于财务报告使用者做出经济决策。而管理会计侧重于对内报告，即主要用来规划和控制日常的经济活动，帮助企业内部管理人员预测前景、参与决策与规划未来。

财务会计目标，具体包括以下两个方面的内容：

（一）向财务报告使用者提供决策有用的信息

企业编制财务报告的主要目的是满足财务报告使用者的信息需要。财务报告使用者主要包括投资者、债权人、政府及其有关部门和社会公众等。满足投资者的信息需要是企业财务报告编制的首要出发点，将投资者作为企业财务报告的首要使用者，凸显了投资者的地位，体现了保护投资者利益的要求，是市场经济发展的必然。如果企业在财务报告中提供的会计信息与投资者的决策无关，那么财务报告就失去了其编制的意义。根据投资者决策有用目标，财务报告所提供的信息应当如实反映企业所拥有或者控制的经济资源、对经济资源的要求权以及经济资源及其要求权的变化情况；如实反映企业的各项收入、费用、利得和损失的金额及其变动情况；如实反映企业各项经营活动、投资活动和筹资活动等所形成的现金流入和现金流出情况等。从而有助于现在的或者潜在的投资者正确、合理地评价企业的资产质量、偿债能力、盈利能力和营运效率等；有助于投资者根据相关会计信息做出理性的投资决策；有助于投资者评估与投资有关的未来现金流量的金额、时间和风险等。

除了投资者之外，企业财务报告的使用者还有债权人、政府及有关部门、社会公众等。例如，债权人通常关心企业的偿债能力和财务风险，他们需要信息来评估企业能否如期偿还贷款本金及利息，能否如期支付所欠购货款等；政府及其有关部门作为经济管理和经济监管部门，通常关心经济资源分配的公平、合理，市场经济秩序的公正、有序，宏观决策所依据信息的真实、可靠等问题。所以，他们需要信息来监管企业的有关活动（尤其是经济活动）、制定税收政策、进行税收征管和国民经济统计等；社会公众也关心企业的生产经营活动，包括对所在地经济做出的贡献，如增加就业、刺激消费、提供社区服务等。因此，在财务报告中提供有关企业发展前景及其能力、经营效益及其效率等方面的信息，可以满足社会公众的信息需要。应当说，这些使用者的许多信息需求是共同的。由于投资者是企业资本的主要提供者，在通常情况下，如果财务报告能够满足这一群体的会计信息需求，也可以满足其他使用者的大部分信息需求。

（二）反映企业管理层受托责任的履行情况

现代企业制度强调企业所有权和经营权相分离，企业管理层受委托人之托经营管理企业及其各项资产，负有受托责任。即企业管理层所经营的企业各项资产基本上为投资者投入的资本或向债权人借入的资金所形成的，企业管理层有责任妥善保管并合理、有效运用这些资产。企业投资者和债权人等也需要及时或者经常性地了解企业管理层保管、使用资产的情况，以便于评价管理层的责任情况和业绩情况，并决定是否需要调整投资或者信贷政策，是否需要加强企业内部控制和其他制度建设，是否需要更换管理层等。

由此可见，会计的目标是由会计的本质特征和经济管理需要综合作用的结果，对会计的服务对象、服务项目和内容、服务的质量标准产生重要的影响。

五、会计的作用

会计是现代企业的一项重要的基础性工作，通过一系列会计程序，提供对决策有用的信息，并积极参与经营管理决策，提高企业经济效益。具体来说，会计在社会主义市场经济中的作用，主要包括以下两个方面：

（一）有助于提供对决策有用的信息，提高企业透明度，规范企业行为

企业会计通过其核算职能，提供有关企业财务状况、经营成果和现金流量方面的信息，高质量的会计信息是投资者和债权人等在内的各方进行决策的依据。比如，对于投资者来说，他们为了选择投资对象、衡量投资风险、做出投资决策，不仅需要了解企业包括毛利率、总资产收益率、净资产收益率等指标在内的盈利能力和发展趋势方面的信息，也需要了解有关企业经营情况方面的信息及其所处行业的信息；对于债权人来说，他们为了选择贷款对象、衡量贷款风险、做出贷款决策，不仅需要了解企业包括流动比率、速动比率、资产负债率等指标在内的短期偿债能力和长期偿债能力，也需要了解企业所处行业的基本情况及其在同行业所处的地位；对于政府部门来说，他们为了制定经济政策、进行宏观调控、配置社会资源，需要从总体上掌握企业的资产负债结构、损益状况和现金流转情况，从宏观上把握经济运行的状况和发展变化趋势。所有这一切，都需要会计提供有助于他们进行决策的信息，通过提高会计信息透明度来规范企业的会计行为。

（二）有助于考核企业领导人经济责任的履行情况

企业接受了包括国家在内的投资者和债权人的投资，就有责任按照其预定的发展目标和要求，合理利用资源，加强经营管理，提高经济效益，接受考核和评价。会计信息有助于评价企业的业绩，有助于考核企业领导人经济责任的履行情况。比如，对于投资者来说，他们为了了解企业当年度经营活动成果、资产保值和增值情况，需要将利润表中的净利润与上年度进行对比，以反映企业的盈利发展趋势；需要将其与同行业进行对比以反映企业在与同行业竞争时所处的位置，从而考核企业领导人经济责任的履行情况。

第二节　会计信息质量要求

会计信息质量要求是对企业财务报告中所提供会计信息质量的基本要求，是使财务报告中所提供会计信息对投资者等使用者决策有用应具备的基本特征。根据《企业会计准则——基本准则》规定，它包括可靠性、相关性、可理解性、可比性、实质重于形式、重要性、谨慎性和及时性。

一、可靠性

可靠性要求企业应当以实际发生的交易或者事项为依据进行确认、计量和报告，如实反映符合确认和计量要求的各项会计要素及其他相关信息，保证会计信息真实可靠、内容完整。为了贯彻可靠性要求，企业应当做到：

（1）以实际发生的交易或者事项为依据进行确认、计量，将符合会计要素定义及其确认条件的资产、负债、所有者权益、收入、费用和利润等如实反映在财务报表中，不得根据虚构的、没有发生的、尚未发生的交易或者事项进行确认、计量和报告。

（2）在符合重要性和成本效益原则的前提下，保证会计信息的完整性，其中包括编制的财务报表及其附注内容等应当保持完整，不能随意遗漏或减少应予以披露的信息；与使用者决策相关的有用信息都应当充分披露。

二、相关性

相关性要求企业提供的会计信息应当与投资者等财务报告使用者的经济决策需要相关，有助于投资者等财务报告使用者对企业过去、现在或者未来的情况作出评价或者预测。

根据会计信息质量的相关性要求，需要企业在确认、计量和报告会计信息的过程中，充分考虑使用者的决策模式和信息需要。但是，相关性是以可靠性为基础的，两者并不矛盾，不应将两者对立起来。也就是说，会计信息在可靠性的前提下，尽可能地做到相关性，以满足投资者等财务报告使用者的决策需要。会计信息是否有用，是否具有价值，关键是看其与使用者的决策需要是否相关，是否有助于决策或者提高决策水平。相关的会计信息应当能够有助于使用者评价企业过去的决策，证实或者修正过去的有关预测，因而具有反馈价值。相关的会计信息还应当具有预测价值，有助于使用者根据财务报告所提供的会计信息预测企业未来的财务状况、经营成果和现金流量。

三、可理解性

可理解性要求企业提供的会计信息应当清晰明了，便于投资者等财务报告使用者理解和使用。

企业编制财务报告、提供会计信息的目的在于使用，为了让使用者有效使用会计信息，应当让其了解会计信息的内涵，明白会计信息的内容，这就要求财务报告所提供的会计信息应当清晰明了，易于理解。只有这样，才能提高会计信息的有用性，实现财务报告的目标，满足向投资者等财务报告使用者提供决策有用信息的要求。

四、可比性

可比性要求企业提供的会计信息应当相互可比。它主要包括两层含义：

（一）同一企业不同时期可比

为了便于投资者等财务报告使用者了解企业财务状况、经营成果和现金流量的变化趋势，比较企业不同时期的财务报告信息，全面、客观地评价过去、预测未来，从而做出决策，会计信息质量的可比性要求同一企业不同时期发生的相同或者相似的交易或者事项，应当采用一致的会计政策，不得随意变更。但是，满足会计信息可比性要求，并非表明企业不得变更会计政策，如果按照规定或者在会计政策变更后可以提供更可靠、更相关的会计信息，可以变更会计政策。有关会计政策变更的情况，应当在附注中予以说明。

（二）不同企业相同会计期间可比

为了便于投资者等财务报告使用者评价不同企业的财务状况、经营成果和现金流量及其变动情况，会计信息质量的可比性要求不同企业同一会计期间发生的相同或者相似的交易或者事项，应当采用规定的会计政策，确保会计信息口径一致、相互可比。

五、实质重于形式

实质重于形式要求企业应当按照交易或者事项的经济实质进行会计确认、计量和报告，不仅仅以交易或者事项的法律形式为依据。

企业发生的交易或事项在多数情况下其经济实质和法律形式是一致的，但在有些情况下也会出现不一致。例如，企业按照销售合同销售商品但又签订了售后回购协议，且回购价确定，虽然从法律形式上看实现了收入，但如果企业没有将商品的控制权转移给购货方，没有满足收入确认的各项条件，即使签订了商品销售合同或者已将商品交付给购货方，也不应当确认销售收入。

六、重要性

重要性要求企业提供的会计信息应当反映与企业财务状况、经营成果和现金流量有关的所有重要交易或者事项。

如果财务报告中提供的会计信息的省略或者错报会影响使用者据此做出决策，该信息就具有重要性。重要性的应用需要依赖职业判断，企业应当根据其所处环境和实际情况，从项目的性质和金额大小两方面加以判断。

七、谨慎性

谨慎性要求企业对交易或者事项进行会计确认、计量和报告时保持应有的谨慎，不应高估资产或者收益，低估负债或者费用。

在市场经济环境下，企业的生产经营活动面临着许多风险和不确定性，如应收款项的可收回性、固定资产的使用寿命等。会计信息质量的谨慎性要求，需要企业在面临不确定性因素的情况下作出职业判断时，应当保持应有的谨慎，充分估计到各种风险和损失，既不高估资产或者收益，也不低估负债或者费用。例如，要求企业对应收款项计提坏账准备，就体现了会计信息质量的谨慎性要求。

谨慎性的应用也不允许企业设置“秘密准备”，如果企业故意低估资产或者收入，或者故意高估负债或者费用，将不符合会计信息的可靠性和相关性要求，会损害会计信息质量，扭曲企业实际的财务状况和经营成果，从而对使用者的决策产生误导，这是会计准则所不允许的。

八、及时性

及时性要求企业对于已经发生的交易或者事项，应当及时进行确认、计量和报告，不得提前或者延后。

会计信息的价值在于帮助所有者或者其他方做出经济决策，具有时效性。即使是可靠的、相关的会计信息，如果不及时提供，就失去了时效性，对于使用者的效用就大大降低，甚至不再具有实际意义。在会计确认、计量和报告过程中贯彻及时性，一是要求及时收集会计信息，即在经济交易或者事项发生后，及时收集整理各种原始单据或者凭证；二是要求及时处理会计信息，即按照会计准则的规定，及时对经济交易或者事项进行确认或者计量，并编制财务报告；三是要求及时传递会计信息，即按照国家规定的有关时限，及时地将编制的财务报告传递给财务报告使用者，便于其及时使用和决策。

在实务中，为了及时提供会计信息，可能需要在有关交易或者事项的信息全部获得之前即进行会计处理，这样就满足了会计信息的及时性要求，但可能会影响会计信息的可靠性；反之，如果企业等到与交易或者事项有关的全部信息获得之后再进行会计处理，这样的信息披露可能会由于时效性问题，对投资者等财务报告使用者决策的有用性大大降低。这就需要在及时性和可靠性之间作相应权衡，以最大限度地满足投资者等财务报告使用者的经济决策需要作为判断标准。

第三节　会计基本假设与会计基础

一、会计基本假设

会计基本假设是对会计核算所处时间、空间环境等所作的合理设定，是企业会计确认、计量和报告的前提。会计基本假设包括会计主体、持续经营、会计分期和货币计量。

（一）会计主体

会计主体，是指会计工作服务的特定对象，是企业会计确认、计量和报告的空间范围。为了向财务报告使用者反映企业财务状况、经营成果和现金流量，提供与其决策有用的信息，会计核算和财务报告的编制应当集中反映特定对象的活动，并将它与其他经济实体区别开来。在会计主体假设下，企业应当对其本身发生的交易或者事项进行会计确认、计量和报告，反映企业本身所从事的各项生产经营活动和其他相关活动。明确界定会计主体是开展会计确认、计量和报告工作的重要前提。

首先，明确会计主体，才能划定会计所要处理的各项交易或事项的范围。在会计工作中，只有那些影响企业本身经济利益的各项交易或事项才能加以确认、计量和报告，那些不影响企业本身经济利益的各项交易或事项则不能加以确认、计量和报告。会计工作中通常所说的资产、负债的确认，收入的实现，费用的发生等，都是针对特定会计主体而言的。

其次，明确会计主体，才能将会计主体的交易或者事项与会计主体所有者的交易或者事项以及其他会计主体的交易或者事项区分开来。例如，企业所有者的经济交易或者事项是由企业所有者主体所发生的，不应纳入企业会计核算的范围。但是企业所有者投入企业的资本或者企业向所有者分配的利润，则属于企业主体所发生的交易或者事项，应当纳入企业会计核算的范围。

会计主体不同于法律主体。一般来说，法律主体必然是一个会计主体。例如，一个企业作为一个法律主体，应当建立财务会计系统，独立反映其财务状况、经营成果和现金流量。但是，会计主体不一定是法律主体。例如，在企业集团的情况下，一个母公司拥有若干子公司，母子公司虽然是不同的法律主体但是母公司对于子公司拥有控制权，为了全面反映企业集团的财务状况、经营成果和现金流量，就有必要将企业集团作为一个会计主体，编制合并财务报表。再如，由企业管理的证券投资基金、企业年金基金等，尽管不属于法律主体，但属于会计主体，应当对每项基金进行会计确认、计量和报告。

（二）持续经营

持续经营，是指在可以预见的将来，企业将会按当前的规模和状态继续经营下去，不会停业，也不会大规模削减业务。在持续经营的前提下，会计确认、计量和报告应当以企业持续、正常的生产经营活动为前提。

企业是否持续经营，在会计原则、会计方法的选择上有很大差别。一般情况下，应当假定企业将会按照当前的规模和状态继续经营下去。明确这个基本假设，就意味着会计主体将按照既定用途使用资产，按照既定的合约条件清偿债务，会计人员就可以在此基础上选择会计原则和会计方法。如果判断企业会持续经营，就可以假定企业的固定资产会在持续经营的生产经营过程中长期发挥作用，并服务于生产经营过程，固定资产就可以根据历史成本进行记录，并采用一定的折旧方法，将历史成本分摊到各个会计期间或相关产品的成本中。如果判断企业不会持续经营，固定资产就不应采用历史成本进行记录并按期计提折旧。

如果一个企业在不能持续经营时还假定企业能够持续经营，并仍按持续经营基本假设选择会计确认、计量和报告原则与方法，就不能客观地反映企业的财务状况、经营成果和现金流量，会误导会计信息使用者的经济决策。

（三）会计分期

会计分期，是指将一个企业持续经营的生产经营活动划分为一个个连续的、长短相同的期间。会计分期的目的，在于通过会计期间的划分，将持续经营的生产经营活动划分成连续、相等的期间，据以结算盈亏，按期编报财务报告，从而及时向财务报告使用者提供有关企业财务状况、经营成果和现金流量的信息。

在会计分期的假设下，企业应当划分会计期间，分期结算账目和编制财务报告。会计期间通常分为年度和中期。我国的会计年度采用的是公历年度，即从每年的 1 月 1 日到 12 月 31 日为一个会计年度。中期是指短于一个完整会计年度的报告期间，又可分为月度、季度、半年度。

由于会计分期，才产生了本期与非本期的区别，才产生了权责发生制和收付实现制的区别，进而出现了应收、应付、预收、预付、折旧、摊销等会计处理方法。

（四）货币计量

货币计量，是指会计主体在会计确认、计量和报告时以货币计量，反映会计主体的生产经营活动。

在会计的确认、计量和报告过程中之所以选择货币为基础进行计量，是由货币的本身属性决定的。货币是商品的一般等价物，是衡量一般商品价值的共同尺度，具有价值尺度、流通手段、贮藏手段和支付手段等特点。其他计量单位，如重量、长度、容积、台、件等，只能从一个侧面反映企业的生产经营情况，无法在量上进行汇总和比较，不便于会计计量和经营管理。只有选择货币尺度进行计量才能充分反映企业的生产经营情况。所以，《企业会计准则——基本准则》规定，会计确认、计量和报告选择货币作为计量单位。此外，《企业会计准则第 19 号——外币折算》规定，企业通常应选择人民币作为记账本位币。业务收支以人民币以外的货币为主的企业，可以选定某种外币作为记账本位币进行会计核算，但是编制的财务报表应当折算为人民币。

上述会计核算的四项基本假设，具有相互依存、相互补充的关系。会计主体确立了会计核算的空间范围，持续经营与会计分期确立了会计核算的时间长度，而货币计量为会计核算提供了必要手段。没有会计主体，就不会有持续经营；没有持续经营，就不会有会计分期；没有货币计量，就不会有现代会计。

二、会计基础

（一）权责发生制

企业会计的确认、计量和报告应当以权责发生制为基础。权责发生制要求，凡是当期已经实现的收入和已经发生或应当负担的费用，无论款项是否收付，都应当作为当期的收入和费用，计入利润表；凡是不属于当期的收入和费用，即使款项已在当期收付，也不应当作为当期的收入和费用。

在实务中，企业交易或者事项的发生时间与相关货币收支时间有时并不完全一致。例如，202×年 3 月企业已按合同发出商品，并向银行办妥了托收货款的手续，而货款在 4 月才能收到。在权责发生制下，该销售收入应计入 3 月。在费用方面，有时款项已经支付，但并不是因本期生产经营活动而发生的，则不应作为本期的费用处理，而有些应属于本期的费用，但尚未支付，则应作为预计应付费用处理。为了更加真实、公允地反映特定会计期间的财务状况和经营成果，《企业会计准则——基本准则》明确规定，企业在会计确认、计量和报告中应当以权责发生制为基础。

（二）收付实现制

收付实现制是与权责发生制相对应的一种会计基础，是以收到或支付的现金作为确认收入和费用的依据。如前述的 202×年 3 月企业已按合同发出商品，并向银行办妥了托收货款的手续，而货款在 4 月才能收到时，在收付实现制下，该销售收入应计入 4 月。

第四节　会计要素

一、会计要素的含义及分类

（一）会计要素的含义

为了具体实施会计核算，需要对会计核算和监督的内容进行分类。会计要素是对会计对象进行的基本分类，是会计核算对象的具体化，是用于反映会计主体财务状况、确定经营成果的基本单位。

（二）会计要素的分类

合理划分会计要素，有利于清晰地反映产权关系和其他经济关系。我国《企业会计准则——基本准则》将会计要素划分为资产、负债、所有者权益、收入、费用、利润六类。其中，资产、负债和所有者权益反映企业在一定日期的财务状况，是对企业资金运动的静态反映，属于静态要素，也称财务状况要素，在资产负债表中列示；收入、费用和利润反映企业在一定时期内的经营成果，是对企业资金运动的动态反映，属于动态要素，也称经营成果要素，在利润表中反映。

二、会计要素的确认

（一）资产

1. 资产的定义与特征

资产是指企业过去的交易或者事项形成的，由企业拥有或者控制的，预期会给企业带来经济利益的资源。根据资产的定义，资产具有如下特征：

（1）资产预期会给企业带来经济利益

资产预期会给企业带来经济利益，是指资产直接或者间接导致现金或现金等价物流入企业的潜力。这种潜力可以来自企业日常的生产经营活动，也可以是非日常活动；带来的经济利益可以是现金或现金等价物，也可以是转化为现金或者现金等价物的形式。

预期能为企业带来经济利益是资产的重要特征。例如，企业采购的原材料、购置的固定资产等可以用于生产经营过程、制造商品或者提供劳务；将商品或劳务对外出售后收回货款，货款即为企业所获得的经济利益。如果某一项目预期不能给企业带来经济利益，那么就不能将其确认为企业的资产。前期已经确认为资产的项目，如果不能再为企业带来经济利益的，也不能再确认为企业的资产。

【例 1-1】某企业库存的一批商品已霉烂变质，是否还属于企业的资产？

该商品不应确认为该企业资产，因为该商品已霉烂变质，未来不能给企业带来经济利益，不应作为资产反映在资产负债表中。

（2）资产应为企业拥有或者控制的资源

资产作为一项资源，应当由企业拥有或者控制，具体是指企业享有某项资源的所有权，或者虽然不享有某项资源的所有权，但该资源能被企业所控制。

企业享有资产的所有权，通常表明企业能够排他性地从资产中获取经济利益。在判断资产是否存在时，所有权是考虑的首要因素。在有些情况下，资产虽然不为企业所拥有，即企业并不享有其所有权，但企业控制了这些资产，同样表明企业能够从资产中获取经济利益，符合会计上对资产的定义。如果企业既不拥有也不控制资产所能带来的经济利益，就不能将其作为企业的资产予以确认。

【例 1-2】甲企业为加工车间租入一套单位价值较高的生产设备，租赁期为 2 年。请问该生产设备是否作为甲企业的资产核算？

分析：根据财政部 2018 年修订的《企业会计准则第 21 号——租赁》相关规定，甲企业应在能控制已识别的租赁资产使用权利的租赁期内，确认为甲企业的一项资产。

（3）资产是由企业过去的交易或者事项形成的

资产应当由企业过去的交易或者事项所形成，过去的交易或者事项包括购买、生产、建造行为或者其他交易或事项。只有过去的交易或者事项才能形成资产，企业预期在未来发生的交易或者事项不形成资产。例如，企业有购买某项存货的计划，但购买行为尚未发生，就不符合资产的定义，不能确认该存货为资产。

2. 资产的确认条件

将一项资源确认为资产，需要符合资产的定义，还应同时满足两个条件：

（1）与该资源有关的经济利益很可能流入企业；

（2）该资源的成本或者价值能够可靠计量。

3. 资产的分类

资产按其流动性不同，分为流动资产和非流动资产。

资产满足下列条件之一的，应当归类为流动资产：①预计在一个正常营业周期中变现、出售或耗用；②主要为交易目的而持有；③预计在资产负债表日起一年内变现；④自资产负债表日起一年内，交换其他资产或清偿负债的能力不受限制的现金或现金等价物。流动资产主要包括库存现金、银行存款、交易性金融资产、应收票据、应收账款、预付账款、应收利息、应收股利、其他应收款、原材料、库存商品等。

流动资产以外的资产应当归类为非流动资产，并应按其性质分类列示。非流动资产主要包括长期股权投资、工程物资、在建工程、固定资产、无形资产等。被划分为持有待售的非流动资产应当归类为流动资产。

一个正常营业周期是指企业从购买用于加工的资产起至实现现金或现金等价物的期间。正常营业周期通常短于一年。因生产周期较长等导致正常营业周期长于一年的，尽管相关资产往往超过一年才变现、出售或耗用，仍应当划分为流动资产。正常营业周期不能确定的，应当以一年（12 个月）作为正常营业周期。

（二）负债

1. 负债的定义与特征

负债是指企业过去的交易或者事项形成的，预期会导致经济利益流出企业的现时义务。根据负债的定义，负债具有如下特征：

（1）负债是企业承担的现时义务

负债必须是企业承担的现时义务，它是负债的一个基本特征。其中，现时义务是指企业在现行条件下已承担的义务。未来发生的交易或者事项形成的义务，不属于现时义务，不应当确认为负债。

这里所指的义务可以是法定义务，也可以是推定义务。其中法定义务是指具有约束力的合同或者法律法规规定的义务，通常在法律意义上需要强制执行。例如，企业购买原材料形成应付账款、企业向银行借入款项形成借款、企业按照税法规定应当交纳的税款等，均属于企业承担的法定义务，需要依法予以偿还。推定义务是指根据企业多年来的习惯做法、公开的承诺或者公开宣布的经营政策而导致企业将承担的责任，这些责任也使有关各方形成了企业将履行义务解脱责任的合理预期。例如，某企业多年来坚持实行一项销售政策，对于售出商品提供一定期限内的售后保修服务，预期将为售出商品提供的保修服务就属于推定义务，应当将其确认为一项负债。

（2）负债预期会导致经济利益流出企业

预期会导致经济利益流出企业也是负债的一个本质特征，只有在履行义务时会导致经济利益流出企业的，才符合负债的定义。在履行现时义务清偿负债时，导致经济利益流出企业的形式多种多样，如用现金偿还、以实物资产形式偿还或以提供劳务形式偿还等。

（3）负债是由企业过去的交易或者事项形成的

负债应当由企业过去的交易或者事项形成。换句话说，只有过去的交易或者事项才形成负债，企业将在未来发生的承诺、签订的合同等交易或者事项，不形成负债。

2. 负债的确认条件

将一项现时义务确认为负债，需要符合负债的定义，还需要同时满足两个条件。

（1）与该义务有关的经济利益很可能流出企业；

（2）未来流出的经济利益的金额能够可靠计量。

3. 负债的分类

负债按其流动性的不同，分为流动负债和非流动负债。

负债满足下列条件之一的，应当归类为流动负债：①预计在一个正常营业周期中清偿。②主要为交易目的而持有。③自资产负债表日起一年内到期应予以清偿。④企业无权自主地将清偿推迟至资产负债表日后一年以上。流动负债主要包括短期借款、应付票据、应付账款、预收账款、应付职工薪酬、应交税费、应付利息、应付股利、其他应付款等。

流动负债以外的负债应当归类为非流动负债，并应当按其性质分类列示，主要包括长期借款、应付债券等。被划分为持有待售的非流动负债应当归类为流动负债。

（三）所有者权益

1. 所有者权益的定义及特征

所有者权益是指企业资产扣除负债后，由所有者享有的剩余权益。公司的所有者权益又称为股东权益。所有者权益是所有者对企业资产的剩余索取权，是企业资产中扣除债权人权益后应由所有者享有的部分，既可反映所有者投入资本的保值、增值情况，又体现了保护债权人权益的理念。

2. 所有者权益的来源构成

所有者权益的来源包括所有者投入的资本、直接计入所有者权益的利得和损失（其他综合收益）、留存收益等，通常包括股本（或实收资本）、资本公积（含股本溢价或资本溢价、其他资本公积）、其他综合收益、盈余公积和未分配利润等。

所有者投入的资本是指所有者投入企业的资本部分，既包括构成企业注册资本或者股本的金额，也包括投入资本超过注册资本或股本部分的金额，即资本溢价或者股本溢价，这部分投入资本作为资本公积（资本溢价或股本溢价）反映。

直接计入所有者权益的利得和损失是指不应计入当期损益、会导致所有者权益发生增减变动的、与所有者投入资本或者向所有者分配利润无关的利得或损失。其中，利得是指由企业非日常活动所形成的、会导致所有者权益增加的、与所有者投入资本无关的经济利益的流入。损失是指由企业非日常活动所发生的、会导致所有者权益减少的、与向所有者分配利润无关的经济利益的流出。

留存收益是企业历年实现的净利润留存于企业的部分，主要包括盈余公积和未分配利润。

3. 所有者权益的确认条件

所有者权益体现的是所有者在企业中的剩余权益。因此，所有者权益的确认主要依赖于其他会计要素，尤其是资产和负债的确认；所有者权益金额的确定也主要取决于资产和负债的计量。例如，企业接受投资者投入的资产，在该资产符合企业资产确认条件时，就相应地符合了所有者权益的确认条件；当该资产的价值能够可靠地计量时，所有者权益的金额也就可以确定。

所有者权益反映的是企业所有者对企业剩余资产的索取权，负债反映的是企业债权人对企业资产的索取权，两者在性质上有本质区别，因此企业在会计确认、计量和报告中应当严格区分负债和所有者权益，以如实反映企业的财务状况。它对于分析企业的资本结构有重要作用。

（四）收入

1. 收入的定义与特征

收入是指企业在日常活动中形成的，会导致所有者权益增加的、与所有者投入资本无关的经济利益的总流入。根据收入的定义，收入具有如下特征：

（1）收入是企业在日常活动中形成的

日常活动是指企业为完成其经营目标所从事的经常性活动以及与之相关的活动。例如，生产企业制造并销售产品、商业企业销售商品、保险公司签发保单、咨询公司提供咨询服务、软件企业为客户开发软件等，均属于企业的日常活动。明确界定日常活动是为了将收入与利得相区分，因为企业非日常活动所形成的经济利益的流入不能确认为收入，而应当计入利得。

【例 1-3】企业出售边角料和不需用材料的收入是否应确认为企业的收入？

出售边角料和不需用材料的收入均属于企业日常活动中的收入，因此应确认为企业的收入，具体确认为其他业务收入。

（2）收入是与所有者投入资本无关的经济利益的总流入

收入应当会导致经济利益的流入，从而导致资产的增加。例如，企业销售商品，应当在收到现金或者在未来有权收到现金时，才能表明该交易符合收入的定义。但是，经济利益的流入有时是所有者投入资本的增加所导致的，所有者投入资本的增加不应当确认为收入，应当将其直接确认为所有者权益。

（3）收入会导致所有者权益的增加

与收入相关的经济利益的流入应当会导致所有者权益的增加，不会导致所有者权益增加的经济利益的流入不符合收入的定义，不应将其确认为收入。例如，企业向银行借入款项，尽管也导致了企业经济利益的流入，但该流入并不导致所有者权益的增加，反而使企业承担了一项现时义务。企业对于因借入款项所导致的经济利益的增加，不应将其确认为收入，应当确认一项负债。

2. 收入的确认条件

（1）与收入相关的经济利益应当很可能流入企业；

（2）经济利益流入企业的结果会导致资产的增加或者负债的减少；

（3）经济利益的流入额能够可靠计量。

3. 收入的分类

根据重要性要求，企业的收入可以分为主营业务收入和其他业务收入。以生产企业为例，其中主营业务收入是指企业销售商品、提供劳务等主营业务所实现的收入；其他业务收入是指企业除主营业务活动以外的其他经营活动实现的收入，如销售材料实现的收入。

（五）费用

1. 费用的定义

费用是指企业在日常活动中发生的、会导致所有者权益减少的、与向所有者分配利润无关的经济利益的总流出。根据费用的定义，费用具有以下特征：

（1）费用是企业在日常活动中形成的

费用必须是企业在其日常活动中所形成的，这些日常活动的界定与收入定义中涉及的日常活动的界定相一致。日常活动所产生的费用通常包括材料费、职工薪酬、折旧费、无形资产摊销等。将费用界定为日常活动所形成的，目的是将其与损失相区分，企业非日常活动所形成的经济利益的流出不能确认为费用，而应当计入损失。

【例 1-4】企业处置提前报废固定资产发生的净损失，是否应确认为企业的费用?

处置提前报废固定资产而发生的净损失，虽然会导致所有者权益减少和经济利益的总流出，但不属于企业的日常活动，因此不应确认为企业的费用，而应确认为损失。

（2）费用是与向所有者分配利润无关的经济利益的总流出

费用的发生应当会导致经济利益的流出，从而导致资产的减少或者负债的增加，其表现形式包括现金或者现金等价物的流出，存货、固定资产和无形资产等的流出或者消耗等。企业向所有者分配利润也会导致经济利益的流出，而该经济利益的流出属于所有者权益的抵减项目，不应确认为费用，应当将其排除在费用的定义之外。

（3）费用会导致所有者权益的减少

与费用相关的经济利益的流出应当会导致所有者权益的减少，不会导致所有者权益减少的经济利益的流出不符合费用的定义，不应确认为费用。

2. 费用的确认条件

（1）与费用相关的经济利益应当很可能流出企业；

（2）经济利益流出企业的结果会导致资产的减少或者负债的增加；

（3）经济利益的流出额能够可靠计量。

3. 费用的分类

费用是为了实现收入而发生的支出，应与收入配比确认、计量。费用包括生产费用与期间费用。

生产费用是指与企业日常生产活动有关的费用，按其经济用途可分为直接材料、直接人工和制造费用。生产费用应按其实际发生情况计入产品的生产成本。

期间费用是指企业日常活动发生的不能计入特定核算对象的成本，而应计入发生当期损益的费用，包括销售费用、管理费用和财务费用。

（六）利润

1. 利润的定义

利润是指企业在一定会计期间的经营成果。在通常情况下，如果企业实现了利润，表明企业的所有者权益将增加；如果企业发生了亏损（即利润为负数），表明企业的所有者权益将减少。因此，利润往往是评价企业管理层业绩的一项重要指标，也是财务报告使用者进行决策时的重要参考。

2. 利润来源的构成

利润包括收入减去费用后的净额、直接计入当期利润的利得和损失等。其中收入减去费用后的净额反映的是企业日常活动的经营业绩。直接计入当期利润的利得和损失是指应当计入当期损益、最终会引起所有者权益发生增减变动的、与所有者投入资本或者向所有者分配利润无关的利得或者损失。企业应当严格区分收入和利得、费用和损失之间的区别，以更加全面地反映企业的经营业绩。

3. 利润的确认条件

利润反映的是收入减去费用、利得减去损失后的净额，因此，利润的确认主要依赖于收入和费用以及利得和损失的确认，其金额的确定也主要取决于收入、费用、利得、损失金额的计量。

三、会计等式

会计等式，又称会计恒等式、会计方程式或会计平衡式，是表明会计要素之间基本关系的等式，是各种会计核算方法的理论基础，揭示了会计要素之间的内在联系。从形式上看，会计等式反映了会计对象的具体内容即各项会计要素之间的内在联系；从实质上看，会计等式揭示了会计主体的产权关系、基本财务状况和经营成果。由于会计要素分为财务状况要素和经营成果要素，相应地也有不同的会计等式。

（一）基本会计等式

基本会计等式有两个，一是由财务状况要素构成的基本等式，即资产=负债+所有者权益；二是由经营成果要素构成的基本等式，即收入-费用=利润。

1. 财务状况要素构成的基本等式：资产=负债+所有者权益

会计等式左边的资产反映了企业经济资源的分布和存在形式，是资金的占用。会计等式右边的负债及所有者权益反映了资金的来源，负债是向债权人借入的资金，所有者权益是所有者投入的资本。负债和所有者权益总称为权益，因此，该等式也可以简化为：资产=权益。

资产与负债和所有者权益实际是企业所拥有的经济资源在同一时点上所表现的不同形式。资产表明的是资源在企业存在、分布的形态，而负债和所有者权益则表明了资源取得和形成的渠道。因此，企业有多少数额的资产必有与其等量的负债和所有者权益，即在任何情况下企业的资产总是等于负债和所有者权益之和。资产与负债和所有者权益之间的恒等关系，是最基本的会计等式或称会计平衡公式。它是复式记账法的理论基础，也是编制资产负债表的依据。

2. 经营成果要素构成的基本等式：收入-费用=利润

企业经营的目的是获取收入，实现盈利。企业在取得收入的同时，也必然发生相应的费用。通过收入与费用的比较，我们才能确定一定时期的盈利水平，确定实现的利润总额。

企业一定时期所获得的收入扣除所发生的各项费用后的余额，表现为利润。在《企业会计准则——基本准则》的规定中，由于收入不包括因已丧失使用功能或因自然灾害发生毁损等原因而报废产生的利得、固定资产盘盈等，费用也不包括处置因已丧失使用功能或因自然灾害发生毁损等原因而报废产生的损失。所以，收入减去费用实际获得的只是营业利润，加利得减损失后才等于利润总额。但为了便于学习，本教材采用了收入减去费用等于利润的简单公式，它是编制利润表的基础。

（二）扩展会计等式

将所有会计要素联系起来所组成的扩展会计等式为：资产=负债+所有者权益+收入-费用。收入和费用的发生是日常经营活动中影响所有者权益增减变动的两大要素，收入的增加意味着所有者权益的增加，费用的增加则意味着所有者权益的减少，平时未结转利润之前，在收入类账户和费用类账户进行暂记，会计期末，将收入与费用相减得出企业利润。利润在按规定程序进行分配以后，留存企业的部分再转化为所有者权益的增加（或减少）。

四、经济业务对会计等式的影响

各项经济业务发生变化，所引起会计要素的变动情况，归纳起来有四种经济业务类型：

第一种，经济资源投入，资产与权益同时增加。经济业务的发生引起等式左右两边金额同时增加，总额同增，会计等式仍然保持恒等。

第二种，经济资源退出，资产与权益同时减少。经济业务的发生引起等式左右两边金额同时减少，总额同减，会计等式仍然保持恒等。

第三种，资产内部变化。经济业务的发生引起等式左边即资产内部的项目此增彼减，增减金额相等，资产总额不变，会计等式仍然保持恒等。

第四种，权益内部变化。经济业务的发生引起等式右边即权益内部的项目此增彼减，增减金额相等，权益总额不变，会计等式仍然保持恒等。

由于权益包括负债与所有者权益两大要素，利润也属于所有者权益的一种，而收入使利润增加，费用使利润减少。因此，经济业务对会计等式的影响可以变为以下九种情况：

1. 一项资产和一项所有者权益同时增加

【例 1-5】邕桂公司收到 A、B 企业各投入的货币资金 500 000 元，共计 1 000 000 元。

这项经济业务的发生，使企业资产（银行存款）增加了 1 000 000 元，同时所有者权益（实收资本）也增加了 1 000 000 元，资产和所有者权益同时增加 1 000 000 元。即会计等式左右两边同时增加 1 000 000 元，会计等式仍然保持恒等。本例属于上述第一种经济业务类型。

2. 一项资产和一项负债同时增加

【例 1-6】邕桂公司向银行借入期限为 6 个月的借款 1 000 000 元，款项存入银行。

该经济业务的发生，使企业的资产（银行存款）增加了 1 000 000 元，同时负债（短期借款）也增加了 1 000 000 元，资产和负债同时增加 1 000 000 元。即会计等式左右两边同时增加 1 000 000 元，会计等式仍然保持恒等。本例属于上述第一种经济业务类型。

3. 一项资产和一项负债同时减少

【例 1-7】邕桂公司以银行存款 22 600 元偿还前欠 C 企业货款。

该经济业务的发生，使企业的资产（银行存款）减少 22 600 元，同时企业的负债

（应付账款）也减少 22 600 元，资产和负债同时减少 22 600 元。即会计等式左右两边同时减少 22 600 元，会计等式仍然保持恒等。本例属于上述第二种经济业务类型。

4. 一项资产和一项所有者权益同时减少

【例 1-8】A 企业收回投资 500 000 元，办妥手续后邕桂公司以银行存款返还。

这项经济业务的发生，使该企业的资产（银行存款）减少了 500 000 元，同时所有者权益（实收资本）也减少了 500 000 元，资产和所有者权益同时减少 500 000 元。即会计等式左右两边同时减少 500 000 元，会计等式仍然保持恒等。本例属于上述第二种经济业务类型。

5. 一项资产增加，另一项资产减少

【例 1-9】邕桂公司从银行存款中提取现金 5 000 元。

这项经济业务的发生，导致企业资产（银行存款）减少 5 000 元，同时资产（库存现金）增加 5 000 元，表现为企业的一项资产增加，另一项资产减少，但企业资产总额不变，会计等式仍然保持恒等。本例属于上述第三种经济业务类型。

6. 一项负债增加，另一项负债减少

【例 1-10】邕桂公司用银行新借入的短期借款 50 000 元偿还原欠货款。

该经济业务的发生，使企业负债（短期借款）增加 50 000 元，同时负债（应付账款）减少 50 000 元，表现为一项负债增加而另一项负债减少，但企业负债总额不变，会计等式仍然保持恒等。本例属于上述第四种经济业务类型。

7. 一项负债增加，一项所有者权益减少

【例 1-11】邕桂公司宣告向投资者分配利润 20 000 元。

该项经济业务的发生，使企业的负债（应付利润）增加 20 000 元，同时所有者权益（利润分配）减少了 20 000 元，权益总额不变，会计等式仍然保持恒等。本例属于上述第四种经济业务类型。

8. 一项负债减少，一项所有者权益增加

【例 1-12】经批准邕桂公司将已发行的债券 100 000 元转为股本。

这项经济业务的发生，使企业的负债（应付债券）减少了 100 000 元，同时所有者权益（股本）增加了 100 000 元，表现为一项负债减少，一项所有者权益增加，权益总额不变，会计等式仍然保持恒等。本例属于上述第四种经济业务类型。

9. 一项所有者权益增加，一项所有者权益减少

【例 1-13】经批准将资本公积 20 000 元转增资本。

该经济业务的发生，使得企业所有者权益（实收资本）增加了 20 000 元，同时所有者权益（资本公积）减少了 20 000 元，表现为一项所有者权益增加，另一项所有者权益减少，所有者权益总额不变，会计等式仍然保持恒等。本例属于上述第四种经济业务类型。

综合上述业务可以看出，企业在日常经营活动中发生的各种经济业务，无论属于哪种类型，都不会破坏“资产=负债+所有者权益”这一会计等式的恒等关系。

第五节　会计核算方法

一、会计方法

会计方法是指从事会计工作所使用的各种技术方法，一般包括会计核算方法、会计分析方法和会计检查方法。其中会计核算方法是会计方法中最基本的方法，本教材主要介绍会计核算方法。

二、会计核算方法

（一）设置账户

设置账户是对会计核算的具体内容进行分类核算和监督的一种专门方法。由于会计对象的具体内容是复杂多样的，要对其进行系统的核算和经常性监督，就必须对经济业务进行科学的分类，以便分门别类地、连续地记录，据以取得多种不同性质、符合经营管理所需要的信息和指标。

（二）复式记账

复式记账是指对所发生的每项经济业务，以相等的金额，同时在两个或两个以上相互联系的账户中进行登记的一种记账方法。采用复式记账法，不仅可以全面反映每一笔经济业务的来龙去脉，而且可以防止差错和便于检查账簿记录的正确性和完整性，是一种比较科学的记账方法。

（三）填制和审核凭证

会计凭证是记录经济业务、明确经济责任、作为记账依据的书面证明。正确填制和审核会计凭证，是核算和监督经济业务活动的基础，是做好会计工作的前提。

（四）登记会计账簿

登记会计账簿简称“登账”，是以审核无误的会计凭证为依据，在账簿中连续、完整地记录各项经济业务，以便为经济管理提供完整、系统的会计核算资料。账簿记录是重要的会计资料，是进行会计分析、会计检查的重要依据。

（五）成本计算

成本计算是按照一定对象归集和分配生产经营过程中发生的各种费用，以便确定该对象的总成本和单位成本的一种专门方法。产品成本是综合反映企业生产经营活动的一项重要指标，正确地进行成本计算，可以考核生产经营过程的费用支出水平，同时又是确定企业盈亏和制定产品价格的基础，并为企业进行经营决策提供重要数据。

（六）财产清查

财产清查是指通过盘点实物，核对账目，以查明各项财产物资实有数额的一种专门方法。通过财产清查，可以提高会计记录的正确性，保证账实相符；同时，还可以查明各项财产物资的保管和使用情况以及各种结算款项的执行情况，以便对积压或损毁的物资和逾期未收到的款项，及时采取措施，进行清理和加强对财产物资的管理。

（七）编制会计报表

编制会计报表是以特定表格的形式，定期并总括地反映企业、行政事业单位的经济活动情况和结果的一种专门方法。会计报表主要以账簿中的记录为依据，经过一定形式的加工整理而产生一套完整的核算指标，用来考核、分析财务计划和预算执行情况以及作为编制下期财务计划和预算的重要依据。

以上会计核算的七种方法相互联系，相互依存，彼此制约，构成了一个完整的会计方法体系。一般在经济业务发生后，按规定的手续填制和审核凭证，应用复式记账法在有关账簿中进行登记，并于期末对生产经营过程中发生的费用进行成本计算和财产清查，在账证、账账、账实相符的基础上，根据账簿记录编制会计报表。

会计核算工作程序如图 1-2 所示。

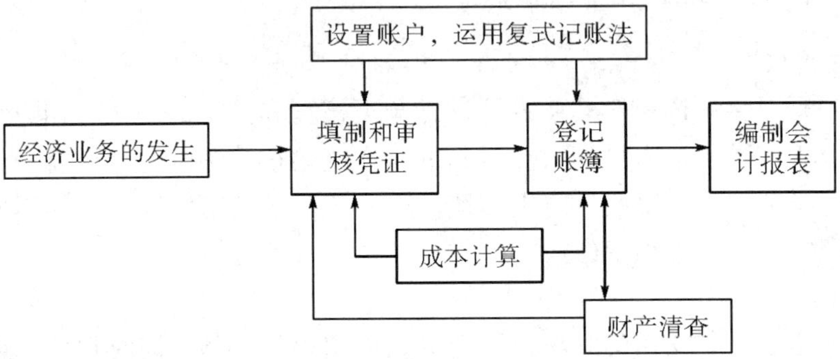

图 1-2　会计核算工作程序

第六节　会计准则体系

一、会计准则的构成

会计准则是反映经济活动、确认产权关系、规范收益分配的会计技术标准，是生成和提供会计信息的重要依据；是资本市场的一种重要游戏规则，是实现社会资源优化配置的重要依据；是国家社会规范乃至强制性规范的重要组成部分，是政府规范经济秩序和从事国际经济交往等的重要手段。会计准则具有严密和完整的体系。我国已颁布的会计准则有《企业会计准则》《小企业会计准则》和《政府会计准则制度》。

二、企业会计准则

根据《中华人民共和国会计法》的规定，中国企业会计准则由财政部制定。

多年来，尤其是改革开放以来，我国一直与时俱进，顺时应势，积极推进会计改革和会计制度（会计准则是会计制度的一部分）建设。2006 年 2 月 15 日，财政部在多年会计改革经验积累的基础上，顺应我国社会主义市场经济发展和经济全球化的需要，发布了企业会计准则体系。这套企业会计准则体系包括《企业会计准则——基本准则》（以下简称“基本准则”）和具体准则及有关应用指南和解释，实现了与国际财务报告准则的趋同。企业会计准则体系自 2007 年 1 月 1 日起首先在上市公司范围内施行，之后逐步扩大到几乎所有大中型企业。

中国现行企业会计准则体系由基本准则、具体准则、应用指南和解释组成。

1. 基本准则

我国基本准则主要规范了以下内容：①财务报告目标。基本准则明确了我国财务报告的目标是向财务报告使用者提供决策有用的信息，并反映企业管理层受托责任的履行情况。②会计基本假设。基本准则强调了企业会计确认、计量和报告应当以会计主体、持续经营、会计分期和货币计量为会计基本假设。③会计基础。基本准则要求企业会计确认、计量和报告应当以权责发生制为基础。④会计信息质量要求。基本准则建立了企业会计信息质量要求体系，规定企业财务报告中提供的会计信息应当满足会计信息质量要求。⑤会计要素分类及其确认、计量原则。基本准则将会计要素分为资产、负债、所有者权益、收入、费用和利润六个要素，同时对各要素进行了严格定义。会计要素在计量时以历史成本为基础，可供选择的计量属性包括历史成本、重置成本、可变现净值、现值和公允价值等。⑥财务报告。基本准则明确了财务报告的基本概念、应当包括的主要内容和应反映信息的基本要求等。

基于基本准则规范的上述内容，基本准则在企业会计准则体系中发挥着十分重要的作用，主要包括：

一是统驭具体准则的制定。基本准则规范了包括财务报告目标、会计基本假设、会计信息质量要求、会计要素的定义及其确认、计量原则、财务报告等在内的基本问题，它是制定具体准则的基础，对各具体准则的制定起着统驭作用，可以确保各具体准则的内在一致性。我国基本准则第三条明确规定，“企业会计准则包括基本准则和具体准则，具体准则的制定应当遵循本准则（即基本准则）”。在企业会计准则体系的建设中，各项具体准则也都明确规定按照基本准则的要求进行制定和完善。

二是为会计实务中出现的、具体准则尚未规范的新问题提供会计处理依据。在会计实务中，由于经济交易事项的不断发展、创新，一些新的交易或者事项在具体准则中尚未规范但又急需处理，这时，企业不仅应当对这些新的交易或者事项及时进行会计处理，而且在处理时应当严格遵循基本准则的要求，尤其是基本准则关于会计要素的定义及其确认与计量等方面的规定。因此，基本准则不仅扮演着具体准则制定依据的角色，也为会计实务中出现的、具体准则尚未作出规范的新问题提供了会计处理依据，从而确保了企业会计准则体系对所有会计实务问题的规范作用。

2. 具体准则

具体准则是在基本准则的指导下，对企业各项资产、负债、所有者权益、收入、费用、利润及相关交易事项的确认、计量和报告进行规范的会计准则。

3. 应用指南

应用指南是对具体准则相关条款的细化和有关重点难点问题提供的，以利于会计准则的贯彻落实和指导实务操作的操作性指南。

4. 解释

解释是对具体准则实施过程中出现的问题、具体准则条款规定不清楚或者尚未规定的问题作出的补充说明。

三、小企业会计准则

小企业一般是指规模较小或处于创业和成长阶段的企业，包括规模在规定标准以下的法人企业和自然人企业。小企业具有一些共同的特点：一是规模小，投资少，投资与见效的周期相对较短，同样的投资使用劳动力更多；二是对市场反应灵敏，具有以“新”取胜的内在动力和保持市场活力的能力；三是小企业环境适应能力强，对资源获取的要求不高，能广泛地分布于各种环境条件中；四是在获取资本、信息、技术等服务方面处于劣势，管理水平较低。

为了促进小企业发展以及财税政策日益丰富完善，形成以减税降费、资金支持、公共服务等为主要内容的促进中小企业发展的财税政策体系，2011 年 10 月 18 日财政部发布了《小企业会计准则》。该准则分为总则、资产、负债、所有者权益、收入、费用、利润及利润分配、外币业务、财务报表、附则，共 10 章 90 条，要求符合适用条件的小企业自 2013 年 1 月 1 日起施行。同时，财政部于 2004 年发布的《小企业会计制度》（财会〔2004〕2 号）予以废止。

四、政府会计准则制度

《政府会计准则制度》包括《政府会计准则》和《政府会计制度》等内容。自 2019 年 1 月 1 日起，政府会计准则制度在全国各级各类行政事业单位全面施行。执行政府会计准则制度的单位，不再执行《事业单位会计准则》《行政单位会计制度》《事业单位会计制度》等制度。军队、已纳入企业财务管理体系执行企业会计准则或小企业会计准则的事业单位和执行《民间非营利组织会计制度》的社会团体，不执行政府会计准则制度。

思考题：

1. 会计是如何产生的？
2. 简述我国会计的产生和发展。
3. 简述会计的含义及特点。
4. 会计的基本职能和扩展职能有哪些？
5. 什么是会计对象？以生产企业为例简述会计的具体对象。
6. 谈谈你对会计目标与作用的认识。
7. 会计信息质量要求有哪些？它们都有哪些具体要求？
8. 举例分析实质重于形式的含义。
9. 会计核算的基本假设是什么？如何理解这些假设？
10. 权责发生制与收付实现制有何区别？
11. 试举例说明权责发生制的应用。
12. 会计要素有哪些种类？它们各有什么特点？
13. 试分析会计等式的变化关系。
14. 会计核算的方法有哪些？
15. 会计准则体系包括哪些？

第二章 会计科目与账户

■学习要求

设置会计科目和账户是会计核算的基本方法之一。通过本章的学习，要求读者理解并掌握会计科目的概念及分类，了解会计科目设置的意义，明确会计科目的内容和级次；理解和掌握账户的概念、基本结构以及账户与会计科目的联系与区别。

■案例

理论与实践的创新

党的二十大报告中提到："实践没有止境，理论创新也没有止境。"2008 年金融危机爆发后，国际会计准则理事会加快了国际财务报告准则修订的步伐，国际财务报告准则取得了长足的进步，呈现出了新的发展趋势。为了顺应不断变化的国际会计环境，不断完善我国企业会计准则体系，在实现持续国际趋同的过程中积极维护我国国家权益，我国企业会计准则也在不断修订。设置会计科目和账户是会计核算工作程序的第一步，会计科目和账户会随着会计理论和实践的创新而不断更新。

第一节 会计科目

一、会计科目的概念

通过第一章内容的学习，我们已经了解到企业在生产经营过程中会发生各种各样的交易或事项，这些交易或事项的发生又会引起会计要素的增减变动。而会计要素只是对会计对象的最基本分类，简单运用会计要素来反映错综复杂的经济业务无法满足信息使用者的需求。在实际工作中，信息使用者要做出相关决策，往往需要更为详细的资料。例如：所有者需要了解利润构成及其分配情况，了解负债及其构成情况；债权人需要了解流动比率、速动比率等有关指标，以评判其债权的安全情况；税务机关要了解企业欠缴税金的详细情况等。信息使用者对这些信息的需求是企业按会计要素来分类核算无法满足的。因此，有必要对会计要素的内容进行进一步细分，分门别类地核算，以满足经济管理及有关各方对会计信息的需求。

会计科目是对会计要素的具体内容进行分类核算的项目，即采用一定的形式，对每一个会计要素所反映的具体内容进一步进行分门别类的反映。例如：企业的机器设备、房屋和建筑物，作为劳动手段，具有使用时间较长、单位价值较大和实物形态不变的特点，将其归为一类，设置"固定资产"会计科目；生产产品用的原材料、辅助材料、燃料等，作为劳动对象，具有在生产过程中被一次消耗、其价值一次转移的特点，将其归为一类，设置"原材料"会计科目；为了满足管理费用预算和控制的要求，在企业生产车间范围内发生的物料消耗、办公费、管理人员的工资、修理费等，具有间接费用特点，将其归为一类，设置"制造费用"会计科目。会计科目是设置账户、填制记账凭证、登记账簿和编制会计报表的重要依据。

二、会计科目的分类

会计科目是对会计主体经营资料的统计分类。不同的会计科目，其性质和反映的经济内容不同，但各个会计科目之间并非彼此孤立，而是相互联系、相辅相成的，构成了一个完整的体系。会计科目是会计人员对经济业务进行记录的基础，为了正确地理解和运用会计科目，需要按一定的标准对会计科目进行适当分类。一般按会计科目反映的经济内容和信息的详细程度两种标准分类，科目的内容反映各科目之间的横向联系，科目提供信息的详细程度反映科目内部的纵向联系。

1. 按经济内容分类

会计科目按其所反映的经济内容不同，分为资产类、负债类、共同类①、所有者权益类、成本类与损益类。

资产类科目是用于核算和监督各种资产的增减变化及其结果的会计科目，如库存现金、银行存款、原材料等。

负债类科目是用于核算和监督各种负债的增减变化及其结果的会计科目，如短期借款、应付职工薪酬、长期借款等。

所有者权益类科目是用于核算和监督所有者权益增减变化及其结果的会计科目，如实收资本（或股本）、资本公积、盈余公积等。

成本类科目是用于核算和监督成本的发生和归集情况的会计科目，如生产成本、制造费用、劳务成本等。

损益类科目是用于核算和监督收入、费用的发生或归集情况的会计科目，如主营业务收入、其他业务收入、投资收益等。

---

① 现行企业会计准则中的共同类科目是指，既有资产性质，又有负债性质的会计科目。共同类科目多为金融、保险、投资、基金等公司使用，包括清算资金往来、货币兑换、衍生工具、套期工具、被套期项目。考虑到基础会计的业务实例较为简单，不涉及共同类科目，故此处不对该类科目进行详解，后文账户分类亦同此处理。

2. 按提供指标的详细程度分类

会计科目按其所提供信息的详细程度不同，可分为总分类科目和明细分类科目。

（1）总分类科目

总分类科目是对会计要素具体内容进行总括分类、提供总括信息的会计科目，亦称总账科目或一级科目。在我国，总分类科目一般由财政部统一制定。根据2006年10月财政部会计司颁布的《企业会计准则——应用指南》规定，会计科目和主要账务处理依据企业会计准则中确认和计量的规定设置和实施，涵盖了各类企业的交易或者事项。企业在不违反会计准则中确认、计量和报告规定的前提下，可以根据本单位的实际情况自行增设、分拆、合并会计科目。企业不存在的交易或者事项，可不设置相关会计科目。我国现行企业会计准则规定的总分类科目（有删减）如表2-1所示。

从表2-1中，我们可以看到每一个总分类会计科目都对应着一个编号。会计科目编号为企业填制会计凭证、登记会计账簿、查阅会计账目、采用会计软件系统提供了便利。总分类会计科目表采用的是“四位数字定位编号法”：千位数码的1、2、3、4、5、6，分别顺序代表资产类、负债类、共同类、所有者权益类、成本类和损益类，即按会计要素划分的类别；百位数码代表每一大类会计科目下较为详细的项目分类及固定排列；十位和个位数码一般代表每个项目之下会计科目的顺序号，即从01开始，至99为止。为便于会计科目的增减，一般情况下，编码要考虑到未来的扩展性，在编码间，留有一定的间隔，企业不应随意打乱重新编列。会计人员在填制会计凭证、登记会计账簿时，不应只填列会计科目的编号，还应当填列会计科目名称。

表2-1　总分类科目

编号	会计科目名称	编号	会计科目名称
	一、资产类		二、负债类
1001	库存现金	2001	短期借款
1002	银行存款	2101	交易性金融负债
1012	其他货币资金	2201	应付票据
1101	交易性金融资产	2202	应付账款
1121	应收票据	2203	预收账款
1122	应收账款	2205	合同负债
1123	预付账款	2211	应付职工薪酬
1131	应收股利	2221	应交税费
1132	应收利息	2231	应付利息
1221	其他应收款	2232	应付股利
1231	坏账准备	2241	其他应付款
1401	材料采购	2314	受托代销商品款
1402	在途物资	2401	递延收益
1403	原材料	2501	长期借款

表2-1（续）

编号	会计科目名称	编号	会计科目名称
1404	材料成本差异	2502	应付债券
1405	库存商品	2701	长期应付款
1406	发出商品	2702	未确认融资费用
1407	商品进销差价	2801	预计负债
1408	委托加工物资	2901	递延所得税负债
1411	周转材料		三、所有者权益类
1461	融资租赁资产	4001	实收资本/股本
1471	存货跌价准备	4002	资本公积
1473	合同资产	4003	其他综合收益
1474	合同资产减值准备	4101	盈余公积
1475	合同履约成本	4103	本年利润
1476	合同履约成本减值准备	4104	利润分配
1477	合同取得成本	4201	库存股
1478	合同取得成本减值准备	4401	其他权益工具
1481	持有待售资产		四、成本类
1501	债权投资	5001	生产成本
1502	债权投资减值准备	5101	制造费用
1503	其他债权投资	5201	劳务成本
1504	其他权益工具投资	5301	研发支出
1511	长期股权投资		五、损益类
1512	长期股权投资减值准备	6001	主营业务收入
1521	投资性房地产	6051	其他业务收入
1531	长期应收款	6101	公允价值变动损益
1532	未实现融资收益	6111	投资收益
1601	固定资产	6115	资产处置损益
1602	累计折旧	6301	营业外收入
1603	固定资产减值准备	6401	主营业务成本
1604	在建工程	6402	其他业务成本
1605	工程物资	6403	税金及附加
1606	固定资产清理	6601	销售费用
1701	无形资产	6602	管理费用
1702	累计摊销	6603	财务费用

表2-1(续)

编号	会计科目名称	编号	会计科目名称
1703	无形资产减值准备	6701	资产减值损失
1711	商誉	6702	信用减值损失
1801	长期待摊费用	6711	营业外支出
1811	递延所得税资产	6801	所得税费用
1901	待处理财产损溢	6901	以前年度损益调整

（2）明细分类科目

明细分类科目是对总分类科目作进一步分类、提供明细核算指标的科目，也称明细科目或细目。对于明细科目，企业可以比照《企业会计准则——应用指南》附录中的规定自行设置。例如：“应收账款”科目按债务人名称或姓名设置明细科目，反映应收账款的具体对象；“应付账款”科目按债权人名称或姓名设置明细科目，反映应付账款的具体对象；“原材料”科目按原料及材料的类别、品种和规格等设置明细科目，反映各种原材料的具体构成内容。

如果某一总账科目下的明细科目较多，可在总账科目与明细科目之间增设二级科目（即子目）。例如：在“原材料”总分类科目下，可按材料的类别设置二级科目“主要材料”“辅助材料”等，如表2-2所示。

表2-2　明细分类科目

总分类科目（一级科目）	明细分类科目		
	二级科目（子目）	三级科目（细目）	
原材料	主要材料	楠木	圆木
		普通木	方木
	辅助材料	铁钉	2号
		油漆	无色

在设置有二级科目的情况下，会计科目划分有三个级次，不同级次的会计科目提供的核算指标详细程度不同。二级科目反映的会计信息比总分类科目详细，但又比细目概括。总之，会计科目作为一个体系包括科目内容和科目级次，科目内容反映各科目之间的横向联系，科目级次反映科目内部的纵向联系。

三、会计科目的意义

会计科目是进行各项会计记录和提供各项会计信息的基础，在会计核算中具有重要意义。其主要表现在：

（1）会计科目是复式记账的基础。复式记账要求每一笔经济业务在两个或两个以上相互联系的账户中进行等额登记，以反映资金运动的来龙去脉，而账户又是以会计科目为依据设置的。

（2）会计科目是编制记账凭证的基础。会计凭证是确定所发生的经济业务应记入何种科目以及分门别类登记账簿的凭据。

（3）会计科目为成本计算与财产清查提供了前提条件。通过会计科目的设置，有助于成本核算，使各种成本计算成为可能；而通过账面记录与实际结存的核对，又为财产清查、保证账实相符提供了必备的条件。

（4）会计科目为编制会计报表提供了方便。会计报表是提供会计信息的主要手段，为了保证会计信息的质量及其提供的及时性，会计报表中的许多项目与会计科目是一致的，并根据会计科目的本期发生额或余额填列。

第二节　会计账户

一、会计账户的概念

会计科目只是对会计对象具体内容进行分类的项目或名称，不是具有一定格式的记账实体。为了能对发生的经济业务进行连续、系统、全面地反映和监督，还必须设置账户，在账户上分类记录会计要素的增减变动情况及其结果。设置账户是会计核算的重要方法之一。

所谓账户，是根据会计科目设置的，具有一定格式和结构，用于分类记录经济业务发生情况的一种专门工具。账户是会计信息的“储存器”，通过账户，可以将经济业务发生而引起的资产、负债、所有者权益、收入和费用的变化及其结果进行整理、分类和汇总。例如，我们可以通过设置“银行存款”账户来记录企业存款的增减变动情况。

二、会计账户的基本结构

账户的结构是指账户的格式。各项经济业务的发生情况需要在账户中进行记录，每一个账户不但要有明确的核算内容，而且要有一定的结构。随着会计主体的经济业务的不断发生，各项会计要素的内容也会随之变动，尽管这种变动错综复杂，但从数量上看，只有增加和减少两种情况。因此，用于分类记录经济业务的账户，其基本结构一般分为左、右两方，一方登记会计要素的增加，另一方登记会计要素的减少。至于哪一方登记增加，哪一方登记减少，取决于经济业务和各个账户的性质以及所采用的记账方法。关于账户两方的名称，以及哪一方登记增加额，哪一方登记减少额，余额在哪一方，我们将在下一章详细讲述。

在实际工作中，一个完整的账户结构可以根据不同的业务需要设计出各种不同格式，除了必须包含有反映会计要素增加额、减少额和余额的基本结构外，还应包括用于反映其他相关信息的其他栏目。一般来说，账户的基本结构应包括以下内容：

（1）账户名称（即会计科目）；

（2）日期（用以记录经济业务发生的日期）；

（3）记账凭证号数（即登账所依据的记账凭证的编号）；

（4）经济业务摘要（简要概括说明经济业务的内容）；

（5）增加额、减少额（说明经济业务的数量）；

（6）余额（包括期初余额和期末余额）。

由于所使用的记账方法的不同，账户左右两方具体反映的内容也不相同。在借贷记账法下，账户的基本格式如图 2-1 所示。

总　账

会计科目编号及名称__________

年		记账凭证号数	摘要	页数	借方									贷方									借或贷	余额								
月	日				百	十	万	千	百	十	万	角	分	百	十	万	千	百	十	万	角	分		百	十	万	千	百	十	万	角	分

图 2-1　总账

上述账户的基本结构，可以简化为“T”字形，称为 T 型账户，或者称为“丁字账”，其格式如图 2-2 所示。

账　户

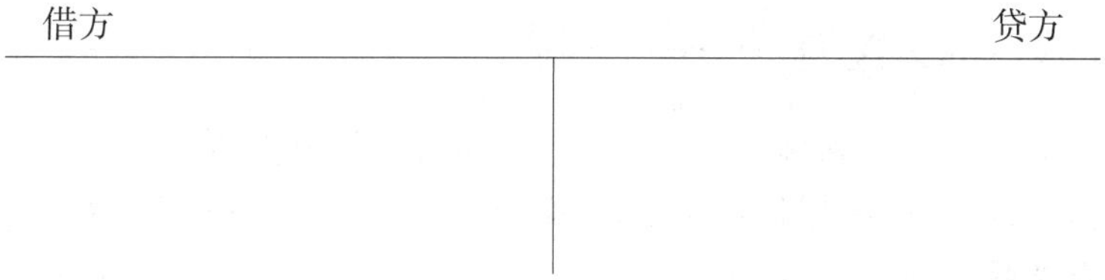

图 2-2　T 型账户

上列账户的基本格式，是手工记账经常采用的格式，这是为了更加直观地说明问题。在借贷记账法下，账户的左边固定表示借方，右边固定表示贷方。这仅仅是一个会计惯例，或者说是规则（就如同在国内驾驶机动车时必须靠右行驶一样），该规则适用于所有的账户。所以，T 型账户不标明“借方”和“贷方”，也能明确表示借贷方向。在电子计算机记账的情况下，仍然要按照上列格式的内容开展程序设计，进行数据处理。

通过账户记录的金额，可以提供如下四个核算指标：登记本期增加的金额，即本期增加发生额；登记本期减少的金额，即本期减少发生额；增减相抵后的差额，即余额。余额按照表示的时间不同，分为期初余额和期末余额。本期的期末余额转入下一期就是下一期的期初余额。一般情况下，账户的四个核算指标关系如下：

期初余额+本期增加发生额-本期减少发生额=期末余额

我们以202×年邕桂公司在某一会计期间的现金交易来说明如何登记"库存现金"账户，如图2-3所示。

汇总表

库存现金

15 000
-6 000
1 200
1 500
-1 300
-250
500
- 1 100
9 550

账户格式 单位：元

库存现金

期初余额：	0		
本期增加额	15 000	本期减少额	6 000
	1 200		1 300
	1 500		250
	500		1 100
本期发生额	18 200	本期发生额	8 650
期末余额	9 550		

图2-3 汇总表与账户格式的比较

在汇总表中，正数金额表示收取现金，负数金额表示支出现金。假设这家公司运用这样的表格来反映每一笔经济业务，那么每天发生数以百计的业务，按这样的方式来记录很不现实，不仅成本高，也没有必要。很显然，用账户格式来反映更为简洁明了。根据上述账户的记录，该公司库存现金期初余额为0元，本期库存现金的增加项目被计入借方，合计18 200元，库存现金的减少项目被计入贷方，合计8 650元，到期末，公司还有库存现金9 550元。（提示：此时暂不要去考虑增减的项目与借记和贷记之间的关系，在随后的章节，你将会看到，借记和贷记的作用取决于相应的账户类型）

三、会计账户的分类

为了从不同侧面进一步理解会计账户，可以对会计账户按不同标准进行分类。账户分类标准较多，涉及的会计理论也比较多，因此，这里仅介绍两种分类标准，其他分类标准在第十章账户体系中介绍。

（一）按其所反映的经济内容分类

账户是根据会计科目设置的，因此账户可以根据所反映的经济内容来分类，按此标准可将其分为资产类账户、负债类账户、共同类账户、所有者权益类账户、成本类账户、损益类账户六类。

（1）资产类账户，按资产的流动性分为流动资产账户和非流动资产账户。其中，流动资产账户包括库存现金、银行存款、交易性金融资产、应收账款、原材料和库存商品等；非流动资产账户包括长期股权投资、固定资产、无形资产等。

（2）负债类账户，按负债的偿还期限分为流动负债账户和非流动负债账户。其中，流动负债账户包括短期借款、应付账款、应付职工薪酬、应交税费、应付利润等；非流动负债账户包括长期借款、应付债券、长期应付款等。

（3）共同类账户包括清算资金往来、货币兑换、衍生工具等。

（4）所有者权益类账户包括实收资本、资本公积、盈余公积、本年利润和利润分配等。

（5）成本类账户是为了计算产品成本而设计的账户，包括生产成本和制造费用等。

（6）损益类账户是为了计算损益（利润或亏损）而设计的账户，包括主营业务收入、主营业务成本、税金及附加、销售费用、管理费用、财务费用、其他业务收入、其他业务成本等。

（二）按提供指标的详细程度分类

同会计科目的分类相对应，按照其所反映会计要素具体内容的详细程度，账户分为总分类账户和明细分类账户。总分类账户称为一级账户，总分类账户以下的账户称为明细分类账户。

总分类账户是指根据总分类科目设置的，用于对会计要素具体内容进行总括分类核算的账户，简称“总账账户”或“总账”。

明细分类账户是根据明细分类科目设置的，用于对会计要素具体内容进行明细分类核算的账户，简称“明细账”。

总分类账户是所属明细分类账户的统驭账户，以货币作为主要的计量单位，总括地反映各项会计要素的增减变动情况；明细分类账户是总分类账户的辅助账户，是总分类账户的补充和具体化。明细分类账户除了货币计量外，还需要增加实物计量和劳动计量。例如，为了具体地了解掌握各种原材料的收入、发出和结存情况，需要在“原材料”总分类账户下面，按照原材料的品种、规格设置原材料明细分类账户。在原材料明细分类账户中，既要使用货币计量，又要有实物计量，并同时进行登记，以便加强对实物和资金的管理。

四、会计账户的意义

账户作为一种会计信息处理的基本手段或方法，有利于分类、连续地记录和反映各项经济业务，以及由此而引起的有关会计要素具体内容的增减变动及其结果。设置账户并在账户中进行记录，对会计的核算与管理具有重要的作用和意义。

1. 会计账户是反映会计对象具体内容的载体

会计账户是按经济内容对会计要素的进一步分类，每个账户核算特定的经济业务，不同的账户从不同方面反映资金运动的情况。可以通过某个会计账户所提供的信息，去认识资金运动的某一个环节。例如，通过“原材料”账户，反映会计主体的原材料在一定时期内增加、减少和现有数额的资料，就可以反映原材料的收、发、结存情况。因此，每一个会计账户都是反映资金运动的一个环节，整个会计账户体系就构成了反映资金运动的整个链条。通过全部会计账户所提供的资料，就能全面地反映整个资金运动的情况。

2. 会计账户是进行会计核算的基础

会计账户作为基本的会计核算方法之一，明确了会计账户的核算范围、特定内容、明细核算和登记账簿的相关要求等。通过在账簿中设置账户，对日常会计事项进行分析整理，确定会计分录，编制记账凭证，然后登记入账，从而将经济业务发生的原始数据转化为初始的会计信息。例如，某企业购入一批价值 10 000 元的材料，其中属于生产用的材料 8 000 元，应按“生产成本”会计账户的规定进行账务处理；属于行政管理部门用的办公用品 2 000 元，应按“管理费用”会计账户的规定进行账务处理。

3. 会计账户是加强会计主体内部控制与管理的手段

通过账户记录，可以有效地对会计信息数据进行分类、整理、压缩和加工，确保会计信息的质量；还可将零散的、单个的数据汇总，形成既有联系又有区别的会计信息，以适应经济管理的需要。另外，会计账户的有关规定，是对日常经济活动进行的事前控制，如控制货币资金的收入和支出、物资的增减变化等。会计账户规定得具体、全面又正确，就能充分发挥其事前控制的作用。同时，会计账户提供的信息资料，是对企业业务发展进行监督、分析、考核和预测的重要依据。

4. 会计账户是规范国民经济核算的基本工具

账户是根据国家统一的会计法规制度所规定的会计科目，并结合单位实际情况合理设置的。因此会计账户的名称、内容和核算方法具有一定的规范性，保证了与统计、计划指标口径的一致。通过账户所提供的资料，有利于各级部门进行汇总和分析，也便于反映和监督全国或某一地区、某一部门的资金运动，这对于加强国民经济核算、对国民经济进行综合评价、制订国民经济计划，都有着重要的意义。

五、会计科目与账户的关系

会计科目是对会计要素进行具体分类核算的项目。会计账户是以会计科目为依据，在账簿中对各项经济业务进行分类、系统连续记录的一种方法。会计科目和会计账户之间既有联系，又有区别。

会计科目是账户的名称，是设置账户的一个重要依据。因此，会计科目和账户的联系表现在：会计科目的内容与分类方法决定了账户的内容和分类方法，它们都被用来反映会计对象的具体内容，所反映的经济内容相同，两者口径一致，性质相同；账户是会计科目的具体运用。比如“银行存款”科目与“银行存款”账户核算的内容、范围完全相同。没有会计科目，账户便失去了设置的依据；没有账户，会计科目就无法反映会计要素的增减变动及结余。

会计科目和账户的区别是：会计科目仅仅是账户的名称，不存在结构；而账户则具有一定的格式和结构。会计科目仅说明反映的经济内容是什么，而账户不仅说明反映的经济内容是什么，而且能系统反映和监督其增减变化及结余情况。会计科目主要是为了开设账户，填凭证所运用；而账户的作用主要是提供某一具体会计对象的会计资料，为编制会计报表所运用。在实际工作中，会计科目和账户往往通用。

思考题：

1. 什么是会计科目？会计科目的设置有何意义？
2. 什么是总分类科目？什么是明细分类科目？它们之间存在什么关系？
3. 什么是账户？账户的基本结构包括哪些？
4. 会计科目与账户之间存在什么关系？

第三章 复式记账

■学习要求

本章是会计核算的基础，要求读者了解记账方法和单式记账法，掌握复式记账法的概念及种类；掌握借贷记账法下不同性质账户的结构和记账规则、借贷记账法下的试算平衡；重点掌握借贷记账法在生产企业中的具体应用。

■案例

高质量发展与高质量会计信息

党的二十大报告中提到："中国式现代化的本质要求是：坚持中国共产党领导，坚持中国特色社会主义，实现高质量发展，发展全过程人民民主，丰富人民精神世界，实现全体人民共同富裕，促进人与自然和谐共生，推动构建人类命运共同体，创造人类文明新形态。"高质量发展是全面建设社会主义现代化国家的首要任务。"经济越发展，会计越重要。"会计工作在社会主义经济发展过程中起着重要的作用。财务会计的目的是向企业外部会计信息使用者提供高质量、有用的会计信息，帮助使用者作出相关决策。高质量会计信息必须遵循会计信息质量要求，还必须以准确的会计核算工作为基础。借贷记账法是会计核算的通用方法，为了保证高质量会计信息，会计初学者必须精准把握借贷记账法。

第一节 单式记账法

一、记账方法

为了对会计要素进行核算与监督，按一定原则设置会计科目，并按会计科目开设了账户之后，就需要采用一定的记账方法将会计要素的增减变动登记在账户中。记账方法是根据一定的原理、记账符号、记账规则，采用一定的计量单位，利用文字和数字在账簿中登记经济业务的方法。记账方法在会计的产生和发展过程中，经历了从单式记账法过渡到复式记账法的漫长过程。

二、单式记账法

单式记账法是指对发生的每一项经济业务，只在一个账户中加以登记的一种记账方法。单式记账法不能全面、系统地反映各项会计要素的增减变动情况和经济业务的来龙去脉，也不便于检查账户记录的正确性和完整性。因此，单式记账法适用于简单经济条件下的经济业务。

第二节　复式记账法

一、复式记账法的概念

复式记账法是相对于单式记账法而言的，是现代会计普遍采用的记账方法。复式记账法是指对每一项经济业务，都必须用相等的金额在两个或两个以上相互联系的账户中进行登记，全面系统地反映会计要素增减变化的一种记账方法。比如，企业以银行存款 1 500 元支付电话费，一方面要记管理费用增加 1 500 元，另一方面还要记银行存款减少 1 500 元。

由此可见，复式记账法与单式记账法相比较，其显著的优点在于：一是采用复式记录方式（即双重记录方式），由于对每项经济业务都要在两个或两个以上相互联系的账户中同时进行记录，不仅可以了解每一项经济业务的来龙去脉，而且当全部经济业务都相互联系地登记入账之后，通过账户记录，就能够完整、系统地反映出经济活动的过程和结果；二是由于对每项经济业务都要以相等的金额分类登记入账，它使全部账户增减的发生额和余额的合计数存在着一定的平衡关系。利用这种平衡关系可以对账户记录的结果进行试算平衡，以检查账户记录是否正确和完整。

二、复式记账法的基本原理

复式记账法以价值运动和会计等式为理论基础。企业的任何一项经济活动发生都会涉及资金的来源和去向。但就一个经济实体而言，资产从什么渠道取得，具体表现为哪些形态，必须从某一个时点（如期初或期末）来观察，即从经济活动的相对静止状态来观察，才能了解资产和权益之间的数量关系。资产与权益是同一经济活动的两个不同方面，二者相互依存，互为条件，没有权益的存在，就不会有资产；同样，没有资产的存在，就不会产生有效的权益。从数量关系看，一定量的资产必有与其等量的权益；反之，一定量的权益也必然有与其等量的资产。每个经济实体的资产总量与权益总量必然相等，这就形成会计等式的理论基础。按照这个会计等式，一笔经济业务的数量关系可以从两个方面去反映，会引起会计等式两边同时增加或同时减少，或者引起等式一边一个项目增加，另一个项目减少。为此，必须以相等的金额在两个或两个以上相关账户中作等额的记录，以便全面反映经济活动存在的这种相互依存的内在联系。复式记账法一般包括账户设置与结构、记账符号、记账规则和平衡公式四项基本内容。

（一）账户设置与结构

要进行复式记账，首先要确定会计科目，根据会计科目开设相应账户，并按不同的记账方法和账户性质，确定账户的结构。

（二）记账符号

记账符号是以简化的形式来表示资金运动的数量变化，它采用一种符号标记来代表数量变化的方向。记账符号一经确定，就要贯穿该种记账过程的始终。

（三）记账规则

记账规则的产生源于资产与权益相等的平衡原理，反映资金运动数量变化的规律，包括规定通过会计科目和记账符号反映资金运动数量变化的方向，规定反映资金运动数量变化的会计科目之间的相互关系。

（四）平衡公式

平衡公式是反映资金运动所引起资金内部各种数量变化的相互平衡关系；是根据“资产=负债+所有者权益”之间的平衡关系来检查账户记录是否正确的依据。双方平衡基本可以认为是正确的，不平衡则是错误的。

三、复式记账法的种类

复式记账法按采用的记账符号和记账规则的不同，可分为借贷记账法、收付记账法和增减记账法三种。复式记账法的基本分类如表 3-1 所示。

表 3-1　复式记账法的基本分类

复式记账法
- 借贷记账法——以借贷作为记账符号的记账方法
- 收付记账法
  - 财产收付记账法
  - 资金收付记账法
  - 现金收付记账法

  以收付作为记账符号的记账方法
- 增减记账法——以增减作为记账符号的记账方法

在上述复式记账法中，借贷记账法是最科学、最完善的复式记账法，是经过长期反复实践和研究得出的结论。因此，世界各国基本上采用借贷记账法进行记账，在我国的会计准则中也明确规定“会计记账采用借贷记账法”。

第三节　借贷记账法的基本理论

一、借贷记账法的历史沿革

会计的记账方法伴随着社会经济发展而产生和发展。12～13 世纪的意大利北方城市经济繁荣，是整个欧洲的经济中心。威尼斯的金币“杜卡特”几乎成为整个欧洲大陆通用的货币；而银行业务的日趋复杂，为借贷记账法的产生奠定了经济基础。13 世纪初意大利佛罗伦萨的银行簿记，是目前世界上保留下来的最早的西式复式簿记方面的文件，展现了当时世界最进步的会计记录方法，反映了借贷记账法的萌芽状态。当时，佛罗伦萨银行的账户仅按人名设置，反映债权、债务的清算。分录账采用垂直式账页，分为上下两个记账部位，上方为“借主”之部位，表示“彼应给我”，即彼（客户）应给我（银行）之数额，用现在的话来说就是应收款；账户的下方为“贷主”之部位，表示“我应给彼”，用现在的话来说就是应付款。应当说明，当时的“借”“贷”还不是记账符号，而是反映银行与客户之间的借主、贷主关系，具有实际的经济关系意义。从银行的角度讲，“借”是指借出款项（债权增加）的含义，“贷”是指收入款项（债务增加）的含义，故有借出贷入之说。因此，世界大多数会计学者认为，借贷记账法起源于12世纪末或13世纪初意大利的北方城市。

19世纪，由于资本主义国家入侵中国，借贷记账法也随之传入我国。经考证，借贷记账法正式传入我国始于1905年（清光绪三十一年），而中国自办企业当中，对借贷记账法的运用是在1908年（清光绪三十四年）创办大清银行之时。

中华人民共和国成立后，在全面学习苏联会计理论、会计方法和会计制度期间，借贷记账法得到了广泛的应用，至20世纪70年代我国企业基本上采用了借贷记账法。在学习和引进借贷记账法的同时，我国传统的中式簿记得到了改造和创新，先后创立了财产收付记账法、资金收付记账法、现金收付记账法和增减记账法等。由于“文化大革命”的影响，这些新创立的记账方法得到了普遍推广，而借贷记账法被称为资本主义的东西受到批判，几乎全部停用。“文化大革命”结束后，随着改革开放的深入发展，借贷记账法又重新受到中国会计界的重视。会计记账采用借贷记账法，已写入了我国企业、行政事业单位的会计准则，成为唯一通用的记账方法。

二、借贷记账法的基本原理

借贷记账法是指以“借”“贷”作为记账符号，采取“有借必有贷，借贷必相等”的记账规则，按照科学的账户体系和账户结构进行记录的一种复式记账方法。

借贷记账法与其他复式记账方法相比，主要在记账符号、账户结构、记账规则和试算平衡四个方面有其显著的特点。

（一）记账符号

记账符号是指经济业务应记入账户方向和表明金额增减变化的一种记号。借贷记账法以“借”“贷”作为记账符号。根据会计等式的平衡关系，借贷记账法的记账符号的经济含义是：用“借”表示资产和费用类账户的增加和负债、所有者权益、收入类账户的减少；用“贷”表示负债、所有者权益、收入类账户的增加和资产、费用类账户的减少。记账符号所表示的含义如图3-1所示。

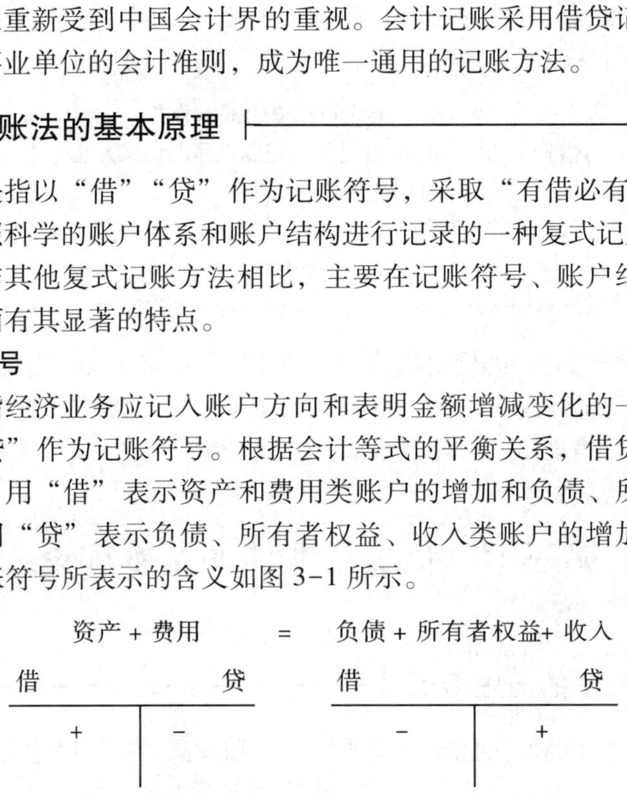

图 3-1　记账符号的含义

从图 3-1 中可以看出，借贷记账法的记账符号具有双重的含义，“借”字既表示增加（资产和费用的增加），又表示减少（负债、所有者权益和收入的减少）；“贷”字既表示增加（负债、所有者权益和收入的增加），又表示减少（资产和费用的减少）。例如，企业将 100 000 元的现金存入银行。这项经济业务，将会引起企业“银行存款”增加100 000元和“库存现金”减少 100 000 元。“银行存款”是资产类的账户，因此其增加应记入“银行存款”账户的借方；而“库存现金”也是资产类账户，故其减少应记入“库存现金”账户的贷方。用记账符号表示为：“借：银行存款 100 000”，“贷：库存现金 100 000”。由此可见，要正确使用记账符号，关键是要辨清账户的性质。

（二）账户结构

账户结构是指一个账户的记账方向的表达形式以及在一个账户中的什么方向反映经济业务的增加、减少和余额。每一账户基本结构均有“左方”和“右方”，借贷记账法下的账户左方为“借方”，账户右方为“贷方”。由于账户的性质不同，其“借方”和“贷方”反映的经济业务变动情况不同，其账户结构也不同。

1. 资产类账户的结构

资产类账户的基本结构是：借方记录各项资产的增加额，贷方记录各项资产的减少额。在一个会计期间内，将各项资产借方数额加总称为借方发生额；将各项资产贷方数额加总称为贷方发生额；将同一会计期间内某个资产账户的借方发生额和贷方发生额相抵后得到的余额称为期末余额，资产类账户期末余额一般在借方。期末余额在会计期末转入下一个会计期间，成为下一会计期间的期初余额。资产类账户的期末余额计算公式为

资产类账户期末借方余额=期初借方余额+本期借方发生额-本期贷方发生额

资产类账户结构用丁字形账户表示，如图 3-2 所示。

借方		资产类账户	贷方
期初余额：	×××		
本期增加额	×××	本期减少额	×××
	×××		×××
	…		…
本期发生额合计	×××	本期发生额合计	×××
期末余额	×××		

图 3-2　资产类账户结构

例如：邕桂公司的库存现金账户期初借方余额为 5 000 元，本期借方发生额为10 000元，本期贷方发生额为 9 000 元，则库存现金账户的期末余额计算如下：

库存现金账户期末余额=5 000+10 000-9 000 = 6 000（元）

2. 负债及所有者权益类账户的结构

负债及所有者权益类账户的基本结构是：贷方记录各项负债及所有者权益的增加额，借方记录各项负债及所有者权益的减少额。在一个会计期间内，将各项负债及所有者权益贷方数额加总称为贷方发生额；将各项负债及所有者权益借方数额加总称为借方发生额；在同一会计期间的各项负债及所有者权益的贷方发生额与借方发生额相

抵后的余额称为期末余额，期末余额一般在贷方。期末余额在会计期末转入下一会计期间，作为下一会计期间的期初余额。其计算公式为

负债及所有者权益类账户期末贷方余额=期初贷方余额+本期贷方发生额-本期借方发生额

负债及所有者权益类账户结构用丁字形账户表示，如图 3-3 所示。

借方	负债及所有者权益类账户		贷方
		期初余额：	×××
本期减少额	×××	本期增加额	×××
	×××		×××
	…		…
本期发生额合计	×××	本期发生额合计	×××
		期末余额	×××

图 3-3　负债及所有者权益类账户结构

例如：邕桂公司短期借款的期初贷方余额为 50 000 元，本期贷方发生额 40 000 元，本期借方发生额为 50 000 元；本年利润账户的期初贷方余额为 100 000 元，本期贷方发生额为 600 000 元，本期借方发生额为 480 000 元。则短期借款账户和本年利润账户的期末余额计算如下：

短期借款账户期末余额=50 000+40 000-50 000 = 40 000（元）

本年利润账户期末余额=100 000+600 000-480 000 =220 000（元）

3. 费用类账户的结构

费用类账户的基本结构是：借方记录各项费用的增加额，贷方记录各项费用的减少额或转出额。期末，将当期发生的费用净额转入“本年利润”账户，以确定当期利润，因此，该类账户期末结转后一般无余额。

费用类账户结构用丁字形账户表示，如图 3-4 所示。

借方	费用类账户		贷方
本期增加额	×××	本期减少额	×××
	×××	本期转出额	×××
	…		…
本期发生额合计	×××	本期发生额合计	×××

图 3-4　费用类账户结构

例如：邕桂公司财务费用账户期初余额为 0，本期借方发生额为 24 000 元（为借款利息支出），本期贷方发生额为 8 000 元（为存款利息收入），本期转出到本年利润的数额为 16 000 元，则财务费用账户的期末余额计算如下：

财务费用账户的期末余额=0+24 000-8 000-16 000 = 0（元）

4. 收入类账户的结构

收入类账户的基本结构是：贷方记录收入的增加额，借方记录收入的减少和转出

额。期末，将当期实现的收入净额转入“本年利润”账户，以确定当期利润，因此，该类账户期末结转后一般无余额。

收入类账户结构用丁字形账户表示，如图 3-5 所示。

借方	收入类账户		贷方
本期减少额	×××	本期增加额	×××
本期转出额	×××		×××
	…		…
本期发生额合计	×××	本期发生额合计	×××

图 3-5　收入类的账户结构

例如：邕桂公司主营业务收入账户期初余额为 0，本期贷方发生额为 2 000 000 元（为销售产品收入），本期借方发生额为 100 000 元（为退货冲减的收入），本期转出到本年利润的数额为 1 900 000 元。则主营业务收入账户的期末余额计算如下：

主营业务收入账户的期末余额 = 0+2 000 000−100 000−1 900 000 = 0（元）

通过上述账户结构可以看出，不同性质的账户其借贷含义不同，账户结构也有所区别，这体现了借贷记账法的基本特点，账户结构总模式如表 3-2 所示。

表 3-2　账户结构总模式

账户类型	账户借方	账户贷方	账户余额
资产类账户	增加	减少	一般在借方
负债类账户	减少	增加	一般在贷方
所有者权益类账户	减少	增加	一般在贷方
收入类账户	减少和转出	增加	一般无余额
费用类账户	增加	减少和转出	一般无余额

（三）记账规则

记账规则是会计运用记账方法记录经济业务时应当遵守的规律，是记账方法本质特征的具体表现。借贷记账法的记账规则为：“有借必有贷，借贷必相等”。

下面以邕桂公司的经济业务为例，说明借贷记账法记账规则的具体运用。

【例 3-1】根据投资协议收到 A 企业投入货币资金 1 000 000 元，款项已存入银行。

此项经济业务发生后，一方面引起资产要素中“银行存款”增加 1 000 000 元，另一方面引起所有者权益要素中“实收资本”增加 1 000 000 元。资产类账户增加记借方，所有者权益类账户增加记贷方，所以应在“银行存款”账户借方记 1 000 000 元；在“实收资本”账户贷方记 1 000 000 元。其经济业务在丁字形账户中的登记如图 3-6 所示。

借方　实收资本	贷方	借方　银行存款	贷方
	（1）1 000 000 ——	（1）1 000 000	

图 3-6　图式 1

【例 3-2】向银行借入短期借款 500 000 元，款项已存入银行。

此项经济业务发生后，一方面引起资产要素中“银行存款”增加 500 000 元，另一方面引起负债要素中“短期借款”增加 500 000 元。资产类账户增加记借方，负债类账户增加记贷方，所以应在“银行存款”账户借方记 500 000 元，在“短期借款”账户贷方记 500 000 元。其经济业务在丁字形账户中的登记如图 3-7 所示。

借方	短期借款	贷方	借方	银行存款	贷方
		（2）500 000	（2）500 000		

图 3-7 图式 2

【例 3-3】从银行提取现金 30 000 元，以备零星支出。

此项经济业务发生后，一方面引起资产要素中“库存现金”增加 30 000 元，另一方面引起资产要素中“银行存款”减少 30 000 元。资产类账户增加记借方，减少记贷方，所以应在“库存现金”账户借方记 30 000 元，在“银行存款”账户贷方记 30 000 元。其经济业务在丁字形账户中的登记如图 3-8 所示。

借方	银行存款	贷方	借方	库存现金	贷方
		（3）30 000	（3）30 000		

图 3-8 图式 3

【例 3-4】从 B 工厂采购材料一批，价款为 200 000 元，材料已验收入库，款项尚未支付（假设不考虑增值税）。

此项经济业务发生后，一方面引起资产要素中“原材料”的增加，另一方面引起负债要素中“应付账款”的增加。资产类账户增加记借方，负债类账户增加记贷方，所以应在“原材料”账户借方记 200 000 元，在“应付账款”账户贷方记 200 000 元。其经济业务在丁字形账户中的登记如图 3-9 所示。

借方	应付账款	贷方	借方	原材料	贷方
		（4）200 000	（4）200 000		

图 3-9 图式 4

【例 3-5】用银行存款 60 000 元偿还已到期的短期借款。

此项经济业务发生后，一方面引起资产要素中的“银行存款”减少 60 000 元，另一方面引起负债要素中的“短期借款”减少 60 000 元。资产类账户减少记贷方，负债类账户减少记借方，所以应在“银行存款”账户贷方记 60 000 元，在“短期借款”账户借方记 60 000 元。其经济业务在丁字形账户中登记如图 3-10 所示。

借方	银行存款	贷方	借方	短期借款	贷方
		（5）60 000	（5）60 000		

图 3-10 图式 5

【例 3-6】购入生产设备一台，已交付使用，价款计 400 000 元，款项已通过银行存款支付（假设不考虑增值税）。

此项经济业务发生后，一方面引起资产要素中“固定资产”增加 400 000 元，另一方面引起资产要素中“银行存款”减少 400 000 元。资产类账户增加记借方，减少记贷方，所以应在“固定资产”账户借方记 400 000 元，在“银行存款”账户贷方记 400 000元。其经济业务在丁字形账户中的登记如图 3-11 所示。

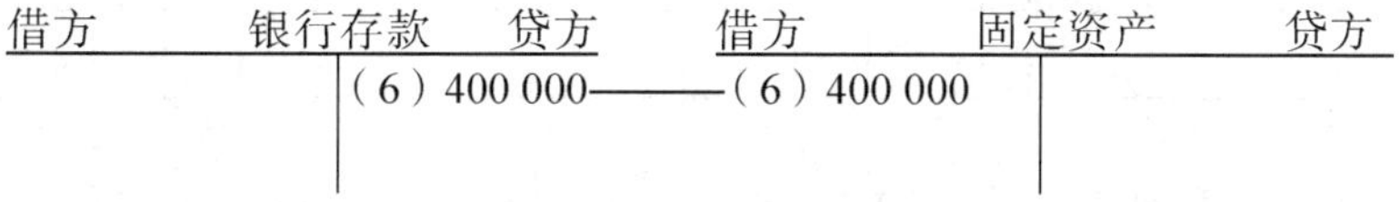

图 3-11　图式 6

从上述举例中可以看出，在经济业务发生后，无论涉及什么样的会计要素，也不管经济业务的性质如何，总要引起会计要素之间，或同一会计要素不同项目之间发生增减变化。但它在记入一个账户（或几个账户）借方的同时，必须要记入另一个账户（或几个账户）的贷方，记入借方的金额与记入贷方的金额都是相等的，这就是借贷记账法的“有借必有贷，借贷必相等”的记账规则。

（四）试算平衡

所谓试算平衡，是指在借贷记账法下，利用借贷发生额和期末余额（或期初余额）的平衡原理，检查账户记录是否正确的一种方法。在借贷记账法下，按其“有借必有贷，借贷必相等”的记账规则记录经济业务，借贷两方客观上存在着平衡关系。因为每笔经济业务都以相等的金额按借贷相反的方向在对应账户中进行记录，这就使每一笔经济业务反映在账户中的借方发生额与贷方发生额必然相等。在某一会计期内全部经济业务在账户中的记录，其所有账户借方发生额合计也必然等于所有账户贷方发生额合计。由于账户期末余额是以其本期发生额为基础累计计算的，也存在着所有账户期末借方余额合计等于所有账户期末贷方余额合计的平衡关系。借贷记账法下进行试算平衡有两种方法：

1. 发生额试算平衡法

发生额试算平衡法是用来检查全部账户的借贷发生额是否相等的方法。其计算公式如下：

$$\sum \text{全部账户借方发生额} = \sum \text{全部账户贷方发生额}$$

2. 余额试算平衡法

余额试算平衡法是用来检查所有账户借方期初或期末余额和贷方期初或期末余额合计数是否相等的方法。其计算公式如下：

$$\sum \text{全部账户期初借方余额} = \sum \text{全部账户期初贷方余额}$$

$$\sum \text{全部账户期末借方余额} = \sum \text{全部账户期末贷方余额}$$

在会计实务中，往往通过期末编制试算平衡表的方式对发生额和余额进行试算平衡。试算平衡表的格式如表 3-3 所示。

表 3-3 发生额及余额试算平衡表

年 月 日 单位：元

会计账户	期初余额		本期发生额		期末余额	
	借方	贷方	借方	贷方	借方	贷方
合计						

发生额及余额试算平衡表的编制方法：首先，期末要结出各账户的本期发生额及期末余额；其次，根据各账户的期初余额、本期发生额和期末余额分别填入试算平衡表中的“期初余额”“本期发生额”和“期末余额”栏；再次，计算试算平衡表的期初余额、本期发生额和期末余额的各栏合计数；最后，验证期初余额的借方合计与贷方合计、本期发生额的借方合计与贷方合计、期末余额的借方合计与贷方合计各自是否平衡。

在进行试算平衡时，应注意以下三点：

（1）必须保证所有账户的余额均已记入试算表。因为会计等式是对会计要素整体而言的，缺少任何一个账户的余额，都会造成期初或期末借方余额合计与贷方余额合计不相等。

（2）如果试算表借贷不平衡，那么账户记录肯定有错误，应认真查找，直到实现平衡为止。

（3）如果试算表实现了有关三栏的借贷平衡关系，一般说明记账是正确的，没有违反借贷记账法的记账规则，但并不能说明账户记录绝对没有错误，因为有些错误并不会影响借贷双方的平衡关系，因而不能仅凭试算平衡表来检查。不能通过试算平衡表检查出来的错误如下：①漏记某项经济业务，将使本期借贷双方的发生额等额减少，借贷仍然平衡；②重记某项经济业务，将使本期借贷双方的发生额等额虚增，借贷仍然平衡；③某项经济业务记错有关账户，借贷仍然平衡；④某项经济业务在账户记录中，颠倒了记账方向，借贷仍然平衡；⑤借方或贷方发生额中，偶然发生多记少记并相互抵销，借贷仍然平衡。因此，在编制试算平衡表前，应通过其他方法认真核对有关账户记录，以消除上述错误。

三、会计分录

（一）会计分录的含义

会计分录简称“分录”，是对每项经济业务列示出应借、应贷的账户名称及其金额的一种记录。会计分录应包括记账方向（借方或贷方）、账户名称（会计科目）和金额三要素。记账方向是指反映经济业务事项发生增减变动的方向，账户名称是用来反映经济业务事项的内容，金额是反映资金变动的数额。

（二）会计分录的分类

会计分录按其所涉及账户的多少，可分为简单分录和复合分录两种。简单分录是指只涉及两个账户的会计分录，即一借一贷的会计分录；复合分录是指涉及两个以上（不包括两个）账户的会计分录，即一借多贷、多借一贷以及多借多贷的分录。也可以说，复合分录是由同一经济业务事项的若干个简单分录合并而成的会计分录；为了保证账户对应关系的清楚，一般不宜把不同经济业务合并在一起，编制多借多贷的会计分录。但在某些特殊情况下，为了反映经济业务的全貌，可以为同一经济业务事项编制多借多贷的会计分录。

（三）会计分录的编制步骤

第一步，分析经济业务涉及哪些账户。

第二步，分析所涉及的账户是什么性质的，即属于哪一类的账户。

第三步，分析哪个账户发生了增加，哪个账户发生了减少。

第四步，根据借贷记账法的记账符号确定应记入账户的借方还是贷方。

第五步，按照要求写出会计分录，然后观察借贷金额是否相等。

以【例3-1】至【例3-6】为例，说明运用借贷记账法编制简单的会计分录。

【例3-1】借：银行存款　　1 000 000
　　贷：实收资本　　1 000 000

【例3-2】借：银行存款　　500 000
　　贷：短期借款　　500 000

【例3-3】借：库存现金　　30 000
　　贷：银行存款　　30 000

【例3-4】借：原材料　　200 000
　　贷：应付账款　　200 000

【例3-5】借：短期借款　　60 000
　　贷：银行存款　　60 000

【例3-6】借：固定资产　　400 000
　　贷：银行存款　　400 000

在编写会计分录时，应当注意以下三点：一是先借后贷，即一般是先写借方的内容后写贷方的内容；二是上下错开写，即借方和贷方的内容应当采取错格表示，借方写在上，贷方写在下，而且贷方要比借方低一格，以表示账户之间的对应关系；三是每个账户只能书写一行，经济业务事项如果涉及几个账户就应该分别写几行，不能把所涉及的账户都写在同一行上。

四、对应关系与对应账户

在复式记账法下，要求对每一项经济业务都在两个或两个以上账户中进行登记，这样所记账户之间就形成了一定的联系，账户之间的这种相互依存关系，称为账户的对应关系。构成对应关系的账户，称为对应账户。

通过对应账户之间的相互关系，可以全面反映经济业务的来龙去脉，便于检查经济业务记录的正确性及合规性。例如，从银行提取2 000元现金以备零星开支，按借贷记账法的记账规则，要在“库存现金”账户的借方和“银行存款”的贷方同时记录2 000元。该笔经济业务涉及“库存现金”和“银行存款”两个账户，这两个账户之间存在应借应贷的对应关系，因此，在该项经济业务的记录中，将“库存现金”和“银行存款”两个账户称为对应账户。根据对应账户可以了解该项经济业务的来龙去脉。即库存现金的增加是由银行存款的减少所形成的。

在借贷记账法下，账户之间的对应关系取决于经济活动的性质，而通过对应账户又可以了解经济活动的内容。因此，在运用借贷记账法记录经济业务时，必须熟练掌握和分析各项经济业务发生后所涉及的账户以及账户的对应关系。

五、借贷记账法的简单应用

前面我们介绍了借贷记账法的记账原理，为了更好地运用借贷记账法来进行会计的账务处理，下面举一简例来说明借贷记账法的程序和步骤。

（一）资料

1. 假定邕桂公司202×年1月1日各账户的余额如表3-4所示。

表3-4 期初余额

202×年1月1日　　单位：元

会计科目	期初借方余额	会计科目	期初贷方余额
库存现金	5 000	短期借款	500 000
银行存款	700 000	应付票据	100 000
原材料	200 000	应付账款	150 000
固定资产	895 000	应交税费	50 000
		实收资本	1 000 000
合计	1 800 000	合计	1 800 000

2. 邕桂公司202×年1月发生的经济业务如下（假设不考虑增值税）：

（1）收到投资者B按投资合同交来的资本金500 000元，款存银行。

（2）向银行借入三个月期限的借款1 000 000元，款存银行。

（3）从银行提取现金5 000元作为备用。

（4）购买价值50 000元的材料，已验收入库，款项尚未支付。

（5）签发三个月到期的商业汇票150 000元，用以抵付原欠货款。

（6）用银行存款500 000元偿还前欠的短期借款。

（7）用银行存款购买机器设备500 000元，设备已交付使用。

（8）购买材料50 000元，其中货款30 000元以银行存款支付，其余货款尚欠。

3. 要求：运用借贷记账法进行账务处理。

（二）账务处理

1. 编制会计分录

（1）借：银行存款　　500 000

　　贷：实收资本　　500 000

（2）借：银行存款　　1 000 000

　　贷：短期借款　　1 000 000

（3）借：库存现金 5 000
　　贷：银行存款 5 000
（4）借：原材料 50 000
　　贷：应付账款 50 000
（5）借：应付账款 150 000
　　贷：应付票据 150 000
（6）借：短期借款 500 000
　　贷：银行存款 500 000
（7）借：固定资产 500 000
　　贷：银行存款 500 000
（8）借：原材料 50 000
　　贷：银行存款 30 000
　　　　应付账款 20 000

2. 记账

根据上述会计分录登记总分类账户，如图 3-12 至图 3-20 所示。

3. 结账

期末在各个总分类账户中结算出本期发生额及期末余额，如图 3-12 至图 3-20 每个总分类账户中的最后两行所示。

借方　　　　库存现金　　　　贷方

借方		贷方	
期初余额：	5 000		
	（3）5 000		
本期发生额	5 000	本期发生额	0
期末余额	10 000		

图 3-12　**库存现金账户**

借方　　　　银行存款　　　　贷方

借方		贷方	
期初余额：	700 000		
	（1）500 000		（3）5 000
	（2）1 000 000		（6）500 000
			（7）500 000
			（8）30 000
本期发生额	1 500 000	本期发生额	1 035 000
期末余额	1 165 000		

图 3-13　**银行存款账户**

借方	原材料		贷方
期初余额：	200 000		
	（4） 50 000		
	（8） 50 000		
本期发生额	100 000	本期发生额	0
期末余额	300 000		

图 3-14　原材料账户

借方	固定资产		贷方
期初余额：	895 000		
	（7） 500 000		
本期发生额	500 000	本期发生额	0
期末余额	1 395 000		

图 3-15　固定资产账户

借方	短期借款		贷方
		期初余额：	500 000
	（6） 500 000		（2） 1 000 000
本期发生额	500 000	本期发生额	1 000 000
		期末余额	1 000 000

图 3-16　短期借款账户

借方	应付票据		贷方
		期初余额：	100 000
			（5） 150 000
本期发生额	0	本期发生额	150 000
		期末余额	250 000

图 3-17　应付票据账户

借方	应付账款		贷方
		期初余额：	150 000
	（5） 150 000		（4） 50 000
			（8） 20 000
本期发生额	150 000	本期发生额	70 000
		期末余额	70 000

图 3-18　应付账款账户

借方	应交税费		贷方
		期初余额：	50 000
本期发生额	0	本期发生额	0
		期末余额	50 000

图 3-19　应交税费账户

借方	实收资本		贷方
		期初余额：	1 000 000
			（1）500 000
本期发生额	0	本期发生额	500 000
		期末余额	1 500 000

图 3-20　实收资本账户

（三）编制试算平衡表

根据图 3-12 至图 3-20 各账户的期初余额、本期发生额和期末余额，编制总分类账户试算平衡表，如表 3-5 所示。

表 3-5　总分类账户试算平衡表

202×年 1 月 31 日　　　　单位：元

会计科目	期初余额		本期发生额		期末余额	
	借方	贷方	借方	贷方	借方	贷方
库存现金	5 000		5 000		10 000	
银行存款	700 000		1 500 000	1 035 000	1 165 000	
原材料	200 000		100 000		300 000	
固定资产	895 000		500 000		1 395 000	
短期借款		500 000	500 000	1 000 000		1 000 000
应付票据		100 000		150 000		250 000
应付账款		150 000	150 000	70 000		70 000
应交税费		50 000				50 000
实收资本		1 000 000		500 000		1 500 000
合计	1 800 000	1 800 000	2 755 000	2 755 000	2 870 000	2 870 000

从表 3-5 中可以看出，期初余额的借方合计与贷方合计均为 1 800 000 元，是平衡的；本期发生额的借方合计与贷方合计均为 2 755 000 元，是平衡的；期末余额的借方合计与贷方合计均为 2 870 000 元，是平衡的；这说明本例的记账基本正确。

第四节　借贷记账法在企业中的应用

企业生产经营过程的简介：生产企业是从事产品生产经营活动的经济实体，主要任务是为社会提供合格产品，满足各方面的需要。为了独立地进行生产经营活动，每个企业都必须拥有一定数量的经营资金，作为从事经营活动的物质基础。这些资金从一定渠道取得，并在经营活动中被运用，表现为不同的占用形态。随着企业生产经营活动的进行，资金的占用形态不断转化，周而复始，形成资金的循环和周转。

企业从各种渠道筹集的资金，首先表现为货币资金形态。企业以货币资金建造或购买厂房、机器设备和各种材料物资，为进行产品生产提供必要的生产资料，这时资金就从货币资金形态转化为固定资金和储备资金形态。在生产过程中，劳动者借助于劳动资料，加工劳动对象，制造出各种适合社会需要的产品。在生产过程中发生的各种材料消耗、人工费用、固定资产折旧费以及其他费用等形成生产费用。生产费用具有不同的经济内容和用途，但最终都要分配和归集到各种产品中去，形成产品的生产成本。这时资金就从固定资金、储备资金和货币资金形态转化为生产资金形态，随着产品的制成和验收入库，资金又从生产资金形态转化为成品资金形态。在销售过程中，企业将产品销售出去，收回货币资金，同时要发生销售费用，交纳税费，与产品的购买单位发生货款结算关系等，这时资金从成品资金形态转化为货币资金形态。为了及时总结一个企业在一定时期内的经营成果，必须计算企业所实现的利润或发生的亏损，如为利润，应按照国家的规定交纳企业所得税、提取盈余公积、向投资者分配利润等，一部分资金退出企业，另一部分资金要重新投入生产周转；如为亏损，还要进行弥补。在上述企业生产经营活动中，资金的筹集和资金回收或退出企业，与供应过程、生产过程和销售过程首尾相接，构成了生产企业的主要经济业务。（可参见第一章 图 1-1 资金运动）

为了全面、连续、系统地核算和监督由上述企业主要经济业务所形成的生产经营活动过程和结果，也就是企业再生产过程中的资金运动，企业必须根据各项经济业务的具体内容和管理要求，相应地设置不同的账户，并运用复式记账法，对各项经济业务的发生进行账务处理，以完整地提供管理上所需要的各种会计信息。

本节以生产企业的筹资、供、产、销各个过程以及经营成果业务的会计处理为例说明借贷记账法的具体应用。（本教材暂不涉及企业的投资业务）

一、借贷记账法在筹资过程中的应用

企业要进行生产经营活动，必须要有一定的“资本”。因此，筹资是企业的重要经济业务。企业的筹资渠道主要有两方面：一是吸收投资者投入资本，二是从银行或其他金融机构等借入资金。

（一）投入资本的核算

1. 所有者投入资本的构成

投入资本是指投资者向企业投入的资本，从企业的角度来看就是企业实际收到的资本。投资者向企业投入的资本，在一般情况下无须偿还，可供企业长期周转使用。所有者投入的资本主要包括实收资本（或股本）和资本公积，按投资主体不同可分为国家资本金、法人资本金、个人资本金和外商资本金。

实收资本是指企业的投资者投入形成企业法定资本的各种资产的价值，不仅包括货币资金还包括非货币的实物。

2. 应设账户

“实收资本”账户：核算企业接受投资者投入的实收资本。股份有限公司应设为“股本”账户。本账户属于所有者权益类账户，贷方登记实收资本的增加数额，借方登记实收资本的减少数额，期末贷方余额反映企业期末实收资本的实有数额。本账户可按投资者进行明细核算。

3. 账务处理

（1）接受货币资产投资

企业收到投资者以货币资产投入的资本时，应当以实际收到或者存入企业开户银行的金额，并按其在注册资本或股本中所占份额作为实收资本入账，根据收款的原始凭证借记“库存现金”“银行存款”账户，贷记“实收资本”账户。

【例 3-7】邕桂公司是由 A、B、C 公司共同投资组建的有限责任公司，注册资本为1 500 000元，投资协议的持股比例为 A、B、C 公司各占 1/3。现收到 A、B 公司各投入的货币资金 500 000 元，款项已存入本企业的开户银行。

分析：这笔经济业务引起企业资产类账户“银行存款”和所有者权益类账户“实收资本”同时增加了 1 000 000 元。会计分录如下：

借：银行存款	1 000 000	
贷：实收资本——A 公司		500 000
——B 公司		500 000

（2）接受非货币资产投资

企业接受非货币资产投资时，应按投资合同或协议约定的价值确认非货币资产的价值（投资合同或协议约定价值不公允的除外）。当企业收到投资者投入的房屋、建筑物、机器设备等非货币资产投资时，在办妥实物转移手续后，按投资合同或协议约定的价值确定资产的价值，借记“固定资产”账户，贷记“实收资本”账户。

【例 3-8】邕桂公司收到 C 公司投入不需要安装的全新机器设备一台，投资协议约定的价值为 500 000 元，该协议价是公允的。（假设不考虑增值税）

分析：这笔经济业务引起企业资产类账户“固定资产”和所有者权益类账户“实收资本”同时增加了 500 000 元。会计分录如下：

借：固定资产——设备	500 000	
贷：实收资本——C 公司		500 000

（二）借入资金的核算

1. 负债筹资的构成

企业在生产经营过程中为了弥补资金的不足，除了以吸收投资等方式增加资本金外，往往还需要向银行或其他金融机构等借款。因此，企业负债也是企业筹集资金的重要渠道之一。企业向银行或其他金融机构等借入的款项，按其借款时间长短的不同，可分短期借款、长期借款两种。

短期借款是指企业为了满足其生产经营对资金的临时性需要而向银行或其他金融机构等借入的期限在一年以内（含一年）的各种借款。

长期借款是指企业向银行或其他金融机构等借入的偿还期限在一年以上（不含一年）的各种借款。

2. 应设账户

企业通常设置以下账户对负债筹资业务进行会计核算，本教材以短期借款为例。

（1）“短期借款”账户：核算企业向银行或其他金融机构等借入的期限在一年以内（含一年）的各种借款。本账户属于负债类账户，贷方登记取得借款的本金数额，借方登记偿还借款的本金数额，期末贷方余额反映企业尚未偿还的短期借款。本账户可按借款种类、贷款人和币种进行明细核算。

（2）“财务费用”账户：核算企业为筹集生产经营所需资金等而发生的筹资费用。本账户属于损益类账户中的费用类账户，借方登记企业发生的各项财务费用，如利息支出及相关的手续费等，贷方登记收到的银行存款利息收入以及期末转入本年利润的本期财务费用净发生额，期末一般无余额。本账户可按费用项目进行明细核算。

（3）“应付利息”账户：核算企业按照合同约定应支付的利息。本账户属于负债类账户，贷方登记按规定应计入本期成本费用的各种利息，借方登记实际支付的利息，期末贷方余额反映企业应付未付的各项利息。本账户可按存款人或债权人进行明细核算。

3. 账务处理

（1）取得短期借款的核算。从银行或其他金融机构等取得短期借款并存入开户银行时，借记“银行存款”账户，贷记“短期借款”账户。

【例 3-9】202×年 1 月 1 日邕桂公司向银行借入 500 000 元，期限为 6 个月，年利率为 7.2%，款项已存入开户银行。

分析：这笔经济业务使企业的资产类账户“银行存款”增加了 500 000 元，负债类账户“短期借款”增加了 500 000 元。会计分录如下：

借：银行存款　　　　500 000

　贷：短期借款　　　　500 000

（2）计提短期借款利息的核算。在实际工作中，银行一般是在季度末收取短期借款利息，而企业则是根据权责发生制的要求，按月份进行利息结算（如果利息数额较小，也可以于实际支付时直接计入财务费用）。企业分月计提利息时，按当月应负担的利息数额，借记“财务费用”账户，贷记“应付利息”账户。

【例 3-10】1 月 31 日邕桂公司计提本月应负担的利息 3 000（500 000×7.2%÷12=3 000）元。

分析：这笔经济业务使企业的费用类账户“财务费用”增加了 3 000 元，负债类账户“应付利息”增加了 3 000 元。会计分录如下：

借：财务费用——利息支出　　　　3 000

　贷：应付利息　　　　3 000

2 月末、3 月末的会计处理同上。

（3）支付利息的核算。企业在实际支付利息时，应根据银行开具的利息支付凭证，借记“应付利息”账户，贷记“银行存款”账户。

【例3-11】3月31日邕桂公司支付当季的短期借款利息9 000（500 000×7.2%÷12×3=9 000）元。

分析：这笔经济业务使企业的负债类账户“应付利息”减少了9 000元，资产类账户“银行存款”减少了9 000元。会计分录如下：

借：应付利息　　9 000

　贷：银行存款　　9 000

（4）还本付息的核算。短期借款到期，企业应及时向银行还本付息。对于偿还的本金，应按其本金数额借记“短期借款”账户，对于支付的利息，已计提的部分借记“应付利息”账户，未计提的部分直接借记“财务费用”账户，同时按本息之和贷记“银行存款”账户。

【例3-12】6月30日邕桂公司以银行存款还本付息共计509 000元。假设4、5月的利息已计提，6月份的利息尚未预提。

分析：这笔经济业务使企业的负债类账户“短期借款”和“应付利息”分别减少了500 000元和6 000元，费用类账户“财务费用”增加了3 000元，资产类账户“银行存款”减少了509 000元。会计分录如下：

借：短期借款　　500 000

　　应付利息　　6 000

　　财务费用——利息支出　　3 000

　贷：银行存款　　509 000

二、借贷记账法在供应过程中的应用

（一）供应过程发生的主要经济业务

供应过程是生产企业生产经营活动的第一阶段。企业用筹集的货币资金购买各种材料，进行储备，保证生产需要。企业购买材料时，一方面要支付材料的买价，另一方面要支付购买材料而发生的运输费和装卸搬运费、仓储和保险费等采购费用，买价加上采购费用构成了材料的采购成本。因此，供应过程的主要经济业务有：计算材料采购成本、结算材料价款和采购费用、将材料验收入库。

（二）应设账户

1.“在途物资”账户

该账户核算企业采用实际成本进行材料、商品等物资的日常核算、货款已付尚未验收入库的在途物资的采购成本。本账户属于资产类账户，借方登记采购材料的实际成本，贷方登记已验收入库材料的实际成本，期末借方余额反映企业在途材料、商品等物资的采购成本。本账户可按供应单位和物资品种进行明细核算。

2.“原材料”账户

该账户核算企业库存的各种材料，包括原料及主要材料、辅助材料、外购半成品、修理用备件、包装材料、燃料等的计划成本或实际成本。本账户属于资产类账户，借方登记验收入库材料的成本，贷方登记发出材料的成本，期末借方余额反映企业库存材料的成本。本账户可按材料的保管地点、材料的类别、品种和规格等进行明细核算。

3. “预付账款”账户

该账户核算企业按照合同规定预付的款项。本账户属于资产类账户，借方登记预付及补付款项数额，贷方登记收到货物时根据有关发票账单记入“原材料”等账户的数额及收回多付款项的数额，期末借方余额反映企业预付的款项；期末如为贷方余额，反映企业尚未补付的款项。预付款项情况不多的企业，可不设置本账户，将预付的款项直接记入“应付账款”账户。本账户可按供应单位进行明细核算。

4. “应付账款”账户

该账户核算企业以摊余成本计量的因购买材料、商品和接受劳务等日常活动应支付的款项。本账户属于负债类账户，贷方登记企业因购入材料所欠付的款项，借方登记偿还欠款的数额，期末贷方余额反映企业尚未支付的应付账款数额。本账户可按债权人进行明细核算。

5. “应付票据”账户

该账户核算企业因购买材料、商品和接受劳务供应等开出、承兑的商业汇票，包括商业承兑汇票和银行承兑汇票。本账户属于负债类账户，贷方登记签发给供应单位的应付票据的票面金额和以后计提的利息，借方登记已承兑的应付票据金额，期末贷方余额反映企业尚未到期的商业汇票的票面金额。

6. “应交税费”账户

该账户核算企业按照税法等规定计算应交纳的各种税费，包括增值税、消费税、所得税、资源税、土地增值税、城市维护建设税、房产税、土地使用税、车船税、教育费附加、矿产资源补偿费、企业代扣代交的个人所得税等。本账户属于负债类账户，可按应交的税费项目进行明细核算。根据实际需要可下设“应交增值税”明细账户，借方登记采购货物支付的进项税额和实际已缴纳的增值税，贷方登记销售货物应缴纳的销项税额，期末借方余额反映企业多交或尚未抵扣的税费，期末贷方余额反映企业尚未交纳的税费。

（三）账务处理

企业外购材料时，由于结算方式和采购地点的不同，材料入库与付款时间不一定完全同步，主要有以下四种情况：①从本地采购的材料，通常在货款支付后就能立即收到材料；②从外地采购的材料，由于材料运输时间和结算凭证的传递以及承付时间的不一致，可能会发生结算凭证已到，货款已支付，但材料尚在运输途中的情况；③有时也会发生材料已到，但货款尚未支付的情况；④有时还会发生材料已到，而结算凭证尚未到达，货款也未支付的情况（这种情况本教材暂不涉及）。因此，材料采购的具体情况不同，其账务处理也就有所不同。

1. “料到付款”的核算

当货款已支付，材料已验收入库时，应根据发票账单和收料单确定的材料成本，借记“原材料”账户，根据增值税专用发票上注明的税额，借记“应交税费——应交增值税（进项税额）”账户，根据实际支付款项的结算凭证，贷记“银行存款”账户。（假设购货方是一般纳税企业，增值税税率为13%，材料采购按实际成本计价。下同）

【例 3-13】邕桂公司从明堂化工公司购入 A 材料一批，增值税专用发票上注明的材料价款为 80 000 元，增值税进项税额为 10 400 元，明堂化工厂代垫运杂费为 3 400 元（假设运杂费不考虑增值税）。款项已用银行存款支付，材料已验收入库。

分析：这笔经济业务使企业的资产类账户“原材料”增加了 83 400 元（材料的实际采购成本 = 80 000+3 400 = 83 400），负债类账户“应交税费”减少了 10 400 元，资产类账户“银行存款”减少了 93 800 元。会计分录如下：

借：原材料——A 材料　　83 400
　　应交税费——应交增值税（进项税额）　　10 400
　贷：银行存款　　93 800

2. “料未到已付款”的核算

贷款已支付，材料尚未验收入库时，这类业务的账务处理应分两步进行：第一步，付款时，根据发票账单确定的材料实际成本，借记“在途物资”账户，根据增值税专用发票上注明的税额，借记“应交税费——应交增值税（进项税额）”账户，根据实际支付的款项结算凭证，贷记“银行存款”账户；第二步，材料验收入库后，根据收料单确认的材料实际成本，借记“原材料”账户，贷记“在途物资”账户。

【例 3-14】邕桂公司向明阳公司购入 B 材料一批，增值税专用发票上注明的材料价款为 100 000 元，增值税进项税额为 13 000 元，明堂化工厂代垫运杂费 5 000 元（假设运杂费不考虑增值税）。全部款项已用银行存款支付，材料尚未运到。

分析：这笔经济业务使企业的资产类账户“在途物资”增加了 105 000 元（材料的实际采购成本 = 100 000+5 000 = 105 000），负债类账户“应交税费”减少13 000元，资产类账户“银行存款”减少了 118 000 元。会计分录如下：

借：在途物资——B 材料　　105 000
　　应交税费——应交增值税（进项税额）　　13 000
　贷：银行存款　　118 000

上述 B 材料全部运到并验收入库时，会计分录如下：

借：原材料——B 材料　　105 000
　贷：在途物资——B 材料　　105 000

3. “料到单到未付款”的核算

在材料已验收入库，发票账单已到但暂未付款的情况下，根据发票账单和收料单确定的材料实际成本，借记“原材料”账户，根据增值税专用发票上注明的税额，借记“应交税费——应交增值税（进项税额）”账户，根据应付的全部价款，贷记“应付账款”账户。如果签发了商业汇票，则应贷记“应付票据”。当实际付款时，借记“应付账款”或“应付票据”账户，贷记“银行存款”账户。

【例 3-15】邕桂公司向滨海公司购入 A 材料一批，增值税专用发票上注明的材料价款为 200 000 元，增值税进项税额为 26 000 元，滨海公司代垫运杂费 10 000 元（假设运杂费不考虑增值税），银行转来的结算凭证已到，但货款暂欠，材料已验收入库。

分析：这笔经济业务使企业资产类账户“原材料”增加了 210 000 元（材料的实际采购成本 = 200 000+10 000 = 210 000），负债类账户“应交税费”减少了26 000元，负债类账户“应付账款”增加了 236 000 元。会计分录如下：

借：原材料——A 材料　　210 000
　　应交税费——应交增值税（进项税额）　　26 000
　贷：应付账款——滨海公司　　236 000

邕桂公司通过银行偿付上述所欠的全部款项时，会计分录如下：

借：应付账款——滨海公司　　236 000
　贷：银行存款　　236 000

【例 3-16】邕桂公司向沧源公司购入 B 材料一批，增值税专用发票上注明的材料价款为 80 000 元，增值税进项税额为 10 400 元，材料已验收入库，沧源公司代垫运杂费 1 200 元（假设运杂费不考虑增值税），邕桂公司向沧源公司签发了一张面值为 91 600元的商业承兑汇票。

分析：这笔经济业务使企业的资产类账户"原材料"增加了 81 200 元（材料的实际采购成本＝80 000+1 200＝81 200），负债类账户"应交税费"减少了 10 400 元，负债类账户"应付票据"增加了 91 600 元。会计分录如下：

借：原材料——B 材料　　81 200
　　应交税费——应交增值税（进项税额）　　10 400
　贷：应付票据——沧源公司　　91 600

邕桂公司通过银行承付上述全部款项时，会计分录如下：

借：应付票据——沧源公司　　91 600
　贷：银行存款　　91 600

4. 预付货款的核算

采用预付货款的方式采购材料，应在预付款项时，按照付款凭证实际预付的金额，借记"预付账款"账户，贷记"银行存款"账户；已经预付货款的原材料验收入库，根据收料单和发票账单上所列的价税金额，借记"原材料""应交税费——应交增值税（进项税额）"账户，贷记"预付账款"账户。预付款项不足，补付货款时，按照付款凭证实际补付金额，借记"预付账款"账户，贷记"银行存款"账户；预付款项过多，收到供货方退回多余货款时，按收款凭证实际收到的退回金额，借记"银行存款"账户，贷记"预付账款"账户。

【例 3-17】11 月 1 日，邕桂公司与明达公司签订购销合同，购入 A 材料一批。根据该合同规定，购买 A 材料须向明达公司预付货款总额 500 000 元的 50%，即 250 000 元，11 月 2 日已用银行存款支付。

分析：这笔经济业务使企业的资产类账户"预付账款"增加了 250 000 元，资产类账户"银行存款"减少了 250 000 元。会计分录如下：

借：预付账款——明达公司　　250 000
　贷：银行存款　　250 000

【例 3-18】承【例 3-17】12 月 9 日，邕桂公司收到了明达公司发来的 A 材料，增值税专用发票上注明的材料价款为 500 000 元，增值税进项税额为 65 000 元，明达公司代垫的运杂费 5 000 元（假设运杂费不考虑增值税），材料已验收入库，并用银行存款补付不足款项。

分析：这笔经济业务使企业的资产类账户“原材料”增加了 505 000 元（材料的实际采购成本 = 500 000+5 000 = 505 000），负债类账户“应交税费”减少了 65 000 元，资产类账户“预付账款”减少了 570 000 元。会计分录如下：

借：原材料——A 材料　　505 000

　　应交税费——应交增值税（进项税额）　　65 000

　贷：预付账款——明达公司　　570 000

同时，邕桂公司补付货款的业务使企业的资产类账户“预付账款”增加了 320 000 元，资产类账户“银行存款”减少了 320 000 元。会计分录如下：

借：预付账款——明达公司　　320 000

　贷：银行存款　　320 000

三、借贷记账法在生产过程中的应用

（一）生产过程发生的主要经济业务

生产过程是生产企业经营活动的第二阶段，是生产企业生产经营的中心环节。生产过程既是产品的制造过程，也是生产的耗费过程，这些耗费包括各种材料的耗费、人工的耗费、机器设备的磨损及其他耗费等。为制造产品而发生的各种耗费称为生产费用。生产费用归集、分配到各种产品中去，便形成了各种产品的成本。因此，生产过程的主要经济业务有：各种耗费的发生、归集、分配、结转，计算产品成本。

（二）应设账户

1. “生产成本”账户

该账户核算企业进行工业性生产发生的各项生产成本，包括生产各种产品、自制材料、自制工具、自制设备等。本账户属于成本类账户，借方登记企业发生的各项直接生产费用及转入的制造费用，贷方登记已生产完成并验收入库的产成品以及入库的自制半成品的实际成本，期末借方余额反映企业尚未加工完成的在产品成本。本账户可按基本生产成本和辅助生产成本进行明细核算。

2. “制造费用”账户

该账户核算企业生产车间为生产产品和提供劳务所发生的各项间接费用。本账户属于成本类账户，借方登记平时发生的各项间接费用，如车间管理人员的职工薪酬，车间用水电费、机物料消耗，车间用房屋和机器设备的折旧费，车间办公费等，贷方登记期末分配转入“生产成本”账户的数额，期末结转后一般无余额。本账户可按不同的生产车间、部门和费用项目进行明细核算。

3. “管理费用”账户

该账户核算企业为组织和管理企业生产经营所发生的管理费用，包括企业在筹建期间内发生的开办费、董事会和行政管理部门在企业的经营管理中发生的或者应由企业统一负担的公司经费（包括行政管理部门职工工资及福利费、物料消耗、低值易耗品摊销、办公费和差旅费等）、工会经费、董事会费（包括董事会成员津贴、会议费和差旅费等）、聘请中介机构费、咨询费（含顾问费）、诉讼费、业务招待费、研究费用、排污费以及企业生产车间（部门）和行政管理部门等发生的固定资产修理费用等后续支出。企业（商品流通）管理费用不多的，可不设置本账户，本账户的核算内容可并入“销售费用”账户核算。本账户属于损益类账户中费用类账户，借方登记平时发生的各项管理费用，贷方登记期末转入“本年利润”账户的数额，期末结转后无余额。本账户可按费用项目进行明细核算。

4. “应付职工薪酬”账户

该账户核算企业根据有关规定应付给职工的各种薪酬。企业（外商）按规定从净利润中提取的职工奖励及福利基金，也在本账户核算。本账户属于负债类账户，贷方登记分配转入受益对象的应付职工薪酬，借方登记企业实际支付的应付职工薪酬，期末贷方余额反映企业应付未付的职工薪酬。本账户可按“工资”“职工福利”“社会保险费”“住房公积金”“工会经费”“职工教育经费”“非货币性福利”“辞退福利”“股份支付”等进行明细核算。

5. “累计折旧”账户

该账户核算企业固定资产的累计折旧。本账户是“固定资产”账户的备抵账户，反映固定资产因磨损而减少的价值。“固定资产”账户的借方余额减去“累计折旧”账户的贷方余额，即为固定资产净值，也称折余价值。本账户贷方登记计提固定资产的折旧数额，借方登记因出售、报废、毁损的固定资产而相应转销的折旧数额，期末贷方余额反映企业固定资产的累计折旧额。本账户可按固定资产的类别或项目进行明细核算。

6. “库存商品”账户

该账户核算企业库存的各种商品的实际成本（或进价）或计划成本（或售价），包括库存产成品、外购商品、存放在门市部准备出售的商品、发出展览的商品以及寄存在外的商品等。本账户属于资产类账户，借方登记完工入库产成品的实际成本，贷方登记发出产成品的实际成本，期末借方余额反映企业库存商品的实际成本或计划成本。本账户可按库存商品的种类、品种和规格等进行明细核算。

（三）账务处理

1. 材料费用的核算

企业在生产经营过程中耗用的材料成本，应按材料的具体用途计入有关成本费用中。其中产品生产直接耗用的材料，借记“生产成本”账户；生产车间一般耗用的材料，借记“制造费用”账户；企业行政管理部门一般耗用的材料，借记“管理费用”账户等。同时，按照本期耗用的材料成本总额贷记“原材料”账户。

【例 3-19】邕桂公司从仓库发出 A、B 材料各一批，共计 325 000 元。其中：生产甲产品领用 A 材料 90 000 元，B 材料 60 000 元；生产乙产品领用 A 材料 65 000 元，B 材料35 000 元；车间一般耗用 A 材料 20 000 元，B 材料 25 000 元；厂部行政领用 B 材料30 000元。

分析：这笔经济业务中的材料使用于三个方面，一是直接用于产品生产的直接材料费用，甲产品耗用材料 150 000 元、乙产品耗用材料 100 000 元，分别记入“生产成本”账户借方；二是车间一般耗用的材料费用 45 000 元，应记入“制造费用”账户借方；三是企业行政管理部门耗用的材料费用 30 000 元，应记入“管理费用”账户借方。同时，领用材料使 A 材料减少 175 000 元，B 材料减少 150 000 元，应记入“原材料”账户贷方。会计分录如下：

借：生产成本——甲产品　　150 000
　　　　　　——乙产品　　100 000
　　制造费用——材料费　　45 000
　　管理费用——材料费　　30 000
　贷：原材料——A 材料　　175 000
　　　　　　——B 材料　　150 000

2. 人工费用的核算

每月末，企业要根据职工当月工作情况结算出应付给每个职工的薪酬，确定职工薪酬总额，当月的职工薪酬一般于下月初支付。因此，人工费用的核算主要包括分配结转职工薪酬费用的核算和支付职工薪酬的核算。

（1）期末分配结转职工薪酬费用的核算。职工薪酬费用按照享受职工薪酬人员所在的部门和从事的具体工作，计入有关成本费用中。其中，直接从事产品生产工人的薪酬，借记“生产成本”账户；车间管理人员的薪酬，借记“制造费用”账户；企业行政管理部门人员的薪酬，借记“管理费用”账户等。同时，按照应付职工薪酬总额贷记“应付职工薪酬”账户。

【例 3-20】邕桂公司分配结转本月应付职工薪酬 195 000 元。其中：制造甲产品工人薪酬 90 000 元，制造乙产品工人薪酬 60 000 元，车间管理人员薪酬 27 000 元，厂部管理人员薪酬 18 000 元。

分析：这笔经济业务使企业的成本类账户“生产成本”“制造费用”分别增加了 150 000 元和 27 000 元，费用类账户“管理费用”增加了 18 000 元，负债类账户“应付职工薪酬”增加了 195 000 元。会计分录如下：

借：生产成本——甲产品　　90 000
　　　　　　——乙产品　　60 000
　　制造费用——人工费　　27 000
　　管理费用——人工费　　18 000
　贷：应付职工薪酬——工资　　195 000

（2）下月初实际支付职工薪酬的核算。从银行存款户实际发放职工薪酬时，借记“应付职工薪酬”账户，贷记“银行存款”账户。

【例 3-21】以银行存款发放上月职工薪酬 195 000 元。

分析：这笔经济业务使企业的负债类账户“应付职工薪酬”减少了 195 000 元，资产类账户“银行存款”减少了 195 000 元。会计分录如下：

借：应付职工薪酬——工资　　195 000
　贷：银行存款　　195 000

3. 折旧费用的核算

固定资产折旧是指企业的固定资产随着其有形或无形的损耗而逐渐转移的价值。这部分转移的价值要以折旧费用的形式计入有关成本费用中。其中，生产车间用的固定资产折旧应借记“制造费用”账户，企业行政管理部门用的固定资产折旧应借记“管理费用”账户等，同时按本期固定资产折旧总额贷记“累计折旧”账户。

【例 3-22】邕桂公司按规定计提本月固定资产折旧 38 000 元。其中：生产车间用的固定资产折旧为 30 000 元，行政管理部门用的固定资产折旧为 8 000 元。

分析：这笔经济业务使企业的成本类账户“制造费用”增加了 30 000 元，费用类账户“管理费用”增加了 8 000 元，资产类（抵减调整类）账户“累计折旧”增加了 38 000 元。会计分录如下：

借：制造费用——折旧费	30 000	
管理费用——折旧费	8 000	
贷：累计折旧		38 000

4. 其他费用的核算

在生产经营过程中，除了发生上述的材料、工资、折旧等费用外，还会发生办公费、水电费、邮电费、保险费、报纸杂志费等各项其他费用。一般来说，这些费用可以在实际发生时根据受益对象直接计入有关成本费用账户中。

【例 3-23】邕桂公司以银行存款支付本月水电费 12 500 元。其中：生产车间耗用 10 500 元，行政管理部门耗用 2 000 元（假设水电费不考虑增值税）。

分析：这笔经济业务使企业成本类账户“制造费用”增加了 10 500 元，费用类账户“管理费用”增加了 2 000 元，资产类账户“银行存款”减少了 12 500 元。会计分录如下：

借：制造费用——水电费	10 500	
管理费用——水电费	2 000	
贷：银行存款		12 500

5. 结转制造费用的核算

制造费用是指企业各生产单位（车间）为组织和管理生产而发生的间接生产费用。这些费用平时通过“制造费用”账户归集，月末转入“生产成本”账户。生产多种产品的企业，还须选用一定的分摊标准在各种产品之间进行分配。常见的分配标准有生产工人工资、生产工时、机器工时等。月末各产品应负担的制造费用转入“生产成本”账户时，借记“生产成本——某产品”账户，贷记“制造费用”账户。

【例 3-24】根据【例 3-19】至【例 3-23】的有关资料汇总，该企业本月共发生制造费用 112 500 元，按生产工人薪酬费用比例在甲产品和乙产品之间进行分配。经过计算，甲产品应负担制造费用 67 500 元，乙产品应负担制造费用 45 000 元。

分析：这笔经济业务使企业本月发生的制造费用最终全部转入甲产品和乙产品的生产成本中。会计分录如下：

借：生产成本——甲产品	67 500	
——乙产品	45 000	
贷：制造费用		112 500

6. 结转完工产品生产成本的核算

生产过程中的产品生产完工后，要验收入库，并结转其实际生产成本，借记“库存商品”账户，贷记“生产成本”账户。

【例 3-25】以【例 3-19】至【例 3-24】的有关资料为例，假设本月生产的甲产品完工 1 000 件和乙产品完工 1 000 件，并已验收入库，甲产品的单位生产成本为

307.5 元，乙产品的单位生产成本为 205 元。

分析：这笔经济业务使企业的资产类账户“库存商品”增加了 512 500 元，成本类账户“生产成本”减少了 512 500 元。会计分录如下：

借：库存商品——甲产品　　307 500

　　　　　　——乙产品　　205 000

　贷：生产成本——甲产品　　307 500

　　　　　　　——乙产品　　205 000

四、借贷记账法在销售过程中的应用

（一）销售过程的主要经济业务

销售过程是生产企业经营活动的第三阶段。企业生产过程结束，即形成库存商品以备销售。企业的销售过程就是产品价值的实现过程，在销售过程中，企业一方面要按合同规定向购货单位发送产品；另一方面要与购货单位办理结算，收取货款和增值税销项税额，确认收入的实现和计算确定应交纳的相关税费，还要计算结转已销售产品的成本。此外，在销售过程中还要核算产品包装费、运输费、装卸费、保险费、展览费、广告费等销售费用。

（二）应设账户

1. “主营业务收入”账户

该账户核算企业确认的销售商品、提供劳务等主营业务的收入。本账户属于损益类账户中的收入类账户，贷方登记实现的销售收入，借方登记因为发生退货、折让等而减少的收入以及期末转入“本年利润”账户的净收入结转额，期末结转后无余额。本账户可按主营业务的种类进行明细核算。

2. “主营业务成本”账户

该账户核算企业确认销售商品、提供劳务等主营业务收入时应结转的成本。本账户属于损益类账户中的费用类账户，借方登记因销售商品、提供劳务而发生的实际成本，贷方登记因为发生退货而冲减的成本以及期末转入“本年利润”账户的净成本结转额，期末结转后无余额。本账户可按主营业务的种类进行明细核算。

3. “其他业务收入”账户

该账户核算企业确认的除主营业务活动以外的其他经营活动实现的收入，包括出租固定资产、出租无形资产、出租包装物和商品、销售材料、用材料进行非货币性交换（非货币性资产交换具有商业实质且公允价值能够可靠计量）或债务重组等实现的收入。本账户属于损益类账户中收入类账户，贷方登记企业取得的其他收入，借方登记因某种原因而减少的收入以及期末转入“本年利润”账户的净收入数额，期末结转后无余额。本账户可按其他业务收入种类进行明细核算。

4. “其他业务成本”账户

该账户核算企业确认的除主营业务活动以外的其他经营活动所发生的支出，包括销售材料的成本、出租固定资产的折旧额、出租无形资产的摊销额、出租包装物的成本或摊销额以及采用成本模式计量的投资性房地产计提的折旧额或摊销额。本账户属于损益类账户中费用类账户，借方登记发生的各项其他业务成本，贷方登记因某种原因而冲减的成本以及转入“本年利润”账户的净成本数额，期末结转后无余额。本账户可按其他业务成本的种类进行明细核算。

5. “税金及附加”账户

该账户核算企业经营活动发生的消费税、城市维护建设税、资源税、房产税、车船税、城镇土地使用税、印花税及教育费附加等相关税费。本账户属于损益类账户中的费用类账户，借方登记除增值税、所得税等以外的各种销售税金及附加费用，贷方登记期末转入“本年利润”账户的结转额，期末结转后无余额。

6. “销售费用”账户

该账户核算企业销售商品和材料、提供劳务的过程中发生的各种费用，包括保险费、包装费、展览费、广告费、商品维修费、预计产品质量保证损失、运输费、装卸费等以及为销售本企业商品而专设的销售机构（含销售网点、售后服务网点等）的职工薪酬、业务费、折旧费等经营费用。企业发生的与专设销售机构相关的固定资产修理费用等后续支出，也在本账户核算。本账户属于损益类账户中的费用类账户，借方登记各项销售费用的发生数额，贷方登记期末转入“本年利润”账户的结转额，期末结转后无余额。本账户可按费用项目进行明细核算。

7. “应交税费——应交增值税（销项税额）”账户

该账户核算销售过程中向购货方收取的增值税。本账户属于负债类账户，向购货方收取增值税时应记入“应交税费——应交增值税（销项税额）”账户的贷方。就一般纳税企业而言，本账户的贷方发生额抵扣借方发生额（进项税额）后的贷方余额，即为企业实际应向国家税务机关交纳的增值税额。

8. “应收账款”账户

该账户核算以摊余成本计量的，企业因销售商品、提供劳务等日常活动应收取的款项。本账户属于资产类账户，借方登记应收账款的增加数，贷方登记应收账款的减少数，期末借方余额反映企业尚未收回的应收账款；期末如为贷方余额，反映企业预收的账款。本账户可按债务人进行明细核算。

9. “应收票据”账户

该账户核算以摊余成本计量的，企业因销售商品、提供劳务等而收到的商业汇票，包括银行承兑汇票和商业承兑汇票。本账户属于资产类账户，借方登记企业因销售产品等收到的商业汇票的票面金额和期末计提的利息，贷方登记收到对方承兑的商业汇票的票面金额和已计提的利息，期末借方余额反映企业持有的商业汇票的票面金额。本账户可按开出、承兑商业汇票的单位进行明细核算。

10. “预收账款”账户

该账户核算企业按照合同规定预收的款项。本账户属于负债类账户，贷方登记预收和补收款项的数额，借方登记企业向购货方发货后冲销的预收账款数额和退还购货方多付账款的数额，期末贷方余额反映企业预收的款项；期末如为借方余额，反映企业尚未转销的款项。预收账款情况不多的企业，也可以不设置本账户，将预收的款项直接记入“应收账款”账户。本账户可按购货单位进行明细核算。

11. “合同负债”账户

该账户核算企业已收或应收客户对价而应向客户转让商品的义务。本账户属于负债类账户，贷方登记增加的金额，借方登记冲减的金额或减少的金额，期末贷方余额反映企业在向客户转让商品之前，已经收到的合同对价或已经取得的无条件收取合同对价权利的金额。本账户应按合同进行明细核算。

（三）账务处理

1. 销售产品收入的核算

企业销售产品，满足收入确认条件的，应当按实际收取或应收取的款项借记“银行存款”或“应收账款”或“应收票据”账户，按价款贷记“主营业务收入”账户和按增值税税额贷记“应交税费——应交增值税（销项税额）”账户。具体有如下三种情况：

（1）实现销售收入同时收取款项的核算

当产品已经发出，货款已经收到时，应根据实际收到款项的结算凭证，借记“银行存款”账户，根据发票确定的收入，贷记“主营业务收入”账户，根据增值税专用发票上注明的税额，贷记“应交税费——应交增值税（销项税额）”账户。

【例3-26】邕桂公司出售甲产品800件，每件售价400元，增值税专用发票注明价款320 000元，增值税销项税额为41 600元。产品已发出，款项已收存银行。

分析：这笔经济业务使企业的资产类账户“银行存款”增加了361 600元，收入类账户“主营业务收入”增加了320 000元，负债类账户“应交税费——应交增值税（销项税额）”增加了41 600元。会计分录如下：

借：银行存款　　361 600
　贷：主营业务收入——甲产品　　320 000
　　　应交税费——应交增值税（销项税额）　　41 600

（2）实现销售收入但尚未收取款项的核算

当产品已经按合同要求发出，款项尚未收到时，应分两步进行账务处理：第一步，发出产品时，根据发票账单确定的应收金额（包括货款、税款、代垫运杂费等），借记“应收账款”账户，如果取得购货方承兑的商业汇票则借记“应收票据”账户；根据销售发票上注明的货款，贷记“主营业务收入”账户，根据增值税专用发票上注明的税额，贷记“应交税费——应交增值税（销项税额）”账户。第二步，收到款项时，根据结算凭证，借记“银行存款”账户，贷记“应收账款”或“应收票据”账户。

【例3-27】邕桂公司按合同向南宁百货公司出售乙产品200件，每件售价300元，增值税专用发票注明价款60 000元，增值税销项税额为7 800元，货已发出，按合同规定购货方在收到货物后30天内支付款项。

分析：这笔经济业务使企业的资产类账户“应收账款”增加了67 800元，收入类账户“主营业务收入”增加了60 000元，负债类账户“应交税费”增加了7 800元。会计分录如下：

借：应收账款——南宁百货公司　　67 800
　贷：主营业务收入——乙产品　　60 000
　　　应交税费——应交增值税（销项税额）　　7 800

邕桂公司收到款项时，会计分录如下：

借：银行存款　　67 800

　贷：应收账款——南宁百货公司　　67 800

【例 3-28】邕桂公司向南京百货公司出售甲产品 100 件，每件售价 400 元，增值税专用发票注明价款 40 000 元，增值税销项税额为 5 200 元。货已发出，款项采用商业汇票结算，收到南京百货公司承兑的面值为 45 200 元，期限为三个月不带息的商业汇票一张。

分析：这笔经济业务使企业的资产类账户“应收票据”增加了 45 200 元，收入类账户“主营业务收入”增加了 40 000 元，负债类账户“应交税费”增加了 5 200 元。会计分录如下：

借：应收票据——南京百货公司　　45 200

　贷：主营业务收入——甲产品　　40 000

　　应交税费——应交增值税（销项税额）　　5 200

三个月后收到南京百货公司兑付的票款时，会计分录如下：

借：银行存款　　45 200

　贷：应收票据——南京百货公司　　45 200

（3）预收款销售的核算

企业因销售商品而向客户预收的款项，赋予了客户一项在未来从企业取得相关商品的权利，并使企业承担了向客户转让该商品的义务。这类经济业务的账务处理应分两步进行：第一步，预收货款时，按照实际预收的不含增值税的数额，借记“银行存款”账户，贷记“合同负债”账户；第二步，发出货物，实现销售收入时，借记“合同负债、银行存款”账户，贷记“主营业务收入”账户和“应交税费——应交增值税（销项税额）”账户。

【例 3-29】邕桂公司根据购销合同规定，向柳州百货公司预收不含增值税的货款 120 000 元，款存银行。

分析：这笔经济业务使企业的资产类账户“银行存款”增加了 120 000 元，负债类账户“合同负债”增加了 120 000 元。会计分录如下：

借：银行存款　　120 000

　贷：合同负债　　120 000

【例 3-30】（承例 3-29）邕桂公司按合同约定向柳州百货公司发出乙产品 300 件，每件售价 400 元，增值税专用发票注明价款 120 000 元，增值税销项税额为 15 600 元；柳州百货公司以银行存款支付增值税 15 600 元。

分析：这笔经济业务使企业的负债类账户“合同负债”减少了 120 000 元，收入类账户“主营业务收入”增加了 120 000 元，资产类账户“银行存款”增加了 15 600 元，负债类账户“应交税费”增加了 15 600 元。会计分录如下：

借：合同负债　　120 000

　　银行存款　　15 600

　贷：主营业务收入——乙产品　　120 000

　　应交税费——应交增值税（销项税额）　　15 600

2. 结转已售产品成本的核算

收入实现除了反映销售收入外，还要在同期结转已售产品的实际生产成本并同时减少库存商品的账面价值。即：借记“主营业务成本”账户，贷记“库存商品”账户。

【例 3-31】邕桂公司本月已售甲产品 900 件、乙产品 500 件，本月甲产品的单位生产成本为 307.5 元，乙产品的单位生产成本为 205 元。月末结转已售产品的成本。

分析：已售甲产品的成本为 276 750 元（900×307.5=276 750），已售乙产品的成本为 102 500 元（500×205=102 500）。这笔经济业务使企业的费用类账户“主营业务成本”增加了 379 250 元，资产类账户“库存商品”减少了 379 250 元。会计分录如下：

借：主营业务成本——甲产品　　276 750
　　　　　　　　——乙产品　　102 500
　贷：库存商品——甲产品　　276 750
　　　　　　　——乙产品　　102 500

3. 其他业务的核算

其他业务是指除主营业务活动以外的其他经营活动，包括出租固定资产、出租无形资产、出租包装物和商品、销售材料等。取得相关收入时，借记“银行存款”等账户，贷记“其他业务收入”账户等；在开展其他业务的活动中，结转和发生相关的成本费用时，借记“其他业务成本”账户，贷记“原材料”“银行存款”等有关账户。

【例 3-32】邕桂公司销售 A 材料一批，增值税专用发票注明价款 30 000 元，增值税销项税额为3 900元，款项已收到并存入银行，材料的实际成本为 24 000 元。

分析：这笔经济业务使企业的资产类账户“银行存款”增加了 33 900 元；同时，收入类账户“其他业务收入”增加了 30 000 元，负债类账户“应交税费——应交增值税（销项税额）”增加了 3 900 元。会计分录如下：

借：银行存款　　33 900
　贷：其他业务收入——A 材料　　30 000
　　　应交税费——应交增值税（销项税额）　　3 900

同时，结转材料的销售成本：

借：其他业务成本——A 材料　　24 000
　贷：原材料——A 材料　　24 000

4. 销售费用的核算

销售费用是企业在销售过程中发生的由本企业负担的产品运输费、装卸费、包装费、途中保险费、展览费、广告费以及专设销售机构人员的薪酬、业务费等各项经营费用。发生销售费用时，借记“销售费用”账户，贷记“银行存款”“库存现金”等账户。

【例 3-33】邕桂公司以银行存款支付展销费 20 000 元（假设不考虑增值税）。

分析：这笔经济业务使企业的费用类账户“销售费用”增加了 20 000 元，资产类账户“银行存款”减少了 20 000 元。会计分录如下：

借：销售费用——展销费　　20 000
　贷：银行存款　　20 000

5. 税金及附加的核算

企业在销售产品后，除了要向国家交纳增值税以外，还要向国家交纳消费税、城市维护建设税和教育费附加，这些税金及附加属于价内税费，应作为费用通过“税金及附加”账户核算。计算确定这些销售税金及附加费时，借记“税金及附加”账户，贷记“应交税费”账户。

【例 3-34】邕桂公司销售的甲产品为应税消费品，按本月销售收入和国家规定的税率，计算出本月应负担的消费税 4 000 元。

分析：这笔经济业务使企业费用类账户“税金及附加”增加了 4 000 元，负债类账户“应交税费”增加了 4 000 元。会计分录如下：

借：税金及附加　　　　　　　　　　　　　　　　4 000

　贷：应交税费——应交消费税　　　　　　　　　　　4 000

五、借贷记账法在利润形成及分配过程中的应用

（一）利润的构成

利润是指企业在一定会计期间的经营成果，也就是财务成果。利润包括收入减去费用后的净额、直接计入当期利润的利得和损失等。

直接计入当期利润的利得和损失，是指应当计入当期损益、会导致所有者权益发生增减变动的、与所有者投入资本或者向所有者分配利润无关的利得或者损失。

利润相关计算公式如下：

1. 营业利润=营业收入-营业成本-税金及附加-销售费用-管理费用-财务费用+其他收益-资产减值损失+公允价值变动收益（-公允价值变动损失）+投资收益（-投资损失）+资产处置收益（-资产处置损失）

营业收入是指企业经营业务所确认的收入总额，包括主营业务收入和其他业务收入。营业成本是指企业经营业务所发生的实际成本总额，包括主营业务成本和其他业务成本。其他收益是指专门用于核算与企业日常活动相关、但不宜确认收入或冲减成本费用的政府补助（本教材暂不涉及）。资产减值损失是指企业计提的各项资产减值准备所形成的损失（本教材暂不涉及）。公允价值变动收益（或损失）是指企业交易性金融资产等公允价值变动形成的应计入当期损益的利得（或损失）（本教材暂不涉及）。投资收益（或损失）是指企业以各种方式对外投资所取得的收益（或发生的损失）（本教材暂不涉及）。资产处置收益（或损失）是指企业出售划分为持有待售的非流动资产（金融工具、长期股权投资和投资性房地产除外）或处置组时确认的处置利得或损失，以及处置未划分为持有待售的固定资产、在建工程、生产性生物资产及无形资产而产生的处置利得或损失（本教材暂不涉及）。债务重组中因处置非流动资产产生的利得或损失和非货币性资产交换产生的利得或损失也包括在本项目内（本教材暂不涉及）。

2. 利润总额=营业利润+营业外收入-营业外支出

营业外收入是指企业取得的与日常经营活动无直接关系的各项利得。营业外支出是指企业发生的与日常经营活动无直接关系的各项损失。

3. 净利润=利润总额-所得税费用

所得税费用是指企业确认的应从当期利润总额中扣除的所得税费用。

4. 其他综合收益

它是指企业根据其他会计准则规定未在当期损益中确认的各项利得和损失（本教材暂不涉及）。

5. 综合收益总额=净利润+以后会计期间可重分类进入损益的其他综合收益+以后会计期间不能重分类进入损益的其他综合收益

综合收益是指企业在某一会计期间除与所有者以其所有者身份进行的交易之外的其他交易或事项所引起的所有者权益变动（本教材暂不涉及）。综合收益总额项目反映净利润和其他综合收益扣除所得税影响后的净额相加后的合计金额（本教材暂不涉及）。以后会计期间可重分类进入损益的其他综合收益项目，主要包括按照权益法核算的在被投资单位以后会计期间在满足规定条件时将重分类进入损益的其他综合收益中所享有的份额、现金流量套期工具产生的利得或损失中属于有效套期的部分、外币财务报表折算差额等（本教材暂不涉及）。以后会计期间不能重分类进入损益的其他综合收益项目，主要包括重新计量设定受益计划净负债或净资产导致的变动、按照权益法核算的在被投资单位以后会计期间不能重分类进入损益的其他综合收益中所享有的份额等（本教材暂不涉及）。

（二）应设账户

1. “营业外收入”账户

该账户核算企业发生的各项营业外收入，主要包括非流动资产处置利得、非货币性资产交换利得、债务重组利得、政府补助、盘盈利得、捐赠利得等。本账户属于损益类账户中的收入类账户，贷方登记企业发生的各项营业外收入，借方登记转入“本年利润”账户的结转额，期末结转后无余额。本账户可按营业外收入项目进行明细核算。

2. “营业外支出”账户

该账户核算企业发生的各项营业外支出，包括非流动资产处置损失、非货币性资产交换损失、债务重组损失、公益性捐赠支出、非常损失、盘亏损失等。本账户属于损益类账户中的损失类账户，借方登记企业发生的各项营业外支出，贷方登记转入“本年利润”账户的结转额，期末结转后无余额。本账户可按支出项目进行明细核算。

3. “所得税费用”账户

该账户核算企业确认的应从当期利润总额中扣除的所得税费用。本账户属于损益类账户中的费用类账户，借方登记按应纳税所得额计算的应纳所得税额所确认的当期所得税费用和调整增加的所得税费用，贷方登记调整减少的所得税费用以及期末转入“本年利润”账户的结转额，期末结转后无余额。本账户可按“当期所得税费用”和“递延所得税费用”进行明细核算。

4. “本年利润”账户

该账户核算企业当期实现的净利润（或发生的净亏损）。本账户属于所有者权益类账户，借方登记转入的各类成本、费用、损失，贷方登记转入的各类收入、利得。结转后，贷方余额反映实现的净利润，借方余额反映发生的净亏损。年度终了，应将本年收入和支出相抵后结出的本年实现的净利润或发生的净亏损，转入“利润分配”科目，结转后本账户无余额。

5. “利润分配”账户

该账户核算企业利润的分配（或亏损的弥补）和历年分配（或弥补）后的余额。本账户属于所有者权益类账户，借方登记企业已分配的利润数额，贷方登记由“本年利润”账户转来的净利润（净亏损转入借方）以及转入的弥补亏损数，期末贷方余额表示年末未分配利润，借方余额表示年末未弥补亏损。本账户应当分别按“提取法定盈余公积”“提取任意盈余公积”“应付现金股利或利润”“转作股本的股利”“盈余公积补亏”和“未分配利润”等进行明细核算。

6. “盈余公积”账户

该账户核算企业从净利润中提取的盈余公积。本账户属于所有者权益类账户，贷方登记按规定从净利润中提取的盈余公积数额，借方登记用盈余公积弥补亏损或用盈余公积转增资本的数额，期末贷方余额反映盈余公积的结余数。本账户应分别按“法定盈余公积”“任意盈余公积”进行明细核算。

7. “应付股利”账户

该账户核算企业分配的现金股利或利润。本账户属于负债类账户，贷方登记企业应支付的现金股利或利润，借方登记企业实际支付的现金股利或利润，期末贷方余额反映企业应付未付的现金股利或利润。本账户可按投资者进行明细核算。

（三）账务处理

1. 营业外收支的核算

（1）营业外收入的核算

①营业外收入的内容

营业外收入是指企业发生的与其日常活动无直接关系的各项利得。营业外收入并不是企业经营资金耗费所产生的，不需要企业付出代价，实际上是经济利益的净流入，不需要与有关的损失进行配比。营业外收入主要包括盘盈利得、罚没利得、捐赠利得、确实无法支付而按规定程序经批准后转作营业外收入的应付款项等。

其中：

盘盈利得，指对于现金等清查盘点中盘盈的现金等，报经批准后计入营业外收入的金额。

罚没利得，指企业取得的各项罚款，在弥补由于对违反合同或协议而造成的经济损失后的罚款净收益。

捐赠利得，指企业接受捐赠产生的利得。

②营业外收入的会计处理

企业确认营业外收入时，借记“固定资产清理”“银行存款”“库存现金”“应付账款”等账户，贷记“营业外收入”账户。期末，应将“营业外收入”账户余额转入“本年利润”账户，借记“营业外收入”账户，贷记“本年利润”账户。

【例 3-35】邕桂公司按有关规定取得罚款收入 25 250 元存入银行。

分析：这笔经济业务使企业的资产类账户“银行存款”增加了 25 250 元，收入类账户“营业外收入”增加了 25 250 元。会计分录如下：

借：银行存款	25 250	
贷：营业外收入——罚没利得		25 250

（2）营业外支出的核算

①营业外支出的内容

营业外支出是指企业发生的与其日常活动无直接关系的各项损失，主要包括盘亏损失、罚款支出、公益性捐赠支出、非常损失等。

其中：

盘亏损失，指对于固定资产清查盘点中盘亏的固定资产，在查明原因处理时按确定的损失计入营业外支出的金额。

罚款支出，指企业由于违反税收法规、经济合同等而支付的各种滞纳金和罚款。

公益性捐赠支出，指企业对外进行公益性捐赠发生的支出。

非常损失，指企业对于因客观因素（如自然灾害等）造成的损失，在扣除保险公司赔偿后应计入营业外支出的净损失。

②营业外支出的会计处理

企业发生营业外支出时，借记“营业外支出”账户，贷记“固定资产清理”“待处理财产损溢”“库存现金”“银行存款”等账户。期末，应将“营业外支出”科目余额转入“本年利润”账户，借记“本年利润”账户，贷记“营业外支出”账户。

【例 3-36】邕桂公司以银行存款向残疾人基金会捐款 10 000 元。

分析：这笔经济业务使企业的损益类账户“营业外支出”增加了 10 000 元，资产类账户“银行存款”减少了 10 000 元。会计分录如下：

借：营业外支出——公益性捐赠支出	10 000	
贷：银行存款		10 000

2. 本年利润的核算

会计期末，企业应将当期损益类账户中的各收益类账户净发生额从其借方转入“本年利润”账户贷方；将当期损益类账户中的各成本、费用、损失类账户净发生额从其贷方转入“本年利润”账户借方，通过“本年利润”账户对比计算出当期的税前利润总额或亏损总额。

【例 3-37】根据【例 3-13】至【例 3-36】的有关资料，结转邕桂公司损益类账户的会计分录如下：

（1）借：主营业务收入	540 000	
其他业务收入	30 000	
营业外收入	25 250	
贷：本年利润		595 250
（2）借：本年利润	495 250	
贷：主营业务成本		379 250
其他业务成本		24 000
税金及附加		4 000
销售费用		20 000
管理费用		58 000
营业外支出		10 000

3. 所得税的核算

（1）当期所得税的计算

当期应交所得税＝当期应纳税所得额×所得税税率

当期应纳税所得额是在企业当期税前会计利润（即利润总额）的基础上调整确定的。计算公式为

当期应纳税所得额＝当期税前会计利润+纳税调整增加额–纳税调整减少额

纳税调整增加额主要包括企业已计入当期费用但超过税法规定允许扣除的标准金额（如超过税法规定标准的工资薪酬支出、业务招待费支出等），以及企业已经计入当期损失但是税法规定不允许扣除项目的金额（如税收滞纳金、罚金等）。

纳税调整减少额主要包括按税法规定允许弥补的亏损和准许免税的项目（国债利息收入等）。

（2）所得税费用的会计处理

【例 3–38】邕桂公司本月税前会计利润为 100 000 元，所得税税率为 25%。没有发生纳税调整增加额项目和纳税调整减少额项目，所以：

当月应纳税所得额＝100 000+0–0＝100 000（元）

当月应交所得税＝100 000×25%＝ 25 000（元）

分析：处理这笔经济业务使企业的费用类账户“所得税费用”增加了 25 000 元，负债类账户“应交税费”增加了 25 000 元。会计分录如下：

借：所得税费用	25 000	
贷：应交税费——应交所得税		25 000

【例 3–39】将“所得税费用”账户发生额转入“本年利润”账户。

分析：处理这笔经济业务使企业的费用类账户“所得税费用”减少了 25 000 元，所有者权益类账户“本年利润”减少了 25 000 元。会计分录如下：

借：本年利润	25 000	
贷：所得税费用		25 000

此时，假定 12 月邕桂公司“本年利润”账户期初余额为 225 000 元（贷方），加上本月实现的净利润 75 000 元（100 000－25 000），本年实现的净利润总计为 300 000 元。

4. 利润分配的核算

利润分配是企业根据国家有关规定、企业章程和投资者的决议，对企业当年可供分配的利润所进行的分配。可供分配利润的计算公式如下：

可供分配利润＝年初未分配利润（–年初未弥补亏损）+当年实现的净利润+盈余公积补亏

（1）利润分配的程序

①提取法定盈余公积。在弥补完以前年度亏损的前提下，企业按本年实现净利润的 10%提取法定盈余公积。企业提取的法定盈余公积累计额超过其注册资本的 50%时，可不再提取。

②提取任意盈余公积。任意盈余公积是企业根据股东大会的决议提取的盈余公积。

③向投资者分配利润。企业实现的净利润在扣除上述项目后，再加上期初未分配利润，即为可供投资者分配的利润。可供投资者分配的利润的计算公式为

可供投资者分配的利润=可供分配利润-提取法定盈余公积-提取任意盈余公积

（2）利润分配的账务处理

①将本年实现的净利润作为可供分配利润转入“利润分配”账户时，借记“本年利润”账户，贷记“利润分配——未分配利润”账户。如果当年发生亏损，作相反的会计分录，意味着要减少可供分配的利润。

【例3-40】根据上述有关资料，将邕桂公司本年实现的净利润300 000元转入利润分配。

分析：这笔经济业务使企业的所有者权益类账户“利润分配”增加了300 000元，所有者权益类账户“本年利润”减少了300 000元，结转后“本年利润”账户余额为零。会计分录如下：

借：本年利润　　300 000

　贷：利润分配——未分配利润　　300 000

②企业按规定提取法定盈余公积时，借记“利润分配”账户，贷记“盈余公积”账户。

【例3-41】邕桂公司本年实现净利润300 000元，按10%的比例提取法定盈余公积。

分析：这笔经济业务使企业的所有者权益类账户“利润分配”减少了30 000元，所有者权益类账户“盈余公积”账户增加了30 000元。会计分录如下：

借：利润分配——提取法定盈余公积　　30 000

　贷：盈余公积——法定盈余公积　　30 000

③向投资者分配利润时，借记“利润分配”账户，贷记“应付股利”账户。

【例3-42】邕桂公司经股东大会批准，向投资者分配现金股利100 000元。

分析：这笔经济业务使企业的所有者权益类账户“利润分配”减少了100 000元，负债类账户“应付股利”账户增加了100 000元。会计分录如下：

借：利润分配——应付现金股利　　100 000

　贷：应付股利　　100 000

④年终，将已分配的利润转入“利润分配——未分配利润”账户。经过结转，“利润分配”账户下除“利润分配——未分配利润”明细账以外，其他明细账余额为零。

【例3-43】邕桂公司结转上述已分配的利润。

分析：这笔经济业务使企业的所有者权益类账户“利润分配——未分配利润”减少了130 000元，所有者权益类账户“利润分配”下的其他明细账户均已结转为零。会计分录如下：

借：利润分配——未分配利润　　130 000

　贷：利润分配——提取法定盈余公积　　30 000

　　　　　　——应付现金股利　　100 000

假设邕桂公司年初未分配利润为400 000元，则经过以上结转，“利润分配——未

分配利润”账户的贷方余额为 570 000 元（年初未分配利润 400 000+本年净利润 300 000-提取法定盈余公积 30 000-发给投资者的利润 100 000），该数额即为该企业本年年末的未分配利润。

思考题：

1. 什么是记账方法？简述单式记账法与复式记账法的区别。
2. 复式记账法的原理是什么？
3. 复式记账法的种类有哪些？
4. 借贷记账法包括哪些内容？
5. 请简述借贷记账法下各类账户的结构。
6. 为什么借贷记账法可以进行试算平衡？怎样进行试算平衡？
7. 有哪些差错用试算平衡法不能检查出来？
8. 会计分录包括的基本要素有哪些？它的种类有哪些？
9. 简述会计分录的编制步骤。
10. 什么是对应关系？什么是对应账户？
11. 简述生产企业资金运动的内容以及由此形成了哪些主要的经济业务。
12. 利润总额是怎样形成的？
13. 期末应如何对损益类账户进行核算？
14. 年终，对于全年实现的净利润和已分配的利润要做怎样的结转分录？

第四章 会计凭证

■学习要求

通过本章学习，要求读者了解会计凭证的含义和种类；理解原始凭证和记账凭证的含义和分类；掌握各种凭证的填制和审核要求；理解会计凭证的传递、装订和存档要求。

■案例

请指出张某的错误

邕桂公司采购生产材料一批，业务员王某将购买材料时从供货单位取得的增值税专用发票（发票联）交给会计张某，并告诉张某货款已付，材料明天就发过来。发票上注明货物金额20 000元，增值税进项税额2 600元。因此，张某根据这张发票填制了通用记账凭证，注明借记“原材料”20 000元和“应交税费——应交增值税（进项税额）”2 600元，贷记“银行存款”22 600元。张某将填制好的记账凭证交给会计主管李某签字时，李某以审核不通过为由拒签。请问王某取得的发票和张某填制的凭证属于会计凭证吗？两者有什么区别？你能帮张某指出他存在哪些错误吗？

第一节 会计凭证的概述

一、会计凭证的概念

会计凭证，简称“凭证”，是记录经济业务事项、明确经济责任，并据以登记会计账簿的书面证明。

为了保证会计信息的真实可靠，任何单位对于发生的每一项经济业务，都必须由该经济业务的有关经办单位或个人以书面形式记录相关经济业务的性质、时间、金额等信息，形成会计凭证，并在凭证上签字或盖章。在凭证上签章的单位或个人，对该经济业务的真实性、正确性负责。会计人员对会计凭证的真实性、合法性进行严格审核后，以此作为登记会计账簿的依据。

二、会计凭证的种类

会计凭证种类繁多，按照填制程序和用途的不同，可分为原始凭证和记账凭证两大类。

原始凭证是在经济业务发生或完成时取得或填制的，是反映经济业务具体内容及其发生或完成情况的书面证明，如购货发票、银行转账支票存根、报销单、领料单和入库单等。原始凭证是进行会计核算的原始资料和重要依据。

记账凭证是会计人员根据审核无误后的原始凭证，据以确定经济业务应借、应贷的会计科目和金额（即会计分录）后填制的会计凭证，如收款凭证、付款凭证和转账凭证等。记账凭证是登记账簿的直接依据。

原始凭证和记账凭证都属于会计凭证，但就其性质而言却截然不同。原始凭证记录的是经济信息，由办理经济业务的经办人员填制，具有较强的法律效力；而记账凭证记录的是会计信息，一般由会计人员填制，是登记会计账簿的直接依据。

三、会计凭证的作用

填制和审核会计凭证，是会计核算的基本方法之一，也是会计核算工作的起点。做好这项工作，对企事业单位的经济活动实施会计监督，提高会计核算质量，具有十分重要的意义。

（一）反映经济信息，提供登账依据

企业对发生的每一项经济业务，都要由经办人员按规定的程序和要求及时填制或取得会计凭证，以书面形式反映该项经济业务的发生和完成情况。会计凭证所记录的信息是否真实、可靠、及时，对会计信息质量有重大的影响。

（二）明确经济责任，强化内部控制

每一项经济业务都由经办单位或个人填制会计凭证并签字盖章，可反映经济业务的办理流程，也便于分清职责，促使相关单位或个人按规定的程序和要求办事，强化内部控制。

（三）加强会计监督，控制经济运行

通过审核会计凭证，可以查明一项经济业务是否符合国家的有关规定，是否符合单位的规章制度，是否符合经济效益原则，从而发挥会计监督作用，实现对经济活动的事中控制，确保经济活动健康有序的运行。

第二节　原始凭证

一、原始凭证的概念

原始凭证是在经济业务发生或完成时取得或填制的，也是反映经济业务具体内容及其发生或完成情况的书面证明。

各单位在办理购买材料、产品生产、产品销售、现金收付、款项结算、成本核算等各项经济业务时，都必须取得或填制原始凭证来证明经济业务已经发生或完成。如单位采购材料时自供货单位取得的购货发票、自运输单位取得的运货凭证和自银行取得的结算凭证等。凡是不能证明经济业务发生或完成情况的各种单据，如购销合同、购料申请单、工作令号等，不能作为原始凭证。

原始凭证是会计核算的重要原始资料，原始凭证的质量决定了会计信息的真实性和可靠性。因此，单位应该使经济业务的经办人员都充分认识到原始凭证在经营管理和会计核算上的重要作用，同时明确经济责任，使经办人员能明确本职工作，严格遵守制度，认真负责地办理各项手续。

二、原始凭证的内容

经济业务事项种类繁多，来源广泛，所涉及的财物、资金形式多种多样，因此，原始凭证的所载内容和格式也千差万别。但无论哪种原始凭证，都必须清晰记录经济业务内容，明确经办人员责任。一般而言，原始凭证都应具备以下基本内容（也称原始凭证要素）：

（1）原始凭证的名称；

（2）填制凭证的日期及编号；

（3）接受凭证的单位名称；

（4）经济业务内容（数量、金额等）；

（5）填制凭证的单位名称或填制人姓名；

（6）经办人员的签名或签章。

在实际工作中，根据经营管理和特殊业务的需要，除了上述基本内容，还可以增加必要的内容。例如，为了满足生产、计划等部门的需要，在某些自制凭证上可以注明如计划定额、合同编号等相应信息；有关部门可以针对不同单位经常发生的共性经济业务制定统一的凭证格式，如人民银行统一制定的银行转账结算凭证，标明了结算双方单位名称、账号等内容。

三、原始凭证的种类

（一）按来源分类

原始凭证按其取得来源的不同，可以分为外来原始凭证和自制原始凭证。

1. 外来原始凭证

外来原始凭证是指在经济业务发生或完成时，从其他单位或个人直接取得的原始凭证。例如，购买材料、商品时从供货单位取得的增值税专用发票（如图 4-1 所示），向外单位支付款项时取得的收据，银行转来的结算凭证，职工出差取得的火车票、飞机票等。

4500143258　　　　**湖北增值税专用发票**　　　　No. 000264987

（印章：全国统一发票监制章　湖北　国家税务总局监制）

发票联　　　　开票日期：2018 年 8 月 6 日

购货单位	名称：邕桂公司 纳税人识别号：450100667852393 地址、电话：南宁市金湖路 58 号 B 座 0771-5556320 开户行及账号：中国农业银行南宁中鼎分理处　007201040001189	密码区	-65745<19458<38404817　加密版本：01 5/37503848 * 7>234504>- 2//5> * 854567-7<8 * 873　3189121120 <413-3001152-/7142>>8　00343304

货物或应税劳务名称	规格型号	单位	数量	单价	金额	税率	税额
不锈钢棒	316L	吨	50	15 848. 275 8	792 413. 79	16%	126 786. 21
合计					¥792 413. 79		¥126 786. 21
价税合计（大写）	⊗玖拾壹万玖仟贰佰元整					（小写）¥919 200. 00	

销货单位	名称：武汉市强源能源燃料有限公司 纳税人识别号：420115774569479 地址、电话：湖北省武汉市江夏区流芳车站旁　027-87806493 开户行及账号：中国工商银行武汉市东湖开发区支行　3202009009200064	备注	（印章：武汉市强源能源燃料有限公司　420115774569479　发票专用章）

收款人：　　　　复核：　　　　开票人：柳清清　　　　销货单位：（章）

（左侧边注：国税函［2008］562号海南华森实业公司）

（右侧边注：第二联：发票联　购货方记账凭证）

图 4-1　增值税专用发票

2. 自制原始凭证

自制原始凭证是指在经济业务事项发生或完成时，由本单位内部经办该业务的部门或个人自行填制的，仅在本单位内部使用的原始凭证，如收料单、领料单（如图 4-2所示），产品入库单（如图 4-3 所示）、产品出库单、工资单等。

领料单

领料部门：

用途：　　　　　　　　　　　　　　年　月　日　　　　　　　　　　　　　　第　号

材料			单位	数量		成本										会计联
						单价	总价									
编号	名称	规格		请领	实发		百	十	万	千	百	十	元	角	分	
合计																

部门经理：　　　　　会计：　　　　　仓库：　　　　　经办人：

图 4-2　领料单

产品入库单

年　月　日　　　　　　　　单号：

交来单位及部门		验收仓库			入库日期	
编号	名称及规格	单位	数量		实际价格	
			交库	实收	单价	金额

会计主管：　　　　　仓库主管：　　　　　经办人：　　　　　制单人：

图 4-3　产品入库单

（二）按填制手续及内容分类

原始凭证按填制手续及内容不同，可以分为一次凭证、累计凭证、汇总原始凭证。

1. 一次凭证

一次凭证是指一次填制完成的，只记录一项或同时发生的若干项同类经济业务的原始凭证，如发票、收据（如图 4-4 所示）、领料单、收料单、银行结算凭证等。所有的外来原始凭证和大部分的自制原始凭证属于一次凭证。

2. 累计凭证

累计凭证是指在一定时期内多次记录若干项同类经济业务的原始凭证。其特点是，在一张凭证内连续记载相同性质的经济业务，随时计算累计数及结余数，并按照费用限额进行费用控制，期末按实际发生额的累计数记账。累计凭证一般为自制原始凭证，填制手续是随经济业务的发生而分次进行的，如限额领料单（如图 4-5 所示）。

收 款 收 据

年 月 日 NO. 22331456

今收到______________________________

人民币（大写） 拾 万 仟 佰 拾 元 角 分

¥_________ □现金 □支票 □信用卡 □其他 收款单位（盖章）

第三联 会计联

核准： 会计： 记账： 出纳： 经手人：

图 4-4 收款收据

限额领料单

领料部门： 领料编号：

领料用途： 年 月 日 发料仓库：

材料类别	材料编号	材料名称及规格	计量单位	领用限额	实际领用	单价	金额	备注
供应部门负责人：					生产计划负责人：			

日期	领用				退料			限额结余
	请领数量	实发数量	发料人签章	领料人签章	退料数量	退料人签章	收料人签章	

图 4-5 限额领料单

3. 汇总原始凭证

在实际工作中，为了简化记账凭证的填制工作，通常将一定时期内反映同类经济业务的若干张原始凭证汇总成一张原始凭证，这种凭证称为汇总原始凭证或原始凭证汇总表，如工资汇总表、差旅费报销单、原材料领用汇总表（如表 4-1 所示）等。原始凭证汇总表也属于原始凭证。原始凭证汇总表只能汇总反映同类经济业务，不能汇总两类或两类以上的经济业务。

表 4-1　原材料领用汇总表

应贷科目 应借科目	A 原料		B 原料		C 原料		合计
	数量	金额	数量	金额	数量	金额	
生产成本——C 产品							
制造费用——C 产品							
管理费用							
合计							

（三）按格式分类

原始凭证按格式的不同，可分为通用凭证和专用凭证。

1. 通用凭证

通用凭证是指由有关部门统一印制、在一定范围内使用的具有统一格式和使用方法的原始凭证。通用凭证的使用范围，因制作部门不同而异，可以是某一地区、某一行业，也可以是全国。增值税专用发票、公益性单位接受捐赠统一收据、由中国人民银行制作的银行转账结算凭证等属于通用凭证。

2. 专用凭证

专用凭证是指由单位自行印制、仅在本单位内部使用的原始凭证，如出库单（如图 4-6 所示）、差旅费报销单、折旧计算表、借款单、工资费用分配表等。

<u>邕桂公司出库单</u>

____年__月__日　　　　　　　　　　第__号

名称规格	单位	数量	单价	金额									备注
				百	十	万	千	百	十	元	角	分	
合计大写（人民币）										¥________			

①存根（黑）②仓库（红）③财务（绿）

制单人：　　　　　　　　　　　　　　签收人：

图 4-6　邕桂公司出库单

四、原始凭证的填制要求

原始凭证是会计核算的基础。为了使原始凭证能真实、清晰地反映经济业务的发生或完成情况，保证会计核算的质量，原始凭证的填制应符合以下要求：

1. 真实合法，手续完备

原始凭证必须根据实际发生的经济业务内容、日期和金额填列，不得涂改、挖补，不得弄虚作假。

经办人员和有关部门负责人的签章必须齐全，以示其对原始凭证的真实性、合法性负责。从外单位取得的原始凭证，必须盖有填制单位的公章；从个人取得的原始凭证，必须有填制人员的签名或者盖章；单位自制的原始凭证，必须有经办单位负责人或者其他指定人员的签名或盖章。

2. 内容完整，书写清楚

原始凭证必须按照规定的项目逐项填写完整，不得错漏。日期要按填制原始凭证实际的年、月、日填写；名称要齐全，不得简化；品名和用途要填写明确，不得含糊不清；文字和数字要工整、清晰，易于辨认，文字不得使用未经国务院颁布的简化字，数字不草、不乱、不串格串行；有关人员签章齐全，凭证联次正确。

原始凭证所记载的各项内容都不得涂改、刮擦和挖补。如果原始凭证有错误的，应当由出具单位重开或者更正，并在更正处加盖出具单位印章。如果原始凭证金额有误，应当由出具单位重开，不得在原始凭证上更正。

3. 填制及时，编号连续

原始凭证必须在经济业务发生或完成时立即填制，并按规定及时送交会计机构进行审核，不得耽误记账。

各种凭证都要连续编号，不得重号、跳号，以备考查。已经预先印好编号的重要凭证，如发票、支票等，作废时应加盖“作废”戳记，以备审查，连同存根一起妥善保存，不得随意撕毁。

4. 按规定填写金额

凡是同时填有大写和小写金额的原始凭证，大小写金额必须一致，且书写必须符合规范要求。

（1）小写金额的书写规范

阿拉伯数字应当一个一个地写，不得连笔写。阿拉伯金额数字前面应当书写货币币种符号或者货币名称简写和币种符号。币种符号与阿拉伯金额数字之间不得留有空白。凡阿拉伯数字前写有币种符号的，数字后面不再写货币单位。

（2）大写金额的书写规范

汉字大写金额如零、壹、贰、叁、肆、伍、陆、柒、捌、玖、拾、佰、仟、万、亿等，一律用正楷或行书体书写，不得用〇、一、二、三、四、五、六、七、八、九、十、百、千等替代，也不得随意自造简化字。

大写金额前未印有“人民币”字样的，应加写“人民币”三个字，“人民币”字样和金额之间不得留有空白。大写金额到元或角为止的，要在后面写“整”或“正”字，到分的则不写。

阿拉伯数字金额中间有“0”时，汉字大写金额要写“零”字；阿拉伯数字金额中间连续有几个“0”时，汉字大写金额可以只写一个“零”字，如“30 006.00”应写成“人民币叁万零陆元整”；阿拉伯数字金额元位是“0”，或数字中间连续有几个“0”，元位也是“0”，但角位不是“0”时，汉字大写金额可以只写一个“零”字，也可以不写“零”字，如“8 700.19”可以写成“人民币捌仟柒佰零壹角玖分”或“人民币捌仟柒佰壹角玖分”。

5. 填制原始凭证的其他要求

（1）一式几联的原始凭证，应当注明各联的用途，并且只能用一联作为报销凭证；一式几联的发票和收据，必须用双面复写纸套写（或票据纸张本身具备复写功能），并连续编号。

（2）购买实物的原始凭证，应有验收证明。

（3）发生销货退回时，应填制退货发票，并附有退货验收证明；办理退款时，必须取得对方的收款收据或汇款银行的凭证，不得以退货发票代替。

（4）职工出差借款的原始凭证，必须附在记账凭证之后；在收回职工的借款时，应另开收据或退还借据副本，不得退还原本的借款收据。

（5）经上级有关部门批准的交易、事项，应当将批准文件作为原始凭证附件。如果批准文件需要单独归档的，应当在凭证上注明批准机关名称、日期和文件字号。

（6）一些票据，如银行支票等，出票日期要求用大写的，必须使用中文大写。在填写月、日时，月为1～10的，日为1～9、10、20、30的，应在其前面加“零”，如“2023年10月20日”应写成“贰零贰叁年零壹拾月零贰拾日”；日为10～19的，应在其前面加“壹”，如“2023年3月14日”应写成“贰零贰叁年零叁月壹拾肆日”。

五、原始凭证的审核

为了保证会计信息真实可靠，会计人员必须对原始凭证进行严格审核。具体包括：

1. 审核原始凭证的真实性

原始凭证真实性的审核包括审核凭证日期是否真实、业务内容是否真实、数据是否真实等内容。对外来原始凭证，必须有填制单位公章和填制人员签章；对自制原始凭证，必须有经办部门和经办人员的签名或盖章。此外，对通用原始凭证，还应审核凭证本身的真实性，以防假冒。

2. 审核原始凭证的合法性

原始凭证合法性的审核是指审核原始凭证所记录的经济业务是否符合国家法律法规的规定，是否符合规定的权限范围，并履行规定的凭证传递和审核程序。

3. 审核原始凭证的合理性

原始凭证合理性的审核是指审核原始凭证所记录的经济业务是否符合企业生产经营活动的需要，是否符合有关计划和预算，是否符合节约原则等。

4. 审核原始凭证的完整性

原始凭证完整性的审核是指审核原始凭证的各项基本要素是否齐全，包括日期是否完整，文字是否工整，数字是否清晰，有关人员签章是否齐全等。

5. 审核原始凭证的正确性

原始凭证正确性的审核是指审核原始凭证中的文字和数字是否书写正确，如各项金额的计算是否正确，填写是否符合规范，大小写金额是否一致，日期的填写是否正确，内容是否有涂改，凭证中书写错误的是否按正确的方法更正。

6. 审核原始凭证的及时性

原始凭证及时性的审核是指审核原始凭证是否在经济业务发生或完成时及时填制，是否及时进行凭证的传递。对于银行支票、汇票、本票等时效性较强的原始凭证，须认真验证其签发日期。

经审核的原始凭证应根据不同的情况进行如下处理：

（1）对于完全符合要求的原始凭证，应及时据以编制记账凭证入账；

（2）对于真实、合法、合理但记载内容不准确或不完整、手续不完备、填写有错误的原始凭证，应当退回给经办人员，并要求其按照国家统一的会计制度的规定更正、补充。

对于不真实、不合法的原始凭证，会计人员有权不予以受理，并向单位负责人报告。

做好原始凭证的审核工作有助于实现正确、有效的会计监督，这要求会计人员必须熟悉国家有关法规和制度以及本单位的相关规章制度，掌握审核的标准，判断原始凭证的有效性。同时会计人员还需要对经办人员做好相关宣传解释工作，避免取得或填制的原始凭证不符合规定，或发生违法违规的经济业务。

第三节　记账凭证

一、记账凭证的概念

记账凭证是会计人员根据审核无误后的原始凭证，据以确定经济业务应借、应贷的会计科目和金额（即会计分录）后填制的会计凭证。记账凭证将原始凭证中的经济信息转化为统一的会计语言，是登记账簿的直接依据。

在实际工作中，原始凭证来自各个方面，格式大小不一，没有标明应借、应贷的会计科目，不便于登账和查账，因此在登记账簿之前，会计人员需要根据审核无误的原始凭证填制记账凭证，再据此登记账簿，并将原始凭证作为记账凭证的附件。

二、记账凭证的内容

记账凭证虽多种多样，但主要作用都是对原始凭证进行归类、整理，确定应借、应贷的会计科目和金额，并据以登记会计账簿。为满足记账的要求，记账凭证应具备下列基本内容（也称记账凭证基本要素）：

（1）记账凭证的名称、填制日期及编号；

（2）经济业务事项的内容摘要；

（3）会计分录，包括会计科目（含总账科目和明细科目）、借贷方向和金额；

（4）记账标记（记账栏中符号“√”）；

（5）所附原始凭证张数；

（6）制单、审核、会计主管、记账等有关人员的签章。

三、记账凭证的种类

（一）按内容分类

记账凭证按其用途的不同，可分为专用记账凭证和通用记账凭证。专用记账凭证按其反映经济业务内容的不同，又可细分为收款凭证、付款凭证和转账凭证。

1. 专用记账凭证

（1）收款凭证

收款凭证是指用于记录主要货币资金（库存现金和银行存款）和其他货币资金收入业务的会计凭证。收款凭证根据借方科目是“库存现金”还是“银行存款”又分为库存现金收款凭证和银行存款收款凭证，它们可作为登记库存现金和银行存款有关账簿的依据。其格式如图 4-7 所示。

（2）付款凭证

付款凭证是指用于记录主要货币资金支出业务的会计凭证。付款凭证根据贷方科目是“库存现金”还是“银行存款”又分为库存现金付款凭证和银行存款付款凭证，它们可作为登记库存现金和银行存款有关账簿的依据。其格式如图 4-8 所示。

（3）转账凭证

转账凭证是指用于记录转账业务（不涉及货币资金收支业务）的会计凭证。转账业务是指经济业务中与库存现金和银行存款无关的业务，如领用原料、计提折旧、期末结转等。其格式如图 4-9 所示。

2. 通用记账凭证

通用记账凭证是指将所有经济业务不再区分收款、付款和转账业务，在同一格式的凭证中进行记录，统一编号的会计凭证。采用通用记账凭证的单位，不再填制专用记账凭证。通用记账凭证的格式与转账凭证基本相同，凭证下方的责任人中多“出纳”一栏。其格式如图 4-10 所示。

收 款 凭 证

借方科目：　　　　　　　　　年　月　日　　　　　　　　____字第__号

摘要	贷方科目		金额											记账
	总账科目	明细科目	亿	千	百	十	万	千	百	十	元	角	分	
合计														

附单据　张

会计主管：　　记账：　　稽核：　　出纳：　　制单：

图 4-7　收款凭证

付 款 凭 证

贷方科目：　　　　　　　　　年　月　日　　　　　　　　　____字第__号

摘要	借方科目		金额											记账
	总账科目	明细科目	亿	千	百	十	万	千	百	十	元	角	分	
合计														

附单据　张

会计主管：　　　　记账：　　　　稽核：　　　　出纳：　　　　制单：

图 4-8　付款凭证

转 账 凭 证

年　月　日　　　　　　　　　____字第__号

摘要	会计科目		借方金额											贷方金额											记账
	总账科目	明细科目	亿	千	百	十	万	千	百	十	元	角	分	亿	千	百	十	万	千	百	十	元	角	分	
合计																									

附单据　张

会计主管：　　　　记账：　　　　复核：　　　　制单：

图 4-9　转账凭证

记 账 凭 证

年　月　日　　　　　　　　　____字第__号

摘要	会计科目		借方金额											贷方金额											记账
	总账科目	明细科目	亿	千	百	十	万	千	百	十	元	角	分	亿	千	百	十	万	千	百	十	元	角	分	
合计																									

附单据　张

会计主管：　　　　记账：　　　　复核：　　　　出纳：　　　　制单：

图 4-10　通用记账凭证

（二）按填列方式分类

记账凭证根据填列方式的不同，分为复式记账凭证和单式记账凭证。

1. 复式记账凭证

复式记账凭证是指每一项经济业务事项所涉及的全部会计科目及其金额均在同一张会计凭证中反映的一种凭证。上述收款凭证、付款凭证和转账凭证等专用记账凭证，以及通用记账凭证都属于复式记账凭证。

2. 单式记账凭证

单式记账凭证是指每一张记账凭证只填列经济业务事项所涉及的一个会计科目及其金额的会计凭证。每一张记账凭证中只登记一个会计科目。一项经济业务涉及几个会计科目，就编制几张单式记账凭证。为了便于核对，单式记账凭证在填制一笔会计分录时须编一个总号，再按涉及的会计科目数量编制几个分号，如第 6 笔业务涉及两个会计科目，则两张凭证分别编号 $6^1/_2$、$6^2/_2$。

单式记账凭证根据其填列的是借方科目还是贷方科目分为借项记账凭证和贷项记账凭证。为了便于区别，两种凭证通常采用不同颜色表示。单式记账凭证反映内容单一，便于分工记账及按会计科目汇总，但填制工作量大，且不能反映一项经济业务的全貌，因此，目前基本不采用单式记账凭证记账，本教材不再专门介绍。

四、记账凭证的编制要求

（一）基本要求

1. 根据经济业务内容选取记账凭证的种类

对于使用专用记账凭证的单位，会计人员在取得原始凭证并审核通过后，应该根据经济业务的性质，确定选用收款凭证、付款凭证或转账凭证。

2. 以审核无误的原始凭证为依据填制记账凭证

除填制结账和更正错账的记账凭证外，会计人员必须根据审核无误的原始凭证来填制记账凭证，在记账凭证的右侧以汉字大写数字填写所附原始凭证的张数，并将相关原始凭证附在记账凭证后面。

记账凭证可根据单张原始凭证填制，也可以根据若干张同类原始凭证汇总填制，还可以根据原始凭证汇总表填制。但为保持科目对应关系清晰，不得把不同经济业务或不同类别的原始凭证汇总填制在一张记账凭证上。

3. 正确填写记账凭证的日期

记账凭证的日期一般是会计人员填制的当天日期，但应考虑下列情况：收、付款凭证应按货币资金收付的日期填写；转账凭证原则上应该按收到原始凭证的日期填写；如果一张转账凭证所附的同类原始凭证的日期不同时，应按填制转账凭证当日日期填写；计提、分配和结转等转账业务按当月最后的日期填写。

4. 记账凭证应连续编号

记账凭证在一个月内应当根据经济业务发生的先后顺序连续编号，以防止凭证丢失，也便于与账簿记录核对。填制通用记账凭证可直接按经济业务发生的顺序编号。填制收款凭证、付款凭证和转账凭证的，可采用“字号编号法”分为收、付、转三类编号，如“转字第×号”，也可细分为现收、现付、银收、银付、转账五类编号，如

“现收字第×号”；也可采用“双重编号法”将按总字顺序编号与按类别顺序编号同时使用，如“总字第×号，付字第×号”。

如果一笔经济业务涉及的会计科目或明细科目较多，需要填制两张以上记账凭证的，可采用“分数编号法”，前面的整数表示经济业务发生的顺序，分母表示总张数，分子表示第几张。如第 9 笔转账业务需要编制 3 张记账凭证时，则其编号分别为“转字第 $9^1/_3$ 号”“转字第 $9^2/_3$ 号”和“转字第 $9^3/_3$ 号”。

无论是统一编号还是分类编号的记账凭证，均应按自然顺序连续编号，不得跳号、重号，每月最后一张记账凭证的编号旁可加注“全”字，以保证凭证的安全完整。如本月有银行付款凭证 18 张，编号即从“银付字第 1 号”编至“银付字第 18 号全”止。

5. 经济业务的内容摘要应简明扼要

记账凭证的摘要栏中填写的内容摘要应该能简明扼要地反映经济业务的概况。对于经常发生变动的普通经济业务，应尽量精简，如从银行提取库存现金，可简写为“提现”；对于不常发生的特殊业务，应写清楚所依据的文件号、批注人等内容。

6. 会计科目的填写

会计科目的名称一经确定，不得随意简化或改动。记账凭证的会计科目必须规范填写，不得只写科目编号，也不得简写，如“库存现金”不得简写为“现金”；要写明一级科目、二级科目甚至三级科目，以便登记总分类账和明细分类账。要填写清楚会计科目的对应关系，按照先借后贷的顺序，填制一借一贷、一借多贷或多借一贷的会计分录；在特殊情况下，如果某一项经济业务本身需要，也可以编制多借多贷的会计分录，以集中反映该项经济业务的全貌。

7. 金额数字的填写

记账凭证的金额必须与所附原始凭证的金额相符；填写金额数字时，应用阿拉伯数字书写，精确到分位；书写要规范，不得连笔，注意对准借贷栏次和科目栏次，防止错栏串行；每笔经济业务填入金额数字后，要在记账凭证的合计行填写合计金额，并在合计数前填写货币符号“￥”（以人民币为例）。

8. 逐行填写不得留空

记账凭证应按行逐项填写，不得跳行或留有空行。记账凭证填制完成经济业务事项后，如有空行，应当自金额栏最后一笔金额数字下的空行处至合计数上的空行处划线注销。

9. 所附原始凭证的张数

一般而言，凡是涉及记账凭证中经济业务事项记录有关的原始凭证都是记账凭证的附件，所附原始凭证张数的计算以原始凭证的自然张数为主。

如果记账凭证中附有原始凭证汇总表，那么原始凭证汇总表应与其他所附原始凭证一并计入附件张数之内；但报销差旅费等零散票券，可以粘贴在原始凭证粘贴单上，作为原始凭证的附件。

如果一张原始凭证涉及几张记账凭证，可以把原始凭证附在一张主要的记账凭证后面，并在其他记账凭证上注明附有该原始凭证的记账凭证编号或附上该原始凭证的复印件。

一张原始凭证所列的支出需要几个单位共同负担时，应当由保存该原始凭证的单位开具原始凭证分割单，并提供给其他应负担的单位。原始凭证分割单必须具备原始凭证的基本内容：凭证的名称，填制凭证的日期，填制凭证单位的名称或填制人的姓名，经办人员的签名或盖章，接受凭证单位的名称，经济业务的内容、数量、单价、金额和费用的分摊情况等。

10. 记账凭证必须签章完整

制单人员填制记账凭证完毕后，应该在凭证下方“制单”后签名或盖章，经审核人员审核无误签名盖章后，再交由会计主管签名或盖章，最后，记账人员根据审核无误的记账凭证登记会计账簿，并在记账凭证上签名或盖章。

11. 错误记账凭证的更正

若记账凭证的填写错误在登记会计账簿之前发现，则应该重新填制正确的记账凭证。若已登记入账的记账凭证，在当年内发现填制错误，可用红字填写一张与原内容相同的记账凭证，在摘要栏注明“注销某月某日某号凭证”字样，同时再用蓝字重新填制一张正确的记账凭证，注明“订正某月某日某号凭证”字样。如果会计科目没有错误，只是金额错误，也可将正确数字与错误数字之间的差额，另编一张调整的记账凭证，调增金额用蓝字填写，调减金额用红字填写。发现以前年度记账凭证有错误的，应当用蓝字填制一张更正的记账凭证。

（二）专用记账凭证填制要求

1. 收款凭证的填制要求

收款凭证左上方的“借方科目”按收款的性质填写“库存现金”或“银行存款”；“ 年 月 日”按货币资金收入的日期填写；右上方填写编制收款凭证的顺序号；“摘要”栏填写所记录的经济业务的简要说明；“贷方科目”栏填写与收到库存现金或银行存款相对应的会计科目；凭证登记入账后，应及时在“记账”栏打“√”，表示该凭证已登记账簿，防止经济业务重记或漏记；“金额”栏按该经济业务事项的发生额填写；右边的“附件 张”按该凭证所附原始凭证的张数填写；凭证下方应分别由有关人员签章，以明确经济责任。

【例 4-1】202×年 2 月 4 日，邕桂公司收到上月惠民公司所欠货款 38 000 元，款存银行。应根据银行的客户回单编制收款凭证，如图 4-11 所示。

收 款 凭 证

借方科目：银行存款　　202×年 2 月 4 日　　银收字第 1 号

摘要	贷方科目		金额											记账
	总账科目	明细科目	亿	千	百	十	万	千	百	十	元	角	分	
收回前欠货款	应收账款	惠民公司					3	8	0	0	0	0	0	
合计						¥	3	8	0	0	0	0	0	

附单据壹张

会计主管：　　记账：　　稽核：　　出纳：　　制单：张三

图 4-11　收款凭证

2. 付款凭证的填制要求

付款凭证的编制方法跟收款凭证基本相同，只是左上方为“贷方科目”，凭证中间为“借方科目”。

【例 4-2】202×年 2 月 6 日，邕桂公司以现金支付行政管理部门办公用品费 250 元。应根据行政部报销单和购货发票编制付款凭证，如图 4-12 所示。

对于涉及库存现金和银行存款往来的经济业务，为了避免重复记账，一般只编制付款凭证，不编制收款凭证。出纳人员应根据会计人员审核无误的收款凭证和付款凭证办理收付款业务。如企业将销售货物或提供劳务收到的现金存入银行时，会计人员只需要编制现金付款凭证，而不需要编制银行收款凭证。再如单位为了发放职工工资从银行提取现金时，只需要编制银行付款凭证即可。

付 款 凭 证

贷方科目：库存现金　　202×年 2 月 6 日　　现付字第 1 号

摘要	借方科目		金额											记账
	总账科目	明细科目	亿	千	百	十	万	千	百	十	元	角	分	
购买办公用品	管理费用	办公费							2	5	0	0	0	
合计								¥	2	5	0	0	0	

附单据贰张

会计主管：　　记账：　　稽核：　　出纳：　　制单：张三

图 4-12　付款凭证

【例 4-3】202×年 2 月 16 日，邕桂公司从银行提取现金 8 000 元补充备用金。应根据银行现金支票存根编制银行付款凭证，如图 4-13 所示。

付 款 凭 证

贷方科目：银行存款　　202×年 2 月 16 日　　银付字第 1 号

摘要	借方科目		金额											记账
	总账科目	明细科目	亿	千	百	十	万	千	百	十	元	角	分	
提现	库存现金							8	0	0	0	0	0	
合计							¥	8	0	0	0	0	0	

附单据壹张

会计主管：　　记账：　　稽核：　　出纳：　　制单：张三

图 4-13　付款凭证

3. 转账凭证的填制要求

与货币资金收付无关的业务可用转账凭证记录，转账凭证的填制与收、付款凭证略有不同，它的应借、应贷会计科目全部列入记账凭证之内。转账凭证将经济业务事项中所涉及的全部会计科目，按先借后贷的顺序记入“会计科目”栏中的“总账科目”和“明细科目”栏，并将会计科目对应的金额分别填列在“借方金额”和“贷方金额”栏内，借方、贷方金额合计数应该相等。其他项目的填列与收、付款凭证相同。

【例 4-4】202×年 2 月 21 日，邕桂公司向鸿愿公司销售 A 产品 100 件，每件 150 元，共计 15 000 元，增值税税率为 13%，货已发出，款项未收。应根据发票记账联编制转账凭证，如图 4-14 所示。

转 账 凭 证

202×年 2 月 21 日　　　　转字第 1 号

摘要	会计科目		借方金额											贷方金额											记账
	总账科目	明细科目	亿	千	百	十	万	千	百	十	元	角	分	亿	千	百	十	万	千	百	十	元	角	分	
销售 A 产品	应收账款	鸿愿公司					1	6	9	5	0	0	0												
	主营业务收入	A 产品																1	5	0	0	0	0	0	
	应交税费	应交增值税（销项税额）																	1	9	5	0	0	0	
合计						¥	1	6	9	5	0	0	0				¥	1	6	9	5	0	0	0	

附单据壹张

会计主管：　　记账：　　复核：　　制单：张三

图 4-14　转账凭证

采用专用记账凭证记账时，当一项经济业务既涉及库存现金和银行存款之间的收付业务，又涉及转账业务时，则需要分别编制付款凭证和转账凭证。

（三）通用记账凭证的填制要求

采用通用记账凭证的单位，不必再根据经济业务的性质，区分填制记账凭证的种类。通用记账凭证的编制方法跟转账凭证基本相同。

【例 4-5】202×年 8 月 25 日，职工王五出差预支现金 3 000 元。以通用记账凭证记录如图 4-15 所示。

记　账　凭　证

202×年 8 月 25 日　　　　记字第 1 号

摘要	会计科目		借方金额											贷方金额											记账
	总账科目	明细科目	亿	千	百	十	万	千	百	十	元	角	分	亿	千	百	十	万	千	百	十	元	角	分	
王五预借差旅费	其他应收款	王五						3	0	0	0	0	0												
	库存现金																		3	0	0	0	0	0	
合计							¥	3	0	0	0	0	0					¥	3	0	0	0	0	0	

附单据壹张

会计主管：　　记账：　　复核：　　出纳：　　制单：张三

图 4-15　记账凭证

五、记账凭证的审核

为了保证会计信息的质量，在记账之前必须由有关稽核人员对记账凭证进行严格的审核。

记账凭证审核的内容有：

1. 内容是否真实

它要求审核记账凭证是否有原始凭证为依据。按审核原始凭证的要求对所附原始凭证进行复核。记账凭证的内容与所附的原始凭证反映的经济业务内容是否一致，所附原始凭证是否能充分反映经济业务的发生或完成情况等。

2. 项目是否齐全

它要求审核记账凭证的各个项目，如日期、凭证编号、摘要、会计科目、金额、所附原始凭证张数及有关人员签章等，是否填写齐全。

3. 科目是否正确

它要求审核记账凭证的应借、应贷科目是否正确，是否有明确的账户对应关系，所使用的会计科目是否规范等。

4. 金额是否正确

它要求审核记账凭证所记录的金额与所附原始凭证的有关金额是否一致、计算是否正确等。

5. 书写是否规范

它要求审核记账凭证中的记录是否文字工整、数字清晰，是否按规定进行更正等。

审核中如果发现所填列的记账凭证有差错或遗漏，应按规定的办法及时更正、补充或重制。只有经过审核无误的记账凭证，才能据以登记入账。

实行会计电算化的单位，对于机制记账凭证，也应该认真审核，确保会计科目和金额数字正确。打印出来的机制记账凭证应与传统记账凭证一样，由制单人员、审核人员、会计主管和记账人员盖章或签字。

第四节 会计凭证的传递、装订及保管

一、会计凭证的传递

会计凭证的传递是指从会计凭证取得或填制开始到归档保管为止，按规定的时间、路线在本单位内部有关部门和人员之间办理业务手续、进行处理的过程。

会计凭证的传递要求能够满足内部控制制度的要求，既要保证有关部门和人员对会计凭证进行审核和处理，又要尽可能减少传递中不必要的环节和手续，节约传递时间。合理有效地组织会计凭证的传递，对于帮助有关部门和人员及时了解、处理经济业务，加强企业管理，实现会计监督职能具有十分重要的意义。

会计凭证的传递一般包括传递程序和传递时间两个方面。

会计凭证的传递程序是指一张会计凭证从填制完成时开始，应该先后交到哪个部门、哪个岗位、由谁办理业务手续，直至归档保管为止的流程。各单位的经济业务内容不同，组织机构设置和人员分工不同，管理的要求也不尽相同，因此，单位应根据自身具体情况制定每一种凭证的传递程序。如果会计凭证是一式数联的，还应规定每一联传到哪些部门，有什么用途等。

会计凭证的传递时间应考虑各有关部门和人员的工作量，在正常情况下完成工作所需的时间，明确规定会计凭证在各部门停留的最长时间，使各部门人员相互督促，确保会计凭证的传递和处理在报告期内完成。

原始凭证大多涉及本单位内部各个部门和人员，因此，会计部门应当与各个部门共同协商确定会计凭证的传递程序和传递时间。会计凭证的传递程序和传递时间一经确定后，应立即建立凭证传递制度，报经本单位领导批准后，通知有关部门和人员遵守执行。

二、会计凭证的装订

任何单位在完成经济业务手续和记账之后，必须将会计凭证按规定的立卷归档制度形成会计档案资料，妥善保管。将会计凭证装订成册，既可以防止会计凭证散失，又便于随时查阅。具体方法如下：

（1）每月记账完毕，会计人员应按记账凭证的种类、编号加以整理并核查，审核所附原始凭证是否齐全；编号是否连续，有无重号、跳号；是否漏记或重复登记会计账簿。

（2）会计人员将会计凭证按照种类、编号顺序，连同所附原始凭证一起，加具封面、封底，装订成册，并在装订线上加贴封签，由装订人员在装订线封签处签名或盖骑缝章。

（3）会计凭证封面应注明单位名称、凭证种类、凭证张数、起止号数、年度、月份等有关事项，会计主管人员和保管人员应在封面上签章。样式如图 4-16 所示。

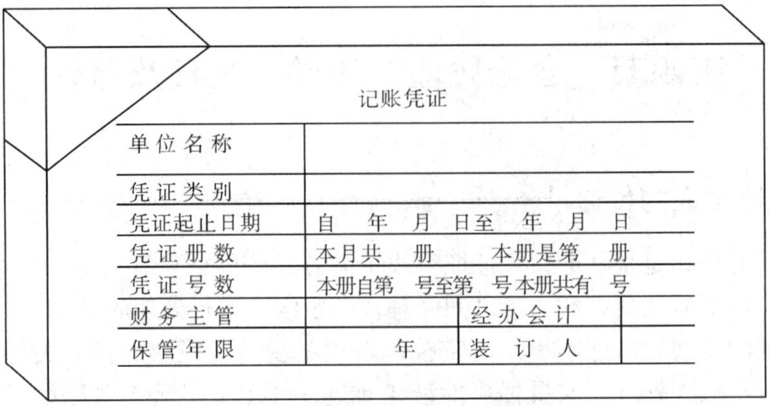

图 4-16　会计凭证装订样式

会计凭证的装订一般以月为单位，每月订成一册或若干册。在装订之前，可以预先设计本月凭证应分为几册装订，还应注意不能把应归属于一张记账凭证附件的几张原始凭证分开装订，以免影响核查工作。经济业务量较小、凭证较少的单位，可以将若干月份的凭证合并订成一本，但应在本册凭证的封面注明所包含的月份。

某类原始凭证较多时，该类原始凭证可以单独装订，但应在凭证封面注明所属记账凭证的日期、编号和种类，同时在所属记账凭证上注明“附件另订”及原始凭证的名称和编号，以便查阅。对各种涉及日后经济业务事项的原始凭证，如押金收据、提货单等，以及各种需要随时查阅和退回的单据，应另编目录，单独保管，并在有关记账凭证和原始凭证上分别注明日期和编号。

三、会计凭证的保管

会计凭证作为记账的依据，是重要的会计档案和经济资料。单位负责人、税务人员和审计人员等有关单位和个人日后可能需要查阅会计凭证，因此单位应将会计凭证立卷归档，应按《会计档案管理办法》妥善保管，严防损毁、散失，更不得随意销毁。

（1）单位取得的电子会计凭证，符合档案管理办法要求的，可以仅以电子形式归档保存，形成电子会计档案。

（2）单位每年装订成册的会计凭证，一般应当在会计年度终了后一年内，由单位会计机构向档案机构或档案工作人员进行移交。因工作需要确须推迟移交、由会计机构临时保管的，应当经档案机构或档案工作人员所属机构同意，且最多不超过三年。在临时保管期间，会计凭证的保管应当符合国家有关规定，且出纳人员不得兼管会计凭证。

（3）办理会计凭证移交时，应当编制会计档案移交清册，并按国家有关规定办理移交手续。

（4）单位保存的会计凭证一般不得对外借出。确实因工作需要且根据国家有关规定必须借出的（如出于业务主管部门、政府机关的检查，或者出于司法需要等），应当严格按照规定办理相关手续。

（5）严格遵循会计凭证的保管期限要求，在期限内妥善保管，期满前不得随意销毁。

（6）保管期满后的会计凭证，经鉴定可以销毁的，应填制会计档案销毁清册，在监销人监督下完成会计凭证的销毁工作。

（7）保管期满但未结清的债权债务会计凭证和涉及其他未了事项的会计凭证不得销毁，纸质会计档案应当单独抽出立卷，电子会计档案单独转存，保管到未了事项完结时为止。单独抽出立卷或转存的会计档案，应当在会计档案销毁清册和会计档案保管清册中列明。

思考题：

1. 什么是会计凭证？它在会计核算中有什么作用？
2. 原始凭证的基本要素有哪些？
3. 记账凭证的基本要素有哪些？
4. 审核原始凭证时应注意哪些问题？
5. 如何根据原始凭证编制记账凭证？
6. 审核记账凭证时应注意哪些问题？
7. 要组织好会计凭证的传递，需要注意哪些问题？

第五章 会计账簿

■学习要求

通过本章的学习，要求读者了解会计账簿的内容、种类和作用；理解并掌握会计账簿的启用和记账规则，了解会计账簿的更换与保管；熟练掌握会计账簿的登记方法、对账和结账的方法以及错账的更正方法。

■案例

请你为出纳员出出主意

邕桂公司是一家大中型企业，经营范围比较广，货币资金的收支业务量大，业务往来频繁。为了随时了解公司货币资金的收支结存情况，以便对公司的货币资金进行有效管理和内部控制，公司经理要求公司出纳员每隔5天向他提供一份反映货币资金来龙去脉的收支结存汇总表。这个要求使得出纳员犯难了，这无疑大大增加了他的工作量。如果你是这名出纳员，你该怎样设计出一个使各方都比较满意的方案呢？

第一节 会计账簿概述

通过会计凭证的填制与审核，可以将每天发生的经济业务进行如实、正确的记录，明确经济责任。会计凭证能够反映某一项特定经济交易所引起的会计要素具体项目的金额变化，却无法反映某一会计要素具体项目在特定期间的增减变化过程和结果，而这恰恰是会计信息使用者在了解企业财务信息时所要关注的首要问题。例如，企业内部管理人员一般会关注企业货币资金在本期的流入、流出和净流量，这将有助于加强对货币资金的管控。另外，会计凭证数量繁多、信息分散，缺乏系统性，难以全面、完整地了解企业的财务状况，不便于会计信息的整理与报告。因此，各单位应当按照国家统一的会计法规制度的规定和会计业务的需要设置会计账簿，以便系统归纳会计信息，全面、系统、连续地核算和监督单位的经济活动及其财务收支情况。会计账簿是指由一定格式账页组成的，以经过审核无误的会计凭证为依据，序时、连续、系统、全面地记录和反映会计主体各项经济业务的簿籍。

一、会计账簿的内容

在实际工作中，由于各种会计账簿所记录的经济业务不同，账簿的格式也多种多样，但各种不同的会计账簿一般都应具备以下基本内容：

（一）封面

会计账簿的封面应标明账簿的名称和记账单位的名称，如总账、债权债务明细账、库存现金日记账等。

（二）扉页

会计账簿的扉页应填列“账簿启用及经管人员一览表”，其基本要素包括：

（1）单位名称；

（2）账簿名称；

（3）起止页数；

（4）启用日期；

（5）责任人（单位领导人、会计主管人员、经管人员）签章；

（6）移交人员和移交日期；

（7）接管人员和接管日期等。（格式如表 5-1 所示）

表 5-1　账簿启用及经管人员一览表

单位名称：__________　　账簿名称：__________　　账簿编号：__________

账簿册数：__________　　账簿页数：__________　　启用日期：__________

单位领导人签章：__________　　会计主管人员签章：__________

经管人员		接管			移交			会计负责人		印花税票粘贴处
姓名	签章	年	月	日	年	月	日	姓名	签章	

（三）账页

账页是账簿的主体，是账簿用来记录经济业务事项的载体，其基本要素内容包括：

（1）账户的名称（即一级会计科目或明细科目）；

（2）登记账户的日期栏；

（3）凭证种类和编号栏；

（4）摘要栏（记录经济业务内容的简要说明）；

（5）金额栏（记录经济业务的金额增减变动情况）；

（6）总页次和分户页次等。

二、会计账簿的种类

在会计核算中，账簿的种类是多种多样的，不同的账簿，其用途、形式、内容和登记方法都各不相同。为了便于了解和正确使用各种账簿，有必要对账簿进行分类。账簿一般可以按其用途、外表形式和账页格式进行划分。

（一）账簿按其用途分类

账簿按其用途不同，可分为序时账簿、分类账簿和备查账簿三种。

1. 序时账簿

序时账簿又称日记账，是按照经济业务发生或完成时间的先后顺序逐日逐笔进行登记的账簿。在古代会计中也把它称为“流水账”，其特点是序时、逐笔登记。序时账簿可以用来核算和监督某一类型经济业务或全部经济业务的发生和完成情况。序时账簿通常有两种，一种是根据各种经济业务的发生情况取得原始凭证，编制成会计分录并按其先后顺序登记入账，称为普通日记账，也称分录簿；另一种是用来专门登记某一类经济业务发生情况的日记账，称为特种日记账，如记录现金收付业务及其结存情况的库存现金日记账，记录银行存款收付业务及其结存情况的银行存款日记账，以及专门记录转账业务的转账日记账。在实际工作中，因经济业务的复杂性，一般很少采用普通日记账，应用较为广泛的是特种日记账。为了加强对货币资金的监督和管理，各单位应当设置库存现金日记账和银行存款日记账。在我国，大多数单位一般只设置库存现金日记账和银行存款日记账，而不设置转账日记账。

2. 分类账簿

分类账簿是对全部经济业务事项按照会计要素的具体类别而进行分类登记的账簿。分类账簿按照反映信息的概括程度不同，又分为总分类账和明细分类账两种。总分类账是根据总账科目开设账户，用以分类登记全部经济业务，提供总括核算资料的账簿，简称总账。明细分类账是根据总账科目所属的明细科目开设账户，用以分类登记某一类经济业务，提供明细核算资料的账簿，简称明细账。明细分类账是对总分类账的补充和具体化，并受总分类账的控制和统驭。

分类账簿可以反映和监督各项资产、负债、所有者权益、收入、费用和利润的增减变动情况及其结果。因而，分类账簿提供的核算信息是编制会计报表的主要依据。

分类账簿和序时账簿的作用不同。序时账簿能提供连续系统的信息，反映企业资金运动的全貌；分类账簿则是按照经营与决策的需要而设置的账户，归集并汇总各类信息，反映资金运动的各种状态、形式及其构成。在账簿组织中，分类账簿占有特别重要的地位。因为只有通过分类账簿，才能将数据按账户形成不同类别的信息，满足编制会计报表的需要。

3. 备查账簿

备查账簿简称备查簿，又称辅助账簿，是对某些在序时账簿和分类账簿等主要账簿中不予以登记或登记不够详细的经济业务事项进行补充登记的账簿，所以备查账簿也叫补充登记簿。备查账簿可以为某项经济业务的内容提供必要的参考资料，加强企业对使用和保管的属于他人的财产物资的监督。例如，租入固定资产登记簿、受托加工材料登记簿、代销商品登记簿等。备查账簿可以由各单位根据需要进行设置，并非一定要设置，并且没有固定格式。

备查账簿与序时账簿和分类账簿相比，存在两点不同之处：一是登记依据可能不需要记账凭证，甚至不需要一般意义上的原始凭证；二是账簿的格式和登记方法不同，备查账簿的主要栏目不记录金额，它更注重用文字来表述某项经济业务的发生情况。

（二）账簿按其外表形式分类

账簿按其外表形式不同可分为订本式账簿、活页式账簿和卡片式账簿三种。

1. 订本式账簿

订本式账簿是启用之前就已将账页装订成册，并对账页进行了连续编号的账簿，简称“订本账”。

订本账的优点是能避免账页散失和防止抽换账页，从而保证账簿记录的安全与完整。订本账的缺点是不能准确为各账户预留账页；不能根据需要增减账页，一本订本账同一时间只能由一名会计人员记账，不利于会计岗位分工协作记账，也不利于计算机打印记账。这种账簿一般适用于总分类账、库存现金日记账、银行存款日记账。

2. 活页式账簿

活页式账簿是在账簿启用前与使用过程中都不把账页装订在一起，而是把零散的账页装在活页账夹中，以便随时添加或抽取账页的一种账簿，简称“活页账”。活页账登记完毕之后（通常是一个会计年度结束之后），才将账页予以装订，加具封面，并给各账页连续编号。

活页式账簿的优点是记账时可以根据实际需要，随时将空白账页装入账簿，或抽去不需用的账页，同一时间可以由若干会计人员分工记账，适用于财产物资明细账，也便于计算机打印记账；其缺点是如果管理不善，可能会造成账页散失或故意抽换账页。各种明细分类账一般采用活页账形式。

3. 卡片式账簿

卡片式账簿是将账户所需格式印刷在硬卡片上，并放在卡片箱中保管账簿，简称“卡片账”。严格来说，卡片账也是一种活页账，只不过它不是装在活页账夹中，而是装在卡片箱内，为了防止因经常抽取造成破损而采用硬卡片形式，可以跨会计年度使用，不需要每年更换新账。卡片式账簿一般多用于记录内容比较复杂的财产明细账，如固定资产的明细核算，也有少数企业在材料核算中使用材料卡片账。卡片式账簿在使用结束并更换新账后，要加以封扎，妥善保管。

（三）账簿按其账页格式分类

账簿按其账页格式的不同，可以分为两栏式、三栏式、多栏式和数量金额式四种。

1. 两栏式账簿

两栏式账簿是指只有借方和贷方两个基本金额栏的账簿。普通日记账和转账日记账一般采用两栏式账簿。这种账簿在会计实务中用得很少，其格式见本章第三节表5-3。

2. 三栏式账簿

三栏式账簿是设有借方、贷方和余额三个基本金额栏的账簿。三栏式账簿的账页格式是最基本的账页格式，其他账页格式都是在此类基础上增减栏目演变而成。在实务工作中，三栏式账簿得到普遍应用，如各种日记账，总分类账以及资本、债权、债务明细账都可采用三栏式账簿，其格式见本章第三节表5-4。

3. 多栏式账簿

多栏式账簿是在账簿的借方和贷方两个基本栏目内按需要再设置多个明细金额栏的账簿，如多栏式日记账、多栏式明细账。但是，其明细金额栏设多少栏，设在借方还是在贷方，或是两方同时设置，均应根据业务需要确定。收入、费用明细账一般采用这种格式的账簿，其格式见本章第三节表5-5。

4. 数量金额式账簿

数量金额式账簿是在其借方、贷方和余额三个栏目内，都分设数量、单价和金额三小栏，借以全面反映财产物资的实物数量和价值量，适用于财产物资明细账。如原材料、库存商品等明细账一般都采用数量金额式账簿，其格式见本章第三节表5-11。

会计账簿的总体分类情况，如表5-2所示。

表5-2　会计账簿分类

- 会计账簿分类
  - 按用途分类
    - 序时账簿
      - 普通日记账
      - 特种日记账
        - 库存现金日记账
        - 银行存款日记账
        - 转账日记账
    - 分类账簿
      - 总分类账
      - 明细分类账
    - 备查账簿
  - 按外表形式分类
    - 订本式账簿
    - 活页式账簿
    - 卡片式账簿
  - 按账页格式分类
    - 两栏式账簿
    - 三栏式账簿
    - 多栏式账簿
    - 数量金额栏式账簿

三、会计账簿的作用

设置和登记账簿，是编制会计报表的基础，是连接会计凭证与会计报表的中间环节，在会计核算中具有重要意义。

（1）通过账簿的设置和登记，可以记载、储存会计信息。将会计凭证所记录的经济业务逐项记入有关账簿，可以全面反映一定时期发生的各项经济活动，及时储存所需要的各项会计信息。

（2）通过账簿的设置和登记，可以分类、汇总会计信息。通过账簿记录，可以将分散在会计凭证上的大量核算资料，按不同性质加以归类、整理和汇总，以便全面、系统、连续和分类地提供企业资产、负债、所有者权益、收入、费用和利润等会计要素的增减变化情况，及时提供各方面所需要的总括会计信息，为管理决策提供依据。

（3）通过账簿的设置和登记，可以检查、校正会计信息。账簿记录是对会计凭证的进一步整理，也是会计分析、会计检查的重要依据。如账簿中记录的财产物资的账面数可以通过实地盘点的方法，与实存数进行核对，来检查财产物资是否妥善保管，账实是否相符。

（4）通过账簿的设置和登记，可以编报、输出会计信息。为了反映特定日期的财务状况及一定时期的经营成果，单位需要定期编制会计报表。而会计账簿是对会计凭证的系统化，提供的是全面、系统、分类的会计信息，账簿所提供的资料，是编制会计报表的主要依据，因而会计账簿是连接会计凭证和会计报表的中间环节。

第二节　会计账簿的启用与记账规则

一、会计账簿的启用

账簿是重要的会计档案。为了确保账簿记录的合规性和完整性，明确记账责任，在启用会计账簿时，应当严格按照《会计基础工作规范实施细则》的规定执行。

（1）在账簿封面上写明单位名称和账簿名称。

（2）账簿扉页上应附“经管人员一览表”，内容包括单位名称、账簿名称、账簿页数、启用日期、会计主管人员和记账人姓名，并加盖名章和单位公章，还应有经管或接管日期、移交日期。其格式见本章第一节表5-1。

（3）账簿第一页，应设置账户目录，内容包括账户名称，并注明各账户页次。

（4）启用订本式账簿，应按顺序编定页数使用，不得跳页、缺号。使用活页式账页，应按实际使用的账页顺序编号，并定期装订成册。

（5）总账按会计制度规定的总分类科目分别设立账户。

（6）明细账开始使用时应填写：

①银行存款日记账中开户银行或户名项应填写其开户行的全称。银行账号项应填写银行账号的全部数字。

②金额三栏式账应填写编号、明细科目和户名项。

③实物类账应填写编号、品名、规格、单位、数量、单价等项。

④固定资产账除按实物类账填写外，还应填写使用年限、存放地点等项。

⑤序时明细账的预留银行印鉴项，所加盖的印章应与预留在银行的印鉴卡片的印章一致。如需更换印鉴时，须在备注栏加盖新的印鉴，并注明启用日期。

（7）粘贴印花税票。印花税票应粘贴在账簿的右上角，并且划线注销，在使用缴款书缴纳印花税时，应在右上角注明“印花税已缴”及缴款金额。

二、会计账簿的记账规则

在登记会计账簿时，应遵循以下一些基本规则：

（一）准确完整

为了保证账簿记录的准确、整洁，应当根据审核无误的会计凭证连续、系统地登记会计账簿，不能错记、漏记、重记。登记会计账簿时，应当将会计凭证日期、编号、业务内容摘要、金额和其他有关资料逐项记入账内，必须使用会计科目、明细科目的全称，不能简化，做到数字准确、摘要清楚、登记及时、字迹工整。每一项会计事项，一方面要记入有关的总账，另一方面要记入该总账所属的明细账。账簿记录中的日期，应该填写记账凭证上的日期；以自制原始凭证（如收料单、领料单等）作为记账依据的，账簿记录中的日期应按有关自制凭证上的日期填列。

（二）注明记账符号

账簿登记完毕后，记账人员要在记账凭证上签名或者盖章，并在记账凭证的“过账”栏内注明账簿页数或划对勾，表示已经记账完毕，避免重记、漏记。

（三）书写规范

账簿中书写应采用标准的简化汉字，不能使用不规范的汉字；金额栏的数字应该采用阿拉伯数字，并且对齐位数，注意“0”不能省略和连写。文字和数字不要写满格，一般紧靠底线书写，占行距的1/2，这样做是为了在发生登记错误时，能够留有余地进行更正，同时也方便查账工作。

（四）正常记账使用蓝黑墨水书写

为了保持账簿记录的持久性，防止涂改，登记账簿必须使用蓝黑墨水或碳素墨水并用钢笔书写，不得使用圆珠笔（银行的复写账簿除外）或者铅笔书写。在会计上，数字的颜色极为重要，它同数字和文字一起传递出会计信息。如同数字和文字错误会表达错误的信息，书写墨水的颜色用错了，其导致的概念混乱也不亚于数字和文字错误。

（五）特殊记账使用红墨水书写

在下列情况下，可以用红色墨水记账：

（1）按照红字冲账的记账凭证，冲销错误记录。

（2）在不设借贷等栏的多栏式账页中，登记减少数。

（3）在三栏式账户的余额栏前，如未印明余额方向的，在余额栏内登记负数余额。

（4）根据国家统一的会计制度规定可以用红字登记的其他会计记录。

会计中的红字表示负数，因而除上述情况外，不得用红色墨水登记账簿。

（六）连续登记

在登记各种账簿时，应按页次顺序连续登记，不得隔页、跳行。如不慎发生隔页、跳行现象，应在空页、空行处用红色墨水划对角线注销，并注明“此页空白”或“此行空白”字样，并由记账人员签名或者签章，不得任意撕毁或抽换账页，以防舞弊行为。

（七）结出余额

凡需要结出余额的账户，结出余额后，应当在“借或贷”栏目内注明“借”或“贷”字样，表明余额的方向；对于没有余额的账户，应在“借或贷”栏内写“平”字，并在“余额”栏用“Q”表示。库存现金日记账和银行存款日记账必须逐日结出余额。一般说来，对于没有余额的账户，在余额栏内标注的“Q”应当放在“元”位。

（八）过次承前

每一账页登记完毕结转下页时，应当结出本页合计数及余额，写在本页最后一行和下页第一行有关栏内，并在摘要栏内注明“过次页”和“承前页”字样，以保持账簿记录的连续性，便于对账和结账。

“过次页”和“承前页”的方法有两种：一是在本页最后一行内结出发生额合计数及余额，然后过次页，在次页第一行承前页；二是只在次页第一行承前页写出发生额合计数及余额，不在上页最后一行结出发生额合计数及余额后过次页。

对需要结计本月发生额的账户，结计“过次页”的本页合计数应当为自本月初起至本页末止的发生额合计数。这样做便于根据“过次页”和合计数，随时了解本月初到本页末止的发生额，也便于月末结账时，加计“本月合计数”。

对需要结计本年累计发生额的账户，结计“过次页”的本页合计数应当为自年初起至本页末止的累计数。这样做，便于根据“过次页”的合计数，随时了解本年初到本页末止的累计发生额，也便于年终结账时，加计“本年累计”数。

对既不需要结计本月发生额也不需要结计本年累计发生额的账户，可以只将每页末的金额结转次页。

三、会计账簿的更换与保管

会计账簿的更换通常在会计年度终了时进行。一般来说，总账、日记账和多数明细账应每年更换一次。但有些财产物资明细账和债权债务明细账由于材料品种、规格和往来单位较多，更换新账，重抄一遍的工作量较大，可不必每年更换。各种备查账簿也可连续使用。

更换账簿时，上年度各种账户余额结转下年，启用新账后，一般要把旧账送交总账会计集中统一管理。被更换下来的旧账是会计档案的重要组成部分，必须科学、妥善地加以保管。会计账簿暂由本单位财务会计部门保管一年，期满之后，由财务会计部门编造清册移交本单位的档案部门保管。

第三节　会计账簿的登记方法

一、序时账的登记方法

如前所述，序时账也称日记账，是按照经济业务发生或完成的时间先后顺序逐笔进行登记的账簿。按其所核算和监督经济业务的范围不同，日记账可分为普通日记账和特种日记账。普通日记账是将企业每天发生的所有经济业务，不论其性质全部按发生时间顺序登记入账；特种日记账则是按经济业务的性质单独设置的账簿，凡是相同性质的经济业务，在同一账簿中登记。特种日记账设置与否，应根据经济业务的特点和单位管理的需要来决定。对于那些发生频繁并且需要经常核算、严格控制的经济业务，应该设置特种日记账。

（一）普通日记账

1. 普通日记账的格式

如果一个单位同时设置普通日记账和特种日记账，普通日记账只序时地登记特种日记账以外的经济业务；如果不设置特种日记账，则要序时登记全部经济业务。普通日记账也称分录簿，一般采用两栏式账页。普通日记账在会计实务中用得很少。

2. 普通日记账的登记方法

普通日记账是由会计人员根据审核无误后的记账凭证序时、逐笔地登记各项经济业务，要登记日期、凭证编号、经济业务内容摘要、借贷方科目和金额。其格式如表5-3所示。

普通日记账登记方法如下：

（1）日期栏。日期栏按经济业务发生的时间进行填列，表明业务发生的年、月、日。

（2）摘要栏。摘要栏简明扼要地写明经济业务的主要内容，文字表述中要有动词，以表明经济业务的类型。例如，从银行提取现金的业务摘要可写为“提现”二字。

（3）会计科目栏。会计科目栏写明经济业务所涉及的科目名称，每一个科目占一行，先写借方科目再写贷方科目，借贷科目要错开一格。

（4）借方金额和贷方金额栏。将各个科目对应的金额分别填入借方和贷方金额栏中。

（5）记账符号栏。记账符号栏登记已经过入总账中该账户的页数，或注明“√”表示已经过账，防止重复登记账簿。

表 5-3 普通日记账

202×年		凭证		摘要	会计科目	借方金额	贷方金额	过账
月	日	字	号					
5	1	转	1	购入材料，价税款未付	在途物资	10 000		
					应交税费	1 300		
					应付账款		11 300	

（二）特种日记账

特种日记账是专门用来登记某一类型经济业务的发生和完成情况的账簿，它是普通日记账的进一步发展。各单位一般应设置特种日记账，常见的特种日记账有库存现金日记账、银行存款日记账两种，有的单位也设置转账日记账。这里只介绍库存现金日记账与银行存款日记账的格式和登记方法。

1. 库存现金日记账的格式和登记方法

库存现金日记账是用来核算和监督库存现金每天的收入、支出和结存情况的账簿。在实务中，库存现金日记账可以设置为既登记现金收入又登记现金支出的“库存现金收付日记账”（简称“库存现金日记账”），也可以分别设置“库存现金收入日记账”和“库存现金支出日记账”。

（1）库存现金日记账的格式

库存现金日记账格式可以设置为三栏式和多栏式两种。无论采用三栏式还是多栏式的库存现金日记账，都必须使用订本账。

三栏式库存现金日记账设借方、贷方和余额三个基本金额栏目，或者设收入、支出和结余三个基本金额栏目。在金额栏与摘要栏之间常常插入“对方科目”，以便记账时标明库存现金收入的来源科目和库存现金支出的用途科目。三栏式库存现金日记账的格式如表5-4所示。多栏式库存现金日记账是在三栏式库存现金日记账的基础上发展起来的，即在日记账的借方（收入）和贷方（支出）金额栏内进一步设对方科目，也就是在收入栏内设应贷科目（反映库存现金的来源），在支出栏内设应借科目（反映库存现金的用途）。多栏式库存现金日记账的格式如表 5-5 所示。

表 5-4　库存现金日记账（三栏式）

202×年		凭证		摘要	对方科目	收入	支出	结余
月	日	字	号					
1	1			上年结余				1 000
	1	银付	1	提现	银行存款	2 000		3 000
	1	现付	1	零星购料	原材料		1 500	1 500
	1	现收	1	职工还款	其他应收款	500		2 000
	1			本日小计		2 500	1 500	

表 5-5　库存现金日记账（多栏式）

年		凭证		摘要	收入				支出				结余
					应贷科目			合计	应借科目			合计	
月	日	字	号		银行存款	主营业务收入	……		其他应收款	管理费用	……		

（2）库存现金日记账的登记方法

库存现金日记账由出纳员根据审核无误后的有关收款凭证和付款凭证，按时间顺序逐日逐笔进行登记，并根据“本日余额=上日余额+本日收入-本日支出”的公式，逐日结出库存现金余额，与库存现金实存数核对，以检查每日库存现金收付是否有误。

三栏式库存现金日记账的具体登记方法如下：

①日期栏：登记记账凭证的日期，应与库存现金实际收付日期一致。

②凭证栏：登记收付款凭证的种类和编号，如“库存现金收款凭证”简写为“现收”，“库存现金付款凭证”简写为“现付”，“银行存款收款凭证”简写为“银收”，“银行存款付款凭证”简写为“银付”，“收款凭证”简写为“收”，“付款凭证”简写为“付”。凭证栏还应登记凭证的编号数，以便于查账和核对。

③摘要栏：要简明扼要地说明登记入账的经济业务内容，做到文字精练，表达清楚。

④对方科目栏：指库存现金收入的来源科目或支出的用途科目。如从银行提取库存现金，其来源科目（即对方科目）为“银行存款”科目。设置“对方科目”栏，作用在于了解经济业务的来龙去脉。

⑤收入、支出栏：指库存现金实际收付的金额。每日终了，应分别计算库存现金收入和付出的合计数，结出余额，同时将余额与库存现金实存数核对，即通常说的“日清”。如账实不符应查明原因，并记录备案。月终要结出库存现金本月发生额和余额，在摘要栏内注明“本月合计”字样，并在下面通栏划单红线，通常称为“月结”。

库存现金收入日记账是按对应的贷方科目设置专栏，另设“支出合计”栏和“余额”栏；库存现金支出日记账则只按支出的对方科目开设专栏，不再设置“收入合计”栏和“结余”栏。“库存现金收入日记账”的格式如表5-6所示，“库存现金支出日记账”的格式如表5-7所示。

表5-6 库存现金收入日记账

第1页

202×年		凭证		摘要	贷方科目			收入合计	支出合计	余额
月	日	字	号		银行存款	其他应收款	其他业务收入			
1	1			上年结余						900
	2	银付	1	提现	800			800		1 700
	6	现收	1	销售零星材料		80		80		1 780
	6	现收	2	职工还款		50		50		1 830

表5-7 库存现金支出日记账

第1页

202×年		付款凭证		摘要	结算凭证		借方科目		
月	日	字	号		种类	号数	其他应付款	管理费用	支出合计
1	3	现付	1	预支差旅费			500		500
	5	现付	2	支付电话费				100	600

借贷方分设的多栏式库存现金日记账的登记方法是：

①先根据有关库存现金收入业务的记账凭证和银行存款付款业务的记账凭证登记库存现金收入日记账，根据有关库存现金支出业务的记账凭证登记库存现金支出日记账。

②每日业务终了，根据库存现金支出日记账结计的支出合计数，一笔转入库存现金收入日记账的“支出合计”栏中，并结出当日余额。

2. 银行存款日记账的格式和登记方法

银行存款日记账是用来序时反映银行存款每日的收入、支出和结余情况的账簿。银行存款日记账应按企业在银行开立的账户和币种分别设置，每个银行账户设置一本日记账。由出纳员根据与银行存款收付业务有关的记账凭证，按时间先后顺序逐日逐笔进行登记，并每日结出存款余额。

（1）银行存款日记账的格式

银行存款日记账的格式与库存现金日记账相同，既可以采用三栏式，也可以采用多栏式。多栏式可以将收入和支出核算进行在一本账上，也可以分设“银行存款收入日记账”和“银行存款支出日记账”，其格式与表5-6、表5-7相似。银行存款日记账（三栏式）的具体格式如表5-8所示。

表 5-8　银行存款日记账

开户银行：建行南宁明秀路支行

账号：20001556

202×年		凭证		摘要	对方科目	收入	支出	余额
月	日	字	号					
1	1			上年结余				100 000
	1	银付	1	提现	库存现金		2 000	98 000
	2	银收	1	销售商品	主营业务收入	50 000		148 000
	2	银付	2	购料	原材料		30 000	118 000

（2）银行存款日记账的登记方法

银行存款日记账的登记方法也与库存现金日记账的登记方法基本相同，也需要做到“日清月结”，并要定期与银行对账单进行核对（核对方法在本书第七章中作介绍）。

二、分类账的登记方法

（一）总分类账的登记方法

1. 总分类账的格式

总分类账简称“总账”，是根据总分类科目开设，用来对经济业务进行总分类核算，提供总括会计信息的账簿。总分类账在会计账簿中的地位十分重要，它可以全面、系统、综合地反映企业所有的经济活动情况，可以为编制会计报表提供所需的资料。因此，每一家企业都应设置总分类账。

总分类账最常用的格式为三栏式，设置借方、贷方和余额三个基本金额栏目，如表 5-9 所示。总分类账必须使用订本账。

2. 总分类账的登记方法

总分类账的登记方法比较灵活，根据不同的账务处理程序，有不同的登记方法。总账既可以根据记账凭证逐笔登记，也可以根据科目汇总表或汇总记账凭证等登记。（详细内容在本书第九章中作介绍）

表 5-9　总分类账

账户名称：银行存款

202×年		凭证		摘要	借方金额	贷方金额	借或贷	余额
月	日	字	号					
1	1			上年结余			借	100 000
	1	银付	1	提现		2 000	借	98 000
	2	银收	1	销售商品	50 000		借	148 000
	2	银付	2	购买原材料		30 000	借	118 000

（二）明细分类账的登记方法

1. 明细分类账的格式

明细分类账是根据明细分类科目开设，用以分类、连续地登记经济业务以提供明细核算资料的账簿。明细分类账是总分类账的明细记录，是根据总分类账的核算内容，按照更加详细的分类，用来反映某一具体类别经济活动情况。它对总分类账起补充说明的作用，除了记录经济业务的金额变化外，往往还要记录实物数量、费用与收入的构成、债权债务结算等内容。因此，明细分类账的账页可以根据企业业务核算和经营管理的需要，设置不同格式。其格式有三栏式、数量金额式、多栏式和横线登记式（或称平行式）等多种。

（1）三栏式明细分类账

三栏式明细分类账是设有借方、贷方和余额三栏，用以分类核算各项经济业务，提供详细核算资料的账簿，其格式与三栏式总账格式相同。三栏式明细账一般记录只有金额而没有实物量的经济业务，如应收账款、应付账款等往来结算账户。三栏式明细分类账的格式如表 5-10 所示。

表 5-10　应收账款明细分类账

会计科目：应收账款

明细科目：A 公司

202×年		凭证		摘要	借方	贷方	借或贷	余额
月	日	字	号					
1	1			上年结余			借	100 000
	4	银收	5	收到前欠货款		100 000	平	0
	15	转	9	销售商品	50 000		借	50 000

（2）数量金额式明细分类账

数量金额式明细分类账的基本结构是在借方（收入）、贷方（发出）和余额（结存）三栏下面都再分别设有数量、单价和金额三个专栏。数量金额式明细账适用于既要进行金额核算又要进行实物数量核算的账户，如原材料、库存商品等账户的明细账。其格式如表 5-11 所示。

表 5-11　原材料明细分类账

类别：钢材　　　　　　计划单价：5 000. 00

品名或规格：钢板　　　储备定额：

存放地点：1 号仓库　　计量单位：吨

202×年		凭证		摘要	收入			发出			结存		
月	日	字	号		数量	单价	金额	数量	单价	金额	数量	单价	金额
1	1			上年结余							10	5 000	50 000
	2	总	5	生产产品领料				6	5 000	30 000	4	5 000	20 000

表5-11(续)

202×年		凭证		摘要	收入			发出			结存		
月	日	字	号		数量	单价	金额	数量	单价	金额	数量	单价	金额
	10	总	50	购料	5	5 000	25 000				9	5 000	45 000

(3) 多栏式明细分类账

多栏式明细分类账是指根据业务特点和经营管理的要求，在一张账页内将属于同一个总账科目的各个明细科目设若干专栏的账簿，即在这种格式账页的借方或贷方金额栏内按照明细项目设若干专栏用在同一账页上集中反映各有关明细账目的详细资料。多栏式明细分类账一般适用于成本、费用、收入、利润类账户的明细核算。各种多栏式明细分类账所记录的经济业务内容不同，所需要核算的指标也不同，因此栏目的设置也不尽相同。

在实际工作中，成本费用类科目的明细账，可以只按借方发生额设置专栏，贷方发生额由于每月发生的笔数很少，可以在借方直接用红字冲销。这类明细账也可以在借方设专栏的情况下，贷方设一总的金额栏，再设一余额栏。这两种多栏式明细账的格式如表 5-12、表 5-13 所示。

表 5-12 管理费用明细分类账

202×年		凭证		摘要	借方							
月	日	字	号		工资及福利费	办公费	差旅费	折旧费	修理费	工会经费	……	合计
1	3	总	10	支付电话费		100						100
	5	总	40	会议室维修					1 000			1 000
	5	总	41	报销差旅费			800					800
	31	总	105	期末结转损益	10 000*	1 200	800	1 200	1 000	400		14 600

*注：□内数字表示红字。

表 5-13 管理费用明细分类账

202×年		凭证		摘要	借方								贷方	余额
月	日	字	号		工资及福利费	办公费	差旅费	折旧费	修理费	工会经费	……	合计		
1	3	总	10	支付电话费		100						100		
	5	总	40	会议室维修					1 000			1 000		
	31	总	105	期末结转损益									14 600	0

（4）平行式明细分类账

平行式明细分类账又称横线登记式明细分类账，是将每一相关的业务登记在同一行，从而可依据每一行各个栏目的登记是否齐全来判断该项业务的进展情况。它不是逐日登记，而是将有密切联系的相关经济业务登记在同一行。这种明细账实际上也是一种多栏式明细账，适用于登记在途物资、应收票据、其他应收款等明细账，其格式如表 5-14 所示。

表 5-14　在途物资明细账

材料名称：钢板　　　　规格：　　　　计量单位：吨　　　　第 1 页

202×年		凭证		发票编号	采购数量	借方金额			202×年		凭证		收料单		贷方
月	日	字	号			发票价格	采购费用	合计	月	日	字	号	编号	数量	
1	5	总	25	001254	10	48 000	2 000	50 000	1	10	总	50	0052	10	50 000
1	8	总	41	005241	5	25 000	1 000	26 000							

2. 明细分类账的登记方法

一般要根据会计主体业务量的多少、业务性质及管理要求选择不同的登记方法，明细分类账的登记通常有三种方法：一是根据原始凭证直接登记；二是根据汇总原始凭证登记；三是根据记账凭证登记。

不同类型经济业务的明细分类账，可根据管理需要，依据记账凭证、原始凭证或汇总原始凭证逐日逐笔或定期汇总登记。固定资产、债权、债务等明细账应逐日逐笔登记；库存商品、原材料、产成品收发明细账以及收入、费用明细账可以逐笔登记，也可定期汇总登记。

（三）总分类账与明细分类账的平行登记

1. 总分类账与明细分类账平行登记的含义

总分类账是所属明细分类账的统驭账户，是对有关明细分类账户资料的综合，对所属明细分类账起着控制作用；而明细分类账则是某个总分类账的从属账户，是对总分类账户资料的具体化，对其所隶属的总分类账户起着辅助补充作用。总分类账户与其所属的明细分类账户所反映的会计事项是相同的，登账时所依据的是同一会计凭证，分别以总括指标和详细指标的形式反映同一项内容，为了确保核算内容的正确、完整，总分类账户和明细分类账户必须采用平行登记的方法。

平行登记是指特定单位经济业务发生时，会计人员根据有关会计凭证，既要登记有关总分类账，同时又要登记该总分类账所属的各有关明细账的一种登记方法。

2. 总分类账与明细分类账平行登记的要点

（1）内容相同

凡是在总分类账户下设有明细分类账户的，对于发生的经济业务事项，要依据相同的会计凭证，一方面要在有关的总分类账户中登记，另一方面又要在该总分类账户所属明细分类账户中登记。

（2）会计期间相同

对于发生的每一项经济业务，都应根据审核无误的会计凭证，既登记某一总分类账户，又登记其所属明细分类账户。在记入总分类账户和明细分类账户的过程中，可以有先有后，但必须在同一会计期间全部登记入账。即一项经济业务发生后，必须在总分类账户进行总括登记的同一会计期间，在其所属明细分类账户进行明细分类登记。

（3）借贷方向相同

对于发生的每一项经济业务，记入某一总分类账户和其所属明细分类账户的方向必须相同。如果总分类账户登记在借方，那么所属的明细分类账户也应该登记在借方；相反，如果总分类账户登记在贷方，那么其所属明细分类账户也应该登记在贷方。

（4）金额相等

总分类账户提供总括信息，明细分类账户提供总分类账户所记录内容的具体指标，所以对于发生的每一项经济业务，记入总分类账户的金额必须等于所属明细分类账户的金额之和。因而，总分类账户本期发生额与其所属明细分类账户本期发生额合计相等；总分类账户期初余额与其所属明细分类账户期初余额合计相等；总分类账户期末余额与其所属明细分类账户期末余额合计相等。

三、辅助账的登记方法

《中华人民共和国会计法》不仅规定各单位必须依法设账，还对设置会计账簿的种类作出了规定："会计账簿包括总账、明细账、日记账和其他辅助性账簿。"其中，其他辅助账簿也称备查簿，是为备忘备查而设置的。在会计实务中主要包括各种租借设备、物资的辅助登记或有关应收、应付款项的备查簿，担保、抵押备查簿等。各单位可根据自身管理的需要，设置其他辅助账。

设置备查账时，一般应该注意以下事项：

（1）备查账应根据国家统一会计法规制度的规定和企业管理的需要设置，并不是每个企业都要设置备查账簿，而应根据管理的需要来决定。但是对于会计法规制度规定必须设置备查簿的科目，如"应收票据""应付票据"等，必须按照会计法规制度的规定设置备查账簿。

（2）备查账的格式由企业自行确定。备查账没有固定的格式，与其他账簿之间也不存在严密的勾稽关系，其格式可由企业根据内部管理的需要自行确定。

（3）备查账的外表形式一般采用活页式账簿。与明细账一样，为保证账簿的安全、完整，使用时应顺序编号并定期装订成册，注意妥善保管，以防账页丢失。

下面以"应收/应付票据备查簿"为例来说明备查账的登记方法。

企业设置"应收票据备查簿"时，应该逐笔登记每一张应收票据的种类、号数、出票日期、票面金额、交易合同号、付款人、承兑人、背书人的姓名或单位名称、到期日期和利率、贴现日期、贴现率和贴现净额、收款日期和收回金额等资料，应收票据到期结清票款后，应在备查簿内逐笔注销。

企业设置"应付票据备查簿"时，应该详细登记每一张应付票据的种类、号数、签发日期、到期日、票面金额、合同交易号、收款人姓名或单位名称、付款日期和金额等详细资料。应付票据到期付清时，应在备查簿内逐笔注销。

第四节　对账

一、对账的作用

对账就是核对账目，是指对账簿、账户记录所进行的核对工作，一般是在会计期间（月份、季度、年度）终了时，检查和核对账证、账账、账实、账表是否相符，以确保账簿记录的正确性。

对账是日常会计工作的一个必要环节，因为在填制凭证、登记账簿等一系列会计工作的过程中，由于客观或主观的原因，难免会发生账簿记录差错，出现账账、账实不符等情况。因而，为了保证账簿记录的完整性与正确性，如实反映企业经济活动的真实情况，在结账前，要通过对账，将有关账簿记录进行核对。对账的目的是要达到账证相符、账账相符、账实相符，为编制会计报表提供真实可靠的数据资料，对账工作每年至少进行一次。

二、对账的内容

（一）账证核对

账证核对是指核对会计账簿记录与原始凭证、记账凭证的时间、凭证字号、内容、金额是否一致，记账方向是否相符。为了保证账证相符，必须将账簿记录同有关会计凭证相核对。一般来说，日记账应与收、付款凭证相核对，总账应与记账凭证相核对，明细账应与记账凭证或原始凭证相核对，通常这些核对工作是在日常制证和记账工作中进行的。核对时，可以根据需要，采用逐笔核对或抽查核对的方法。但无论采用何种方法，其目的都是确保账证相符。如果发现差错，则应查明原因，并按照规定的方法予以更正。（更正账簿记录错误的方法，将在本章第六节中予以介绍）

（二）账账核对

账账核对是指核对不同会计账簿之间的账簿记录是否相符。为了保证账账相符，必须将各种账簿之间的有关数据进行核对。具体核对的内容包括四个部分。

1. 总分类账簿有关账户的余额核对

资产类账户的余额应等于权益类账户的余额，或总账账户的借方期末余额合计数应与贷方期末余额合计数核对相符。具体核对方法是：通过编制总分类账户发生额及余额对照表（试算平衡表），检查总分类账户的记录是否正确。根据试算平衡原理，各个总分类账户的期初（期末）借、贷双方余额和本期借、贷双方发生额相符，则说明达到"账账相符"；如果不平衡，则说明总账记录有差错，应进一步查明原因，更正账簿记录。

2. 总分类账簿与所属明细分类账簿核对

总账账户的期末余额应与所属明细分类账户期末余额之和核对相符。具体核对方法是：通过编制明细分类账本期发生额明细表进行核对。由于总账与所属明细账的记录是按照平行登记的要求进行的，各明细分类账的期初（期末）余额、本期借方发生额之和、本期贷方发生额之和应当与相关的总分类账的期初（期末）余额、本期借方发生额、本期贷方发生额相等；如果不等，则应查明原因，并予以更正。

3. 总分类账簿与序时账簿核对

如前所述，序时账簿包括特种日记账和普通日记账。而我国企事业单位必须设置的特种日记账是库存现金日记账和银行存款日记账。这两类业务同时还必须设置总分类账。库存现金日记账和银行存款日记账期末余额应分别同有关总分类账户的期末余额核对相符。这种核对，有助于检查总账记录中重记或漏记的差错。

4. 会计账与业务账之间的核对

有些资产的增减变化，除了会计部门在各种财产物资明细分类账中进行记录外，有关财产物资保管或使用部门也要设置账卡进行记录，因此要求会计部门与业务部门定期进行核对。例如，原材料、库存商品等财产物资明细账就应与仓库账目进行核对。

（三）账实核对

账实核对是指各项财产物资、债权债务等账面余额与其实有数额之间的核对。为了保证账实相符，应将各种账簿记录与有关财产物资的实有数相核对。具体核对内容包括：

1. 库存现金日记账账面余额与库存现金实有数核对

由出纳员将库存现金日记账账面余额与库存现金实际库存金额进行逐日核对，检查是否相符。单位会计主管每月也要进行抽查。

2. 银行存款日记账账面余额与银行对账单的余额核对

由出纳员将银行存款日记账的账面余额与开户银行送来的对账单余额进行定期核对，通过逐笔核对双方记录，将未达账项编制银行存款余额调节表，以便检查银行存款日记账记录是否有误。

3. 各项财产物资明细账账面余额与财产物资的实有数额核对

各项财产物资明细账账面余额与财产物资的实有数定期核对相符。

4. 有关债权债务明细账账面余额与对方单位的账面记录核对

各种应收、应付、应交款项明细账的期末余额应与债务、债权单位的账目核对相符；与上下级单位、财政和税务部门的拨缴款项也应定期核对无误，并督促有关责任人积极处理。

造成账实不符的原因是多方面的，如在收发财产物资时，由于计量或检验不准确，造成品种、数量或质量上的差错；由于管理不善或责任者的过失，造成财产物资毁损、短缺；由于财产物资保管中发生自然损耗或遭受自然灾害造成财产物资损失；由于不法分子贪污盗窃、营私舞弊而发生财产物资损失等。因此，需要通过定期的财产清查来弥补漏洞，保证会计信息真实可靠，提高企业管理水平。

第五节 结账

结账是在期末把一定时期内发生的全部经济业务登记入账的基础上，计算并记录本期发生额和期末余额的过程。结账的内容通常包括两个方面：一是结清各种损益类账户，并据以计算确定本期利润；二是结清各资产、负债和所有者权益账户，分别结出本期发生额合计和余额。

一、结账的程序

（1）将本期发生的经济业务事项全部登记入账，若发现漏账、错账，应及时补记、更正，并保证其正确性。

（2）根据权责发生制的要求，调整有关账项，合理确定本期应计的收入和应计的费用。

①应计收入和应计费用的调整。

应计收入是指已在本期实现，因未收款而未登记入账的收入。企业发生的应计收入，主要是本期发生且符合权责发生制的收入确认标准，但尚未收到相应款项的商品或劳务。对于这类调整事项，应确认为本期收入。

应计费用是指已在本期发生，因未付款而未登记入账的费用。企业发生的应计费用，主要是本期已受益，根据权责发生制符合费用确认标准的事项，如应付而未付的借款利息等。由于这些费用已经发生，应当在本期确认为费用。

②收入分摊和成本分摊的调整。

收入分摊是指企业已经收取有关款项，但未完成或未全部完成商品销售或劳务提供，需要在期末按本期已完成的比例，分摊确认本期已实现收入的金额，并调整以前预收款项时形成的负债。

成本分摊是指企业的支出已经发生，但能使企业在以后若干个会计期间受益，为了能正确计算各个会计期间的损益，应将这些支出在其受益期间进行分配。

（3）将损益类科目转入“本年利润”科目，结平所有损益类科目。

（4）结算出资产、负债和所有者权益科目的本期发生额和余额，并结转至下期。

二、结账的方法

结账分为月结、季结和年结，主要采用划线结账法。月度结账时，月末计算所登记的各种账簿的本期发生额和期末余额，在摘要注明“本期发生额和期末余额”，并在该行上下端各划一条通栏单红线，表示本月账簿记录结束；有的账簿还要按季度结算，称为季结，应在本季最后一个月的结账数字的红线下一行，把本季度三个月的借方、贷方月结数进行汇总，并在摘要栏内注明“本季发生额合计及季末余额”，同样在本行下端划一条单红线；年度结账时，应将四个季度的借、贷双方季结数加以汇总，并在摘要栏注明“本年发生额及年末余额”，并在本行下端划通栏双红线，表示本年度账簿记录结束。年度结账后，各账户的年末余额应结转至下年的新账簿。

（一）明细账的结账方法

明细账的结账按不同情况分三种类型：

1. 对本月无发生额或只有一笔发生额的明细账

对本月无发生额的明细账，无须按月结计本期发生额。该账户最后一笔余额为以前的月末余额。在其最后一笔经济业务事项记录之下已有通栏单红线，本月无发生额，不需要再结计余额。

本月只有一笔发生额时，可在其余额栏同时结计余额，并在其最后一笔经济业务事项记录下划通栏单红线，也无须再另行结计本月发生额及余额。

这种类型主要适用于债权债务往来结算类明细账和各财产物资明细账。

2. 对本月发生额较多的明细账

库存现金日记账，银行存款日记账和收入、费用等明细账每月都有较多的发生额，每月结账时，要在本月最后一笔经济业务记录下面划一条通栏单红线，在本月最后一笔经济业务记录的下一行摘要栏内注明“本月合计”字样，结出本月发生额和余额，在“本月合计”这行的下面再划一条通栏单红线，这样就表示月结完毕。

3. 对全年累计数的结计

需要结计本年累计发生额的某些明细账户，每月结账时，应在“本月合计”行下结出自年初起至本月末止的累计发生额，登记在月份发生额下面，在摘要栏内注明“本年累计”字样，并在下面通栏划单红线。12 月末的“本年累计”就是全年累计发生额，全年累计发生额下通栏划双红线，如一些收入、费用类账户。

（二）总账的结账方法

总账账户平时只需结出月末余额。年终结账时，将所有总账账户结出全年发生额和年末余额，在摘要栏内注明“本年合计”字样，并在合计数下通栏划双红线。

年度终了结账时，有余额的账户，要将其余额结转下年，并在摘要栏注明“结转下年”字样；在下一会计年度新建有关会计账户的第一行余额栏内填写上年结转的余额，并在摘要栏注明“上年结余”字样，即将有余额的账户的余额直接记入新账余额栏内，不需要编制记账凭证，也不必将余额再记入本年账户的借方或贷方，使本年有余额的账户的余额变为零。因为既然年末是有余额的账户，其余额应当如实在账户中加以反映，否则容易混淆有余额的账户和没有余额的账户之间的关系。格式如表 5-15 所示。

表 5-15　应收账款

202×年		凭证		摘要	借方	贷方	借或贷	余额
月	日	字	号					
1	1			上年结余			借	30 000
12	31			本月合计	26 000	16 000	借	40 000
	31			本季累计	98 000	88 000		
	31			本年累计	225 000	215 000		
				结转下年				

第六节 错账更正

一、查找错账的方法

在记账过程中，可能会发生错误，即出现错账，如漏记、重记、账户记错、借贷方向记反、记错金额等，从而影响账簿记录的准确性，应及时运用合理的方法找出错账，并予以更正。一般情况下，如果发生了错账，应采取以下措施查找：

（1）先计算出差错的数额。

（2）综合各种有关情况，确定可能出现差错的范围。

（3）确定查找的线索，采用适当的方法予以查错。

主要查错方法有四种：顺查法、逆查法、抽查法、偶合法。

（一）顺查法

顺查法是指沿着“填制凭证—登记账簿”的顺账务处理程序，从头到尾进行普遍检查。其具体做法为：

（1）将记账凭证与原始凭证核对，检查有无凭证填制错误；

（2）将记账凭证及所附原始凭证与账簿记录逐笔核对，检查有无记账错误。

这种检查方法，可以发现重记、漏记、错记科目、错记金额等。这种方法的优点是查的范围大，不易遗漏；缺点是工作量大，需要的时间比较长。所以在实际工作中，一般是在采用其他方法查找不到错误的情况下才采用这种方法。

（二）逆查法

逆查法是指沿着“登记账簿—填制凭证”的逆账务处理程序，从尾到头进行普遍检查。其具体做法为：

（1）将记账凭证及所附原始凭证与账簿记录逐笔核对，检查有无记账错误。

（2）将记账凭证与所附的原始凭证核对，检查有无凭证填制错误。

这种方法的优缺点与顺查法相同。不同的是可根据实际工作的需要，对某种原因导致后期产生错误的可能性较大时可采用逆查法查错。

（三）抽查法

抽查法是指在初步掌握情况的基础上，有重点地抽取账簿记录中某些部分进行局部检查的方法。当出现差错时，可根据具体情况分段、重点查找，将一部分账簿记录同有关的记账凭证或原始凭证进行核对；还可以根据差错发生的位数有针对性地查找。例如，差数是元位数时，只找元、角、分位数，其他数字则不必逐一检查。采用这种检查方法的目的是缩小查找范围，比较省力、省时。

（四）偶合法

偶合法是根据账簿记录错误中最常见的规律，推测错账的类型以及与错账有关的记录进行查账的方法。常用的方法有以下四种：

1. 差数法

差数法是按照错账的差数查找错账的方法。例如，在记账过程中，只登记了会计分录的借方或贷方，漏记了另一方，从而导致试算平衡中借方合计与贷方合计不等。其表现形式是：借方金额遗漏，会使金额在贷方超出；贷方金额遗漏，则会使金额在借方超出。对于这样的差错，可由会计人员通过回忆和与相关金额的记账核对来查找。

2. 尾数法

对于发生角、分位数的差错可以只查找小数部分，以提高查错的效率。如只差0.06元，只需看一下尾数有“0.06”的金额，看是否已将其登记入账。

3. 除2法

除2法是指以差数除以2来查找错账的方法。当账证、账账或账实不符，且差数为偶数时，应首先检查记账方向是否发生错误。在记账时，有时由于疏忽，错将借方金额登记到贷方或将贷方金额登记到了借方，必然会出现一方合计数增多，而另一方合计数减少的情况，其差额恰是记错方向数字的一倍，且差数是偶数。对于这种错误的检查，可用差错数除以2，得出的商数就是账中记账方向的反方向数字，然后再到账目中去寻找差错的数字，这样就有了一定的目标。

4. 除9法

除9法是指以差数除以9来查找错数的方法。它适用于以下两种情况：

（1）数字错位。在查找错误时，如果差错的数额较大，就应该检查一下是否在记账时发生了数字错位。在登记账目时，有时会把位数看错，如把十位数看成百位数，百位数看成了千位数，把小数看大了；也可能把百位数看成十位数，千位数看成百位数，把大数看小了。这种情况下，差错数额一般比较大，可以用除9法进行检查。如将70.00元看成了700.00元并登记入账，此时在对账时就会出现余额差700－70＝630（元），用630元除以9，商为70元，70元是应该记录的正确的数额。又如收入现金800元，误记为80元，对账结果会出现800－80＝720（元）差值，用720元除以9，商数80即为要找的差错数。

（2）相邻数字颠倒错误的查找。在记账时，有时易将相邻的两位数或三位数的数字登记颠倒了，查找的方法是：将差数除以9，得出的商数连续加11，直到找出颠倒的数字为止。如将86记成68，它们的差值是18，被9整除得2，连加11后可能的结果为：13、24、35、46、57、68、79、80、91。当发现账簿记录中出现上述数字（本例为68）时，则有可能就是颠倒的数字。

二、错账更正方法

账簿记录应保持整齐清洁。因此，记账时应力求正确和清楚，避免差错。如果账簿记录发生错误，必须按照规定的方法予以更正。不准涂改、挖补、刮擦或者用药水消除字迹，不准重新抄，应采用正确的方法予以更正。错账更正方法通常有划线更正法、红字更正法和补充登记法等几种。

（一）划线更正法

划线更正法又称红线更正法。在结账前发现账簿记录有文字或数字错误，而记账凭证没有错误，可以采用划线更正法。更正时，可在错误的文字或数字上划一条红线，在红线的上方用蓝黑墨水填写正确的文字或数字，并由记账及相关人员在更正处盖章，以明确责任。对于错误的数字，不得只划销其中的错误数字，应将全部数字划红线，并保持原有数字清晰可辨。对于文字错误，可只划去错误的部分。

【例 5-1】某账簿记录中，将 3 684.00 元误记为 6 384.00 元，而记账凭证没有错误。

更正方法为：不能只划去其中的“36”，改为“63”；而是应当把“3 684.00”全部用红线划去，并在其上方写上“6 384.00”。

（二）红字更正法

红字更正法是指用红字冲销原有错误记录后再予以更正或调整账簿记录的一种方法。它适用于两种情况。

1. 全部红字更正法

记账后，在当年内发现记账凭证所记的应借、应贷会计科目错误，可以采用红字更正法。

更正方法是：记账凭证的会计科目错误时，用红字填写一张与原记账凭证完全相同的记账凭证并据以记账，以注销原错误记录，然后用蓝字填写一张正确的记账凭证，并据以记账。

【例 5-2】邕桂公司签发现金支票购买行政管理用办公用品 3 000 元。在填制记账凭证时，误作贷记“库存现金”科目，并已据以登记入账。会计分录如下：

借：管理费用　　3 000

　贷：库存现金　　3 000

该公司更正时，应当用红字填制一张与原错误记账凭证内容完全相同的记账凭证并据以记账，以冲销原错误记录。（以下会计分录中，□内数字表示红字）

借：管理费用　　[3 000]

　贷：库存现金　　[3 000]

然后，用蓝字填制一张正确的记账凭证并据以记账。会计分录如下：

借：管理费用　　3 000

　贷：银行存款　　3 000

2. 部分红字更正法

记账凭证的会计科目无误而所记金额大于应记金额，从而引起记账错误，可以采用红字更正法。

更正方法是：记账凭证的会计科目无误而所记金额大于应记金额时，按多记的金额用红字编制一张与原记账凭证应借、应贷科目完全相同的记账凭证，以冲销多记的金额，并据以记账。

【例 5-3】承例 5-2，记账凭证科目选用正确，但金额误记为 30 000 元，误作下列记账凭证，并已登记入账。

借：管理费用　　30 000

　贷：银行存款　　30 000

发现错误后，应将多记的金额用红字作与上述科目相同会计分录并据以记账。会计分录如下：

借：管理费用 27 000

　贷：银行存款 27 000

（三）补充登记法

补充登记法又称补充更正法，是在记账后发现记账凭证填写的会计科目无误，只是所记金额小于应记金额时，所采用的一种更正方法。

具体更正方法是：按少记的金额用蓝字编制一张与原记账凭证应借、应贷科目完全相同的记账凭证，以补充少记的金额，并据以记账。

【例 5-4】承例 5-2，记账凭证金额误记为 300，误作下列记账凭证，并已登记入账。

借：管理费用 300

　贷：银行存款 300

发现错误后，应将少记的金额用蓝字编制一张与原记账凭证应借、应贷科目完全相同的记账凭证，并登记入账：

借：管理费用 2 700

　贷：银行存款 2 700

思考题：

1. 什么是会计账簿？会计账簿一般包括哪些基本内容？
2. 会计账簿如何分类？
3. 设置和登记账簿有何作用？
4. 会计账簿记账规则的主要内容有哪些？
5. 什么叫特种日记账？特种日记账的一般格式和登记方法是什么？
6. 总分类账和明细分类账在格式上一般有何区别？为什么？
7. 总分类账和明细分类账为什么要采用平行登记的方法？二者平行登记的要点是什么？
8. 什么叫对账？对账包括哪些内容？
9. 什么叫结账？结账包括哪些程序？
10. 更正错账的方法有哪些？它们各自的适用范围是什么？

第六章 成本计算

■**学习要求**

通过本章的学习，要求读者掌握采购成本、产品生产成本和发出存货成本的一般计算方法；理解成本和费用的区别。

■**案例**

成本与定价

某企业生产一种产品，预计单位制造成本为100元，那么正常情况下该企业出售该产品的单价会低于100元吗？假设行业平均成本利润率为12%，每出售一件产品发生的税费是8元，那么该产品的合理定价是多少？

第一节 成本计算概述

成本计算是按照一定对象归集和分配生产经营过程中发生的各种费用，以便确定各个对象的总成本和单位成本的一种专门方法。成本计算实质上就是通过采用科学的程序，把生产经营过程中发生的费用进行归集，并分配给特定的对象，由特定对象负担所耗费用的过程。成本计算是会计核算的一种专门方法。

制造企业的生产经营过程分为供、产、销三个阶段，企业在每一个阶段都会发生各种耗费。因此，在供、产、销三个阶段都存在成本计算的问题，即供应阶段计算材料采购成本；生产阶段计算产品生产成本；销售阶段计算产品销售成本。其中，企业生产阶段的耗费最为多样和复杂，这导致生产成本的计算比其他阶段的成本计算要复杂得多。因此，很多时候基础会计的成本计算通常是指产品生产成本的计算。

一、成本计算的意义

企业是以盈利为主要目的的经济组织。它通过投入各种经济资源（如机器设备、原材料、劳动力等），从事生产经营活动，生产、销售市场所需要的产品或劳务，目的是获得利润，实现企业资本的保值与增值。通常企业要先有经济资源的耗费才能获得经营成果。在会计核算中，我们把企业在生产经营过程中发生的经济资源的耗费称为费用。费用是企业为销售商品、提供劳务等日常活动所发生的经济利益的流出。而成本是指按一定对象归集的费用，是对象化了的费用。例如，以某种产品或材料为对象所归集的费用，即为该产品或材料的生产成本。成本与费用是两个并行使用的概念，两者既有联系又有区别。费用与一定的会计期间相联系，反映一定时期的资产耗费，是根据权责发生制、配比原则等要求来确认的；成本则与一定种类和数量的产品相联系，是根据受益性原则和重要性要求计算出来的。就生产企业而言，生产费用的发生过程，同时就是产品成本的形成过程。费用是形成成本的基础，成本是对象化了的费用。

成本计算是会计核算的专门方法之一，其意义主要表现在以下方面：

1. 成本计算是企业盈亏计算的基础

企业经营的目标是谋求更多的利润，利润是企业收入扣除成本、费用后的余额。企业在确认各期经营成果时，需要用本期取得的收入减去本期所发生的耗费以确定本期的经营成果。可见，如果成本计算不真实，将直接影响企业损益计算的正确性。因此，成本计算是企业盈亏计算的重要环节，它与收入核算一起，构成企业盈亏计算的基础。

2. 成本计算是企业耗费补偿的依据

为了维持企业的再生产，需要对生产过程中所消耗的材料、机器设备等价值进行补偿，那么补偿的标准是什么？是一次性地全部予以补偿还是分期逐次地进行补偿？补偿的金额是多少？这些都需要通过成本计算来予以确定。因此，正确计量生产中所发生的耗费，有助于确定生产经营耗费的补偿，保证企业生产循环和经营的持续进行。

3. 成本计算是企业制定商品价格的基础

商品的价格直接影响到商品的销售和企业盈利的多少，而商品价格的高低又由商品的成本所决定。在日趋激烈的市场竞争中，企业必须制定合理的商品价格，全面提高商品在价格上的竞争能力，以确保产品销售得以顺利实现。正确计算产品成本，能为企业合理地制定商品价格提供依据和基础。

4. 成本计算是衡量企业管理水平的综合性指标

企业各方面工作的成果，如各项资产的耗费水平，设备的利用情况，人、财、物的组织是否合理，供、产、销是否均衡等，最终都会反映在产品的成本上。因此，通过对成本资料的考核分析，可以发现企业管理上存在的问题，为提高各项管理工作的效率指明方向。

二、成本计算的基本原则

成本计算原则就是对不同经营阶段、不同计算对象的各种成本进行计算时应当遵循的共同规律。在不同的企业，或同一企业的不同经营阶段，会产生不同的经济活动，发生不同的费用支出，形成不同对象的成本。不同的成本计算对象在成本计算方法上必然会存在着一定的差异，如材料采购成本的计算方法与产品生产成本的计算方法就有许多的不同之处。不同计算对象的成本在内容、构成和计算方法等方面虽然不尽相同，但它们都是企业在经营过程中发生的资源消耗，都应依据权责发生制、划分收益性支出与资本性支出的要求和费用的受益性原则等，将所发生的各项耗费按照一定的方法归集、分配到受益对象上去。不同对象的成本计算其原则是相同的。

成本计算的基本原则可以概括为三点。

1. 直接受益直接分配原则

经营活动的目的与达到该目的所要发生的耗费有着直接的联系，企业在某一经营活动中支付费用，目的是在这种经营活动中获得合理的经营成果。也就是说，某一经营活动的成果就是该经营活动中所支付费用的受益对象。例如，为生产某一产品而耗用的原材料费用，其受益对象就是所生产的该种产品。当能够直接确定某种费用是为某项经营活动而发生时，我们称这种费用为该成本计算对象的直接费用。直接费用应当在发生时直接计入各受益对象的成本中，直接由各受益对象来承担。

2. 共同受益间接分配原则

企业在日常经营活动中，各种经营活动常常是交叉进行的，因此，有的费用是为了若干个受益对象而共同发生的，这些费用则应当由相关的若干个受益对象来共同承担，会计上把这种由若干受益计算对象共同承担的费用称为共同性费用。共同性费用通常是采用客观性较强的标准将其在各受益对象之间合理分配。首先确定需要分配的共同性费用总额和费用分配标准，其次再按一定的方法将需要分配的共同性费用在受益对象之间进行合理分配。

3. 重要性原则

企业发生的共同性费用中，会有一些共同性费用一方面与受益对象的受益关系并不十分明显，另一方面费用的金额较小，如将这些共同性费用按受益性原则分配计入各受益对象的成本，一是不易选择客观的分配标准，二是这些费用计入或不计入受益对象成本，对受益对象的成本影响不大。因此，在成本核算中，只把那些与受益对象的受益关系较为明显，易于选择分配标准且费用金额较大，能对受益对象的成本升降产生影响的共同性费用，计入受益对象的成本；把那些与受益对象的受益关系不十分明显，费用金额不大，不易确定客观的分配标准，对受益对象的成本升降影响不大的共同性费用，不计入受益对象的成本，而是一次性计入当期损益。

三、成本计算的基本要求

为了正确、及时计算成本，获得各成本计算对象的真实资料，在进行成本计算过程中，相关会计人员应当遵循以下基本要求：

（一）严格执行企业会计准则中成本开支范围的规定

成本开支范围是指哪些耗费允许列入成本，哪些耗费不允许列入成本的规定。

成本是企业为生产产品、提供劳务而发生的各种经济资源的耗费。企业的生产经营过程同时也是企业各项资产的耗费过程。企业生产产品，需要耗费材料，磨损设备，以现金或银行存款支付职工工资等。这些资产的耗费，从企业内部来看仅仅是一种资产（材料、现金等）转变为另一种资产（产成品），是资产形态的转换。这种在企业内部之间的资产形态转换，不会导致经济利益流出企业，也不会导致企业所有者权益的减少，因此这些耗费不是企业的费用，而是企业为取得另一项资产付出的成本。

（二）正确划分各种成本耗费的界限

在进行成本计算时，必须先分清以下各种费用之间的界限，以保证成本计算的真实、准确。

1. 正确划分资本性支出与收益性支出的界限

资本性支出是指该项支出所带来的效益能延及几个会计年度的支出。资本性支出应计入相关资产的成本，并随着资产的消耗，合理分摊相关费用。如企业购建固定资产的支出，应计入固定资产的成本，并在固定资产的使用期间内分摊其成本。收益性支出是指凡支出的效益仅与本会计年度相关的支出。收益性支出形成企业当期费用，应从当期收入中进行补偿。收益性支出应计入当期损益，在损益表中反映；资本性支出，应列作企业资产，在资产负债表中反映。正确划分资本性支出与收益性支出，才能保证企业资产价值的正确计量，保证企业产品成本、期间费用和各期损益计算的准确性。

2. 正确划分存货成本与期间费用的界限

存货成本是指企业在购买材料、生产产品或提供劳务过程中发生的，应由该材料、产品或劳务负担的各项耗费，这些成本的发生与所采购的材料或产品的生产具有直接的联系。

期间费用是指企业当期发生的必须从当期收入中得到补偿的各种耗费。如为组织整个企业经营活动而发生的管理费用、为筹集资金而发生的财务费用等。这些费用的发生只与特定的经营时期相联系，难以科学、合理地计入产品或劳务的成本。因此，期间费用不计入产品或劳务成本，而应当直接计入当期损益，并从当期收入中得到补偿。

划分存货成本和期间费用的界限，可使成本计算更具规范性和操作性，避免通过期间费用的增减，人为调整产品成本，确保产品成本真实、可比。

3. 正确划分各会计期间的成本界限

某项耗费是否应当计入本月的产品成本以及应当计入多少，取决于该项成本是否应由本月负担以及本月受益量的多少。企业应当根据权责发生制和受益性原则的要求进行判断，凡是属于本期产品受益的耗费，不论款项是否在本期支付，都应当计入本期产品的成本；凡是不属当期产品受益的耗费，即使款项已在本期支付，也不能计入本期产品的成本。对于本月和以后各月共同受益的耗费，则应当按受益期间或受益量的多少进行合理分摊，分别计入各期产品的成本。例如，企业支付了设备未来两年的财产保险费，虽然成本已在本期支付，但成本的受益期是未来两年，因此，企业应把本期支付的保险费作为长期待摊费用，在未来两年内平均分摊。

4. 正确划分各种不同产品之间的成本界限

企业在生产过程中发生的各种成本费用，必须分清应由哪一种产品来负担。划分的依据是受益性原则，即谁受益谁负担。企业在生产多种产品时，凡是为生产某种产品单独发生的费用，应当直接计入该产品的成本；凡是为生产几种产品共同发生的费用，则应选择合理的分配标准，按谁受益谁负担的原则，对共同性费用进行分配，分别计入各受益产品的成本。只有这样，才能保证各种产品成本的真实性。

5. 正确划分完工产品与在产品的成本界限

会计期末在归集出某种产品应负担的全部生产成本后，如果该种产品已全部完工，所归集的费用应全部计入该完工产品的成本；如果该种产品全部没有完工，所归集的费用应全部计入该在产品的成本；如果该种产品是一部分完工一部分尚未完工，则应将所归集的全部生产成本按一定的分配标准，在完工产品与在产品之间进行分配，分别计算出完工产品应负担的成本和在产品应负担的成本，并将本期未完工的在产品转入下期继续加工。企业期初在产品成本即为上月末转入的未完工的在产品成本。月初在产品成本、本月生产成本、本月完工产品成本、月末在产品成本四者之间的关系如下：

月初在产品成本+本月生产成本＝本月完工产品成本+月末在产品成本

（三）做好成本核算的各项基础工作

成本核算的基础工作，是正确、及时进行成本计算的根本保证，为确保成本计算的正确性与及时性，提高会计信息的有用性，必须做好以下各项基础工作：

（1）完善定额管理，为编制成本计划，控制、考核成本耗费提供依据。

（2）建立健全材料物资的计量、收发、领退、盘点制度。

（3）完善各项原始记录。

（4）制定企业内部结算价格，分析、考核企业内部各单位的成本计划执行情况。

（5）及时修订、完善各项成本管理制度。

（四）选择适当的成本计算方法

进行成本计算应结合本企业的实际情况，选择适合本企业特点的成本计算方法。成本计算方法的选择，应同时考虑企业的生产类型、特点和企业对成本管理的要求，生产类型的差异和对成本管理的不同要求，构成了不同的成本计算方法。在同一企业中，可以根据需要采用某一种成本计算方法或同时采用多种成本计算方法，但是成本计算方法一经选定，不得随意变更。

四、成本计算的基本程序

成本计算程序是指从生产费用的归集开始，到算出完工产品成本的顺序和步骤。每个企业的生产特点和成本管理要求不同，需要采用不同的成本计算方法，因此会计上形成了各种不同的成本计算方法。但不论哪种成本计算方法，它们在成本计算程序上是基本相同的，概括说来，成本计算的基本程序包括以下四个方面：

（一）确定成本计算对象

成本计算对象是成本的归属对象和承担者，也是各项耗费的受益者。确定成本计算对象，是归集费用的依据和成本计算的前提。例如，为采购某材料发生的耗费，应当由该材料来承担，应选择所采购的材料作为成本计算对象；企业为生产某种产品而发生的材料、人工、机物料损耗等费用，应当由该产品来承担，应选择所生产的产品作为成本计算对象。成本计算对象的确定，生产经营中发生的各项耗费就有了具体的归属和承担者，企业就可以根据成本计算对象开设成本计算单，归集、分配各种生产耗费，计算各成本对象的总成本和单位成本。

（二）确定成本计算期

成本计算期是指成本计算的间隔期，即多长时间计算一次成本。从理论上说，产品生产完工之时，才是产品成本完全形成之日。因此，应当在产品生产完工之时以产品的生产周期作为成本计算期。但在实际工作中，有许多企业并不是按照产品的生产周期来计算产品成本的。例如，不断大量重复生产同类产品的企业，生产的投入（生产开始）与产出（生产完成）在时间上是不断交叉的，并没有严格的工作完成时间，企业出于分期考核经营成果的要求，往往是选择会计报告期（按月）作为成本计算期。所以，成本计算期的确定，取决于企业的生产经营特点和成本管理要求。企业可按实际需要，选择生产周期或会计报告期作为成本计算期。一般情况下，大批量重复生产的企业，一般以会计报告期作为成本计算期，按月计算产品成本；小批量单件生产的企业，则应以产品的生产周期作为成本计算期，在产品生产完工时计算产品成本。

（三）确定成本项目

成本项目是对产品成本构成内容按用途所作的分类。成本计算，不仅是为了对生产耗费进行补偿，更重要的是为了企业挖掘降低成本的潜力、提高经济效益提供依据。确定成本项目就是对生产费用按经济用途进行的分类核算。例如，产品的成本项目一般包括直接材料、直接人工和制造费用等。借助于成本项目，可以清楚地了解费用成本的构成与用途，加强成本的控制与管理。通过对成本项目的分析，可以查找成本升降的原因，挖掘降低成本的潜力，寻求节约支出、提高经济效益的途径。

（四）正确归集和分配各种费用，计算完工产品成本

生产过程中发生的各种耗费，必须按照成本计算对象和成本项目在各种产品之间进行归集和分配。在会计实务中，成本计算一般是按照成本计算对象及其成本项目，通过编制成本计算表来完成的。在成本计算期内，如果所生产的产品全部完工，则所归集的生产费用全部由完工产品负担；如果期末存在在产品，则应将所归集的生产费用先在完工产品与在产品之间进行分配，再计算完工产品的生产成本。

第二节　企业生产经营过程中的成本计算

制造业企业的经营过程一般包括供应、生产和销售三个阶段。不同的经营阶段要计算不同对象的成本，即供应过程计算存货采购成本，生产过程计算产品生产成本，销售过程计算产品销售成本（主营业务成本）等。本节中我们将简要地介绍材料采购成本、产品生产成本和产品销售成本的基本计算方法，由于成本计算的具体内容比较复杂，成本计算的详细内容将在成本会计课程中进行专门介绍。

一、材料采购成本的计算

计算材料采购成本，一般是按材料的品种或类别设置成本计算对象，并在“在途物资”或“材料采购”账户下按材料的品种或类别分别设置明细账，用以归集、分配应计入材料采购成本的各种费用，月末根据各成本对象账户所归集的费用，编制材料采购成本计算表，计算确定各种材料的总成本和单位成本。

（一）材料采购成本的构成

材料的采购成本，一般由买价和采购费用两个成本项目构成。

买价是指企业购进材料发票上所列明的材料价格，但不包括按规定可以抵扣的增值税进项税额。

采购费用是指购进材料过程中发生的运输费、装卸费、保险费及运输途中的合理损耗、入库前的挑选整理费用、购进材料应负担的进口关税和其他税费等。

（二）材料采购成本的计算方法

根据成本计算的基本原理，在材料采购过程中发生的各种费用，能够直接分清受益对象的直接费用，应当直接计入采购对象的成本。如材料的买价，一般属于直接费用，应当直接计入材料的采购成本。其他采购费用中，凡是能直接分清受益对象的，也应直接计入相应材料的采购成本。对于在采购过程中发生的不能直接分清受益对象的各种共同性费用，如几种材料共同发生的运费，则应先选择一定标准将所发生的共同性费用在各相关材料中进行合理分摊，然后再分别计入各材料的采购成本。分配费用的标准可按所购材料的重量、买价、体积等比例进行。计算公式如下：

分配率=共同费用总额÷分配标准总额

某种材料应分担的费用=该材料的分配标准×分配率

对于在材料采购过程中发生的某些费用，如供应部门或材料仓库发生的经常性费用、采购人员的差旅费、采购机构经费以及市内小额的运杂费等，这些费用一般不易分清具体的受益对象或费用金额较小，对材料采购成本的影响不大，按重要性原则，通常不计入材料的采购成本，而是作为期间费用处理，直接列入企业的管理费用。

现以邕桂公司采购材料为例，说明材料采购成本的计算。

【例 6-1】邕桂公司向 A 钢铁厂购入乙材料 400 千克，单价为 39 元/千克，增值税进项税额为 2 028 元，丙材料 200 千克，单价为 20 元/千克，增值税进项税额为 520 元。此外，由 A 钢铁厂代垫运杂费 600 元（假设不考虑增值税）。以上款项已用银行存款支付，材料已验收入库。

要求：

（1）若运杂费按重量分摊，计算其采购成本；

（2）若运杂费按买价分摊，计算其采购成本。

计算邕桂公司所购入材料成本：

（1）若运杂费按重量分摊：

分配率=600÷(400+200)=1

乙材料应承担的运杂费=400×1=400（元）

丙材料应承担的运杂费=200×1=200（元）

乙材料的采购成本=15 600+400=16 000（元）

丙材料的采购成本=4 000+200=4 200（元）

（2）若运杂费按买价分摊：

分配率= 600÷(15 600+4 000)=0.030 6

乙材料应承担的运杂费=15 600×0.030 6=477.36（元）

丙材料应承担的运杂费=600-477.36=122.64（元）

乙材料的采购成本=15 600+477.36=16 077.36（元）

丙材料的采购成本＝4 000+122.64＝4 122.64（元）

二、产品生产成本的计算

（一）产品生产成本的构成

生产成本是企业为生产一定种类和数量的产品而发生的各种费用的总和，将这些费用归集、分配到具体的产品中，就构成了各种产品的生产成本。产品成本按经济用途进行分类称为成本项目，归集、分配各种产品的生产费用，通常是按成本项目进行的。生产企业的成本项目一般包括以下三项：

1. 直接材料

它是指企业在生产产品和提供劳务的过程中所消耗的，直接用于产品生产，并构成产品实体的原料、主要材料、外购半成品、包装物以及有助于产品形成的辅助材料等。

2. 直接人工

它是指企业在生产产品和提供劳务的过程中，直接参加产品生产的生产工人工资以及其他各种形式的职工薪酬。

3. 制造费用

它是指企业为生产产品、提供劳务而发生的，不能直接归入直接材料和直接人工的各项间接费用，包括虽直接用于产品生产，但不便于直接计入产品成本，没有专设成本项目的费用（如生产设备的折旧费、生产产品耗用的水电费等），以及各生产车间为组织、管理生产而发生的属管理性质的费用（如车间管理人员的工资费用、车间照明用电的费用、办公费、劳动保护费等）。

（二）产品生产成本的计算方法

1. 产品成本计算的一般程序

产品成本计算是一项系统性很强的工作，需要按照一定的程序和步骤来进行。由于每个企业的生产特点和成本管理要求不同，产品成本核算的具体步骤不尽一致，但其基本核算程序是相同的，一般包括以下四个步骤：

（1）对生产费用进行审核，确定所开支的费用能否计入产品成本，并在此基础上，将生产费用区分为产品成本和期间费用。

（2）将应当计入产品成本的各项成本费用，区分为应当计入本月产品的成本和应当由以后月份产品负担的成本。

（3）将应该计入本月产品成本的各种费用，在各种产品之间按成本项目进行归集和分配，计算出各种产品的成本。

（4）对于既有完工产品又有在产品的产品，应采用一定的方法将所归集的生产费用总和，在完工产品和在产品之间进行合理分配，计算出该种完工产品的成本。

2. 产品生产成本的计算方法

成本计算通常是以生产部门所生产的各种产品作为成本计算对象，并按各对象的成本项目分别归集、分配各项生产费用。在归集和分配各项要素费用时，应遵循以下原则：对于能够直接确定成本计算对象，并设有专门成本项目的费用（如生产产品直接耗用的直接材料、直接人工），应直接计入各产品的成本；对于不能直接确定成本计算对象的各项间接费用或没有专门设立成本项目的直接费用（如生产车间的管理费用、辅助生产发生的费用等），则应根据受益性原则采用适当的方法进行分配后再计入各受益产品的成本。即直接费用直接计入，间接费用分配计入。

产品生产成本的计算方法多种多样，在会计实务中，有品种法、分批法和分步法等。对于各种专门成本计算方法的原理和应用，将在成本会计课程中进行详细介绍。在本课程中我们只对产品生产成本计算的基本方法进行介绍。

现以品种法为例，说明产品生产成本的基本计算方法。

【例 6-2】邕桂公司 202×年 6 月份生产 A、B 产品的有关成本资料如下：

（1）期初在产品成本资料如表 6-1 所示。

表 6-1　期初在产品成本资料　　　　单位：元

产品名称	直接材料	直接人工	制造费用	合计
A 产品	3 700	20 000	1 500	25 200
B 产品	2 000	15 000	900	17 900
合计	5 700	35 000	2 400	43 100

（2）本月发生的各项生产费用耗费情况如下：

①材料耗用情况：A 产品领用原材料 65 000 元，B 产品领用原材料 18 000 元，生产车间一般耗用原材料 5 000 元。

②发生工资薪酬：A 产品生产工人工资薪酬 150 000 元，B 产品生产工人工资薪酬 120 000 元，车间管理人员工资薪酬 10 000 元。

③本月生产车间共同耗费外购动力费用 6 000 元，计提生产设备、车间厂房折旧费 4 000 元。此外，本月生产车间发生办公费 2 000 元。

（3）期末产量资料：

本月生产 A 产品 80 件，期末全部生产完工；生产 B 产品 60 件，其中本月完工产品 50 件，月末在产品 10 件。

B 在产品成本采用定额成本标准进行计算。B 在产品各成本项目的单位定额成本分别为直接材料 150 元、直接人工 1 000 元、制造费用 110 元。

要求：

根据资料归集、分配本月发生的制造费用，计算 A 、B 两种产品的完工成本（假定制造费用按生产工人工资的比例分配）。

根据上述资料进行产品成本计算：

（1）制造费用总额 = 5 000+10 000+6 000+4 000+2 000 = 27 000（元）

（2）分配制造费用

$$分配率=\frac{27\ 000}{150\ 000+120\ 000}=0.1$$

A 产品应负担的制造费用 = 150 000×0. 1 = 15 000（元）

B 产品应负担的制造费用 = 120 000×0. 1 = 12 000（元）

（3）计算应当计入产品成本的各项成本费用：

应当计入 A 产品的成本 = 25 200+65 000+150 000+15 000 = 255 200（元）

应当计入 B 产品的成本 = 17 900+18 000+120 000+12 000 = 167 900（元）

（4）计算未完工产品成本：

B 产品尚有 10 件未完工，因此应将本期归集的生产费用合计数167 900元，按一定的方法在完工产品和在产品之间进行分配。按本例所给的条件，B 在产品采用定额成本进行计算，其计算方法和结果如下：

期末 B 在产品成本：

直接材料 = 150×10 = 1 500（元）

直接人工 = 1 000×10 = 10 000（元）

制造费用 = 110×10 = 1 100（元）

B 在产品成本合计：12 600（元）

完工 B 产品的生产成本计算公式为

完工产品生产成本 = 月初在产品成本+本月发生的生产费用−月末在产品成本

完工 B 产品的生产成本 = 167 900−12 600 = 155 300（元）

其中，完工 B 产品直接材料费用 = 2 000+18 000−1 500 = 18 500（元）

完工 B 产品直接人工费用 = 15 000+120 000−10 000 = 125 000（元）

完工 B 产品制造费用 = 900+12 000−1 100 = 11 800（元）

（5）计算 A、B 产品的完工总成本和单位成本，如表 6-2 所示。

表 6-2　产品生产成本计算表

编表单位：邕桂公司　　　　编表日期：202×年 6 月　　　　单位：元

成本项目	A 产品（80 件）		B 产品（50 件）	
	总成本	单位成本	总成本	单位成本
直接材料	68 700	858. 75	18 500	370
直接工资	170 000	2 125	125 000	2 500
制造费用	16 500	206. 25	11 800	236
合计	255 200	3 190	155 300	3 106

三、产品销售成本的计算

（一）产品销售成本的计算要求

产品的销售成本是指已经销售的产品的生产成本。企业销售产品，必然会引起企业库存产成品的减少。因此，企业应当把因销售而减少的库存产成品的价值（即产品的销售成本）从“库存商品”账户结转到“主营业务成本”账户。产品销售成本的计算，实质就是企业发出存货成本的计算。

企业在计算产品销售成本时，应坚持配比原则，将本期实现的销售收入与本期发生的费用相配比，不得提前或延迟结转产品销售成本，不得多转或少转产品销售成本。另外，企业应结合本企业的生产经营特点和管理要求，选择正确的成本计算方法，一经确定，不得随意变更。

（二）产品销售成本的计算方法

企业销售产品的过程，也是企业发出存货的过程。通常，企业应当在存货发出时，按发出存货的数量和存货的实际单位成本来计算发出存货的成本，但是由于企业取得存货的时间、批量或地点不同，同一种存货的单位成本必然会有所不同。企业在销售产品时，必然会涉及采用何种单价计算发出存货成本的问题。对于不便随时计算发出存货成本的企业，可以在每月终了采用一定的方法计算当期发出存货的成本。发出存货成本的计算，通常采用的方法有先进先出法、一次加权平均法、移动平均法和个别计价法等。

（1）先进先出法是以先取得的存货先发出为假设前提，按照货物取得的先后顺序，确定发出存货和期末存货成本的方法。企业发出存货时，按照存货中先购进的那批存货进行计价。

（2）一次加权平均法又称全月一次加权平均法或月末加权平均法，是指以月初结存存货和本月收入存货的数量为权数，于月末一次计算存货的加权平均单价，并据以计算发出存货成本的一种方法。其计算公式如下；

$$\text{加权平均单价}=\frac{\text{期初结存存货实际成本}+\text{本期收入存货实际成本}}{\text{期初结存存货数量}+\text{本期收入存货数量}}$$

$$\text{本月发出存货实际成本}=\text{本月发出存货数量}\times\text{加权平均单价}$$

$$\text{月末结存存货实际成本}=\text{月末结存存货数量}\times\text{加权平均单价}$$

或者：月末结存存货实际成本＝期初结存存货成本＋本期收入存货成本－本期发出存货成本

（3）移动平均法又称移动加权平均法，是指在每次购进存货后，都要根据库存存货的数量和成本，重新计算新的存货平均单价，并作为发出存货的计价标准，计算发出存货成本的方法。这种方法与全月一次加权平均法的计算原理基本相同，只是要求在每次（批）购进存货后，重新计算结存存货的平均单价。

（4）个别计价法也称个别认定法，是指每次发出存货的实际成本均按该存货入库时的实际成本分别计价的方法。这种方法是将存货的实物流转与成本流转统一起来，按其购入时所确定的单位成本计算发出和结存存货的实际成本。

下面以一次加权平均法为例，举例说明产品销售成本的计算方法。

【例 6-3】邕桂公司 202×年 6 月共计销售甲产品 500 件。甲产品的期初库存余额为 200 件，单位成本为 88 元；本月生产完工入库 600 件，单位成本为 92 元。假定企业采用一次加权平均法计算产品的销售成本，则本月销售甲产品的成本计算如下：

（1）计算本月甲产品的加权平均单价：

甲产品的加权平均单价＝(200×88+600×92)÷(200+600)＝91（元/件）

（2）计算本月甲产品的销售成本：

甲产品销售成本＝500×91＝45 500（元）

企业计算确认当期产品销售成本后，应对已销产品的成本进行结转，即将已销的产品成本从“库存商品”账户转入“主营业务成本”账户，并编制相应的会计分录：

借：主营业务成本——甲产品　　45 500

　贷：库存商品——甲产品　　45 500

思考题：

1. 简述成本与费用的区别。
2. 简述成本与利润的关系。

第七章 财产清查

■学习要求

通过本章的学习，要求读者了解财产清查的概念、作用，理解财产清查的分类及财产物资的盘存制度，掌握对货币资金、实物资产、往来款项的清查方法，学会编制银行存款余额调节表，掌握财产清查结果的处理程序和账务处理方法。

■案例

存货缺失的处理

邕桂公司年底进行财产清查时，发现实存的原材料与账面不符。仓库中实际存放的原材料 A 为 4 950 千克，单价为 10 元/千克；而账面上记载的原材料 A 为 5 000 千克，单价为 10 元/千克。经调查发现，该盘亏的原材料是自然合理损耗产生的。请问：企业应该如何对盘亏的原材料进行账务处理呢？

第一节 财产清查概述

一、财产清查的概念及作用

（一）财产清查的概念

财产清查是指通过对企业各项财产物资、货币资金和往来款项进行实地盘点与核对，查明其实有数额，并确定实存数与账存数是否相符的一种专门的会计核算方法。

在实际生产经营过程中，常常会出现账实不符的现象，产生这种现象的原因是多方面的，具体来说主要有以下六点：

（1）财产物资发生物理或化学变化造成数量或质量上的自然损耗，或发生不可抗力（如自然灾害、气候突变）使物资在保管过程中造成损失；

（2）会计人员在收发财产物资时计量、检验出现差错，造成多收或少收、多付或少付现象；

（3）手续不健全或制度不完善导致凭证、账簿登记不全，出现错账、漏账、重复记账等错误；

（4）由于保管不善或人员失职，造成物资在保管过程中损坏、变质或价值下降等；

（5）不法分子贪污、舞弊、盗窃等非法行为导致财产物资损失；

（6）企业和银行在结算过程中收付款项时间差异，形成未达账项，造成账实不符。

企业发生经济业务后，要填制相应的会计凭证，并以会计凭证为依据登记会计账簿，最后根据会计账簿编制财务会计报告。因此，只有保证会计凭证和会计账簿的正确性与完整性，才能保证财务会计报告的客观真实。这就要求在会计核算中经常对会计凭证和账簿记录进行核查，保证账证相符、账账相符。同时，为了保护企业财产物资的安全，提供真实可靠的财务信息，必须定期或不定期地对财产物资、货币资金、债权债务进行盘点与核对，查明账实是否相符，在账证、账账、账实都相符的基础上编制财务报表。

（二）财产清查的作用

财产清查是一种专门的会计核算方法，也是发挥会计监督职能的一个重要手段。财产清查的主要作用有：

（1）确保会计核算资料的真实性和可靠性。通过财产清查，可以确定各项财产物资的实有数额，将实有数额与账面数额进行对比，确定是否相符，若存在差异，查明差异原因，及时调整账簿记录，最终使账实相符，为编制财务报表作好准备。

（2）建立健全财产物资管理制度，保证财产物资安全完整。通过财产清查，发现企业经营管理中存在的漏洞和问题，以便改善经营管理，确保企业财产物资的安全，健全相关制度。

（3）提高财产物资的使用效能，加速资金周转。通过财产清查，掌握各项财产物资的盘盈、盘亏情况，可以查明各项财产物资的储备、使用、经营情况，进而及时调节余缺，充分发挥企业财产物资的使用效能，加速资金周转，提高企业的经营业绩。

（4）保证财经纪律和责任制度的贯彻执行。通过财产清查，可以掌握各项往来业务的收支结算进行得是否及时，可以查明各项财产物资的储备情况以及各种责任制度的建立、执行情况，促使财产物资保管人员加强责任感，企业也能及时结清债权债务，维护自身的商业信誉。

二、财产清查前的准备工作

财产清查是一项复杂细致的工作，由于涉及面广、工作量大，必须在进行财产清查前制订好相关计划，有组织、有步骤地做好各方面的准备工作。

（一）组织准备

为保证财产清查工作的质量，企业应在进行财产清查时成立专门的财产清查领导小组，负责财产清查的具体实施工作。财产清查领导小组成员包括单位职能部门主管人员、财务人员、技术人员、实物保管人员等。该领导小组的主要任务是：根据财产物资管理制度和相关部门要求，制订财产清查计划，确定清查的范围和对象，安排清查工作进度，配备清查人员并明确各工作人员的职责；对在清查过程中出现的问题要及时研究解决，保证清查工作顺利开展；清查工作结束后要形成财产清查书面工作报告，提出清查结果处理意见。

（二）业务准备

为了使财产清查工作顺利进行，各相关部门应积极主动配合，做好以下准备工作：

（1）会计部门。会计人员应在财产清查前将有关账簿登记齐全，结出余额，并认真核对总账和明细账，做到账簿记录正确、完整，对银行存款和往来款项，应及时取得核对凭证，为财产清查提供可靠依据。

（2）财产物资保管部门。该部门相关人员应在财产清查前将待清查的财产物资整理好，排列整齐，挂上标签，详细标明其编号、名称、规格、数量，以便盘点时查对。

（3）业务部门和其他有关部门。清查人员在清查地点准备好必要的计量器和有关清查记录表单，以备清查盘点之用。其他有关人员也应根据实际情况，在业务上作好相关准备。

三、财产清查的种类

财产清查可以按照清查的对象和范围、清查的时间、清查的执行单位、清查的内容进行分类。

（一）按财产清查的对象和范围进行分类

财产清查按其对象和范围可划分为全面清查和局部清查。

1. 全面清查

全面清查是指对一个企业的所有实物资产、货币资金、债权债务进行的全面盘点与核对。全面清查具有清查范围广，清查内容多，工作量大，需要投入较多人力、物力，耗时较长的特点。通常在下述情况下，需要进行全面清查：

（1）年终决算编制年度会计报表之前，为了确保会计资料的真实性与准确性而进行清查；

（2）单位撤销、合并、分立或改变隶属关系时，需要进行全面清查以明确经济责任；

（3）单位主要负责人调离工作岗位前，需要进行全面清查；

（4）开展资产评估、清产核资时，需要进行全面清查；

（5）企业发生重大体制变更或改制，需要进行全面清查。

2. 局部清查

局部清查是指根据有关规定或管理需要，只对企业的部分财产物资、货币资金、债权债务进行盘点和核对。由于全面清查工作量大，而局部清查范围小、针对性强、耗时短，相对全面清查来说具有一定的优势。局部清查一般在平时进行，企业主要针对那些流动性较大的财产，如货币资金、原材料、库存商品及贵重物品进行清查盘点。一般来说，需要进行局部清查的情况主要有以下四种：

（1）对于库存现金，每日业务终了应由出纳人员进行清点核对，以保证现金实存数与库存现金日记账结存数相符；

（2）对于银行存款，应由出纳人员至少每月将银行存款日记账与银行对账单核对一次；

（3）对于各种存货，应有计划、有重点地抽查，尤其对贵重物品，每月应清查盘点一次；

（4）对各种债权债务，每年至少与对方核对一次。

（二）按财产清查的时间进行分类

财产清查按时间划分，可分为定期清查和不定期清查。

1. 定期清查

定期清查是指根据事先计划或管理制度规定好的时间对财产物资进行的清查。通常定期清查都在年末、季末或月末结账时进行。例如，月末终了要对银行存款日记账进行核对。定期清查可以是局部清查，也可以是全面清查。

2. 不定期清查

不定期清查又称临时清查，是指事先不规定清查时间，而是根据实际情况的要求随时组织进行的临时性检查。与定期清查一样，不定期清查可以是局部清查，也可以是全面清查。通常在下述情况下，需要进行不定期清查：

（1）企业在更换财产物资保管人员、现金保管人员（出纳）时，应对相应的财产进行清查，以分清经济责任；

（2）由于自然灾害或不可抗力使财产物资发生意外损失时，应对受损的财产物资进行清查，以查明损失情况；

（3）上级机关、审计部门、财税部门要求对企业进行临时性检查时，应配合进行清查工作；

（4）企业发生撤销、合并、重组、清算等改变隶属关系业务时，应对本单位的各项财产物资进行清查。

（三）按财产清查的执行单位进行分类

财产清查按执行单位分类，可以分为内部清查和外部清查。

1. 内部清查

内部清查是指全部由本企业内部职工组成清查小组来完成财产清查工作，这种自行组织的清查也称为“自查”，大多数的企业财产清查属于内部清查。

2. 外部清查

外部清查是指由企业以外的有关部门，如上级主管部门、审计部门、司法机关，或有关人员根据国家相关规定对企业实体进行财产清查。

（四）按财产清查的内容进行分类

财产清查按其内容分类，主要有货币资金清查、实物资产清查以及往来款项清查。

1. 货币资金清查

货币资金清查主要是对企业库存现金、银行存款和其他货币资金的清查。

2. 实物资产清查

实物资产清查主要是指对企业各种具有实物形态的资产进行清查，包括固定资产、原材料、库存商品等。

3. 往来款项清查

往来款项清查主要是指对企业的债权债务，如对应收账款、其他应收款、应付账款、其他应付款等进行查询核对。

第二节 财产清查的方法

一、财产物资的盘存制度

财产物资的盘存制度又叫作财产物资数量的盘存方法。它不仅是财产物资的一种管理制度，更是确定财产物资账面结存数量的一种方法。按照确定财产物资账面结存数的依据不同，可将财产物资的盘存制度分为永续盘存制和实地盘存制。

（一）永续盘存制

永续盘存制又称为账面盘存制，是指通过设置存货明细账，并根据会计凭证对各项存货的增加数和减少数进行连续记录，从而可随时结算出各类存货的账面结存数额。其计算公式如下：

账面期末余额=账面期初余额+本期增加额-本期减少额

采用永续盘存制，可以加强对财产物资的管理，从明细账中随时掌握每种财产物资的收入、发出及结存情况，从数量和金额上进行双重控制。在实际工作中，该制度被广泛应用。永续盘存制的缺点是在财产物资品种复杂、繁多的企业，登记明细账的工作量较大。由于存在各种原因，采用永续盘存制仍会有账面结存数和实存数不符的可能，为了保证账实相符，还需要对财产物资进行定期或不定期的实地盘点。

（二）实地盘存制

实地盘存制又称以存计耗制或以存计销制，是指对收入或增加的存货逐笔登记在账簿中，而对销售的或减少的存货不作记录，平时不结出账面结存数，月末根据实地盘点的实存数作为账面结存数，然后再倒推出实物资产的减少数，并据以登记入账。其计算公式如下：

本期减少数=期初账面余额+本期增加数-期末实地盘存数

在实地盘存制下，日常核算工作得以简化，但无法随时反映存货的发出及结存情况，可能会将一些非正常的损耗、差错或短缺等全部挤入财产物资的发出成本之中，这既不利于财产的管理，又影响成本计算的准确性。因此，这种方法一般适用于价值低、品种杂、进出频繁的财产物资。

二、财产清查的具体方法

财产物资种类较多，为了更好地完成财产清查工作，查明财产物资的账实是否相符，达到财产清查目的，我们需要针对不同的清查对象采取不同的清查方法。

（一）货币资金的清查

货币资金的清查主要包括对库存现金的清查、银行存款的清查以及对其他货币资金的清查。下面主要介绍库存现金和银行存款的清查方法。

1. 库存现金的清查

库存现金的清查主要以实地盘点法为基本方法，即通过清点库存现金金额来确定现金实存数，然后与库存现金日记账的账面余额进行核对，以查明账实是否相符。库存现金的清查具体可以分为以下两种情况：

（1）在日常工作中，由现金出纳员每日进行库存现金的清点，将现金实有数与库存现金日记账的余额进行核对。这种日常的自查是现金出纳员的分内职责。

（2）在清查工作中，由专门人员对库存现金进行清查，清查人员必须认真审核收付款凭证，并应特别注意企业是否存在以“白条”或“借据”抵库的现象，即不能以未经审批核准的借条或收据抵充库存现金。在财产清查过程中，为了明确经济责任，出纳人员必须在场。

库存现金盘点结束后，应根据盘点结果填制“库存现金盘点报告表”，及时将实存金额与账存金额核对。“库存现金盘点报告表”填制完毕，应由盘点人员和出纳员共同签章方能生效。该表具有“盘存单”和“实存账存对比表”的双重作用，是反映现金实有数额和调整账簿记录的重要原始凭证。“库存现金盘点报告表”的格式如表 7-1 所示。

表 7-1　库存现金盘点报告表

单位名称：　　　　　　　　　　　　年　月　日

实存金额	账存金额	实存与账存对比		备注
		盘盈	盘亏	

盘点人签章：　　　　　　　　　　　　　　出纳员签章：

2. 银行存款的清查

银行存款的清查主要是将本单位的银行存款日记账与开户银行提供的“对账单”相核对，即采用核对账目的方法来进行。核对前，首先把清查日止所有银行存款的收、付业务都登记入账，对发生的错账、漏账及时查清更正，其次再与银行的“对账单”逐笔核对。如果发现两者余额相符，一般说明无错误。若两者余额不符，需要进一步进行核查：若属于企业的记账差错，经确认后应立即更正；若属于银行的错误，应告知银行由其更正。当双方的记账错误都已更正后，企业的银行日记账余额与银行对账单余额仍不符，一般是由未达账项造成的。

所谓未达账项，是指企业与银行之间由于取得结算凭证的时间存在差异，导致记账时间不一致，即一方已经接到有关结算凭证并已登记入账，另一方由于尚未接到有关结算凭证尚未入账的款项。总体来说，未达账项一般有两大类型：一是企业已经入账而银行尚未入账的款项；二是银行已经入账而企业尚未入账的款项。具体有以下四类情况：

（1）企业已收款入账，而银行尚未收款入账的款项，如企业收到外单位的转账支票，但尚未到银行办理收款；

（2）企业已付款入账，而银行尚未付款入账的款项，如企业开出转账支票，但银行尚未收到持票人的转账要求；

（3）银行已收款入账，而企业尚未收款入账的款项，如托收款项等；

（4）银行已付款入账，而企业尚未付款入账的款项，如银行代企业支付的相关费用等。

上述任何一种未达账项的存在，都会使企业银行存款日记账余额与银行开出的“对账单”不一致。当发生（1）和（4）两种情况时，企业的银行存款日记账余额会大于银行对账单的余额；当发生（2）和（3）两种情况时，企业的银行存款日记账余额会小于银行对账单的余额。所以，企业在与银行对账时，应首先检查是否存在未达账项，如果存在未达账项，应编制“银行存款余额调节表”，对有关的账项进行调整。

银行存款余额调节表，是在企业银行存款日记账余额和银行对账单余额的基础上，分别加减未达账项，得出调节后余额。若通过调节后得出的企业银行存款日记账余额与银行对账单余额相符，说明企业和银行双方记账过程基本正确。下面举例说明银行存款余额调节表的具体编制方法。

【例 7-1】邕桂公司 202×年 9 月 30 日银行存款日记账余额为 731 000 元，而银行对账单余额为 724 000 元，经过逐笔核对，发现有下列未达账项：

（1）9 月 29 日，邕桂公司销售产品收到 170 000 元的转账支票一张，已送存银行。企业已登记银行存款增加，但因跨行结算，银行尚未记账。

（2）9 月 30 日，邕桂公司开出转账支票 44 000 元购买原材料，企业已登记银行存款减少，但收款人尚未到银行办理转账，银行未入账。

（3）9 月 30 日，银行代收某厂家前欠本公司货款 156 000 元，银行已经登记增加，但企业尚未收到银行收款通知，因而尚未入账。

（4）9 月 30 日，银行代公司支付本月水电费 37 000 元，银行已登记减少，而公司尚未收到付款通知，公司尚未入账。

根据以上资料，编制“银行存款余额调节表”，调整双方余额。具体如表 7-2 所示。

表 7-2　银行存款余额调节表

202×年 9 月 30 日　　　　单位：元

项目	金额	项目	金额
银行存款日记账余额 加：银行已收，企业未收款 减：银行已付，企业未付款	731 000 156 000 37 000	银行对账单余额 加：企业已收，银行未收款 减：企业已付，银行未付款	724 000 170 000 44 000
调整后的存款余额	850 000	调整后的存款余额	850 000

从表 7-2 中可以看出，表中左右两方调节后的金额相等，说明该公司的银行存款日记账记账过程基本正确，但这并不是绝对的，如果双方差错正好相等，相互抵消为零，也会得到相等数额。银行存款余额调节表还说明公司的银行存款实有数既不是 731 000 元，也不是 724 000 元，而是 850 000 元。需要注意的是，该调节表只起到对账的作用，不能作为调节账面余额的原始凭证，待收到经济业务有关原始凭证，企业或银行才能进行相关的账务处理。

（二）实物财产的清查方法

实物财产的清查是指对各种具有实物形态的财产，如原材料、库存商品、周转材料、固定资产等在数量和质量上进行的清查。不同的实物资产，由于其实物形态、体积、重量、堆放方式等不同，应根据实际情况采用实地盘点法或技术推算法来进行清查。

1. 实地盘点法

实地盘点法是通过对实物逐一清点或用计量器确定其实存数的一种方法。这种方法适用范围广，要求严格，数字准确可靠，大多数财产物资的清查采用这种方法。

2. 技术推算法

技术推算法是指不对物资进行逐一清点，而是利用一定的技术方法，对财产物资的实存数进行推算的一种方法。这种方法适用于数量大、难以逐一清点、价值又低的财产物资，如露天堆放的砂石、煤炭等。

为了明确经济责任，进行财产清查时，有关实物财产的保管人员必须在场。根据各项实物财产的盘点结果，应如实编制“实物盘存单”，并由盘点人员、实物资产的保管人员及有关责任人签名盖章。盘存单是用来记录和反映各项财产物资在盘点日实有数量的原始凭证，一般填制一式三份，一份由清点人员留存备查，一份交实物保管人员保存，一份交财会部门与账面记录相核对。“实物盘存单”一般格式如表 7-3 所示。

表 7-3　实物盘存单

单位名称：　　　　　　　　　　　　　　　　编号：

盘点时间：　　　　　　　　财产类别：　　　　　存放地点：

编号	名称	规格型号	计量单位	实存数量	单价	金额	备注

盘点人签章：　　　　　　　　　　　　　　　　保管人签章：

实物财产盘点完毕，应将“实物盘存单”中所记录的实存数与账面结存数相核对，如发现实物盘点结果与账面结存结果不相符，应根据有关账簿资料和“实物盘存单”填制“实存账存对比表”，以确定实物资产的盘盈或盘亏数额。“实存账存对比表”既能分析产生差异的原因，也是明确经济责任的依据，更是调整账簿记录的原始凭证。“实存账存对比表”一般格式如表 7-4 所示。

表 7-4　实存账存对比表

财产类别：

单位名称：　　　　　　　　年　月　日　　　　　编号：

<table>
<tr><th rowspan="3">编号</th><th rowspan="3">名称及规格</th><th rowspan="3">计量单位</th><th rowspan="3">单价</th><th colspan="2">实存</th><th colspan="2">账存</th><th colspan="4">对比结果</th><th rowspan="3">备注</th></tr>
<tr><th rowspan="2">数量</th><th rowspan="2">金额</th><th rowspan="2">数量</th><th rowspan="2">金额</th><th colspan="2">盘盈</th><th colspan="2">盘亏</th></tr>
<tr><th>数量</th><th>金额</th><th>数量</th><th>金额</th></tr>
<tr><td></td><td></td><td></td><td></td><td></td><td></td><td></td><td></td><td></td><td></td><td></td><td></td><td></td></tr>
<tr><td></td><td></td><td></td><td></td><td></td><td></td><td></td><td></td><td></td><td></td><td></td><td></td><td></td></tr>
</table>

盘点人签章：　　　　　　　　　　　　　　　　会计人员签章：

（三）往来款项的清查

往来款项的清查是指对各种应收账款、应付账款、其他应收款、其他应付款的清查。各种往来款项的清查一般采用“询证核对法”进行，即采用与对方核对账目的办法清查。清查时，通常由清查人员按往来单位逐户编制对账单，由本企业送交（寄）对方单位进行核对；对账单一式两联，一联留存对方企业，另一联作为回单。对方单位如核对数额相符，应在回单上盖章后退回本企业；如发现数额不符，应在对账单上说明不符原因及金额，或另拟对账单寄回企业，作为进一步核对的依据。“往来款项对账单”的格式如表 7-5 所示。

表 7-5 往来款项对账单

单位名称： 年 月 日

本企业入账时间	发票或凭证号数	摘要	应收（付）金额	收（或付）方式	已收（付）金额	结欠金额	贵企业入账时间	备注
贵企业（盖章）							年 月 日	

企业在收回各单位寄回的回单后，应据以填制“往来款项清查表”，其格式如表 7-6所示。

表 7-6 往来款项清查表

会计科目： 年 月 日

明细科目		清查结果		不符原因			备注
名称	账面余额	相符金额	不符金额	未达账项	争执款项	无法收回款项	

清查人员签章： 经管人员签章：

第三节 财产清查结果的处理

一、财产清查结果的处理程序

财产清查结果的处理一般是指对盘盈、盘亏等有关内容的处理。企业对财产清查的结果，应以国家有关法规、政策、制度为依据进行处理：首先要核定金额，其次按规定的程序报经上级部门审批后，才能进行最终的会计处理。其具体的处理程序如下：

（一）核准金额和数量，认真查明差异原因

根据清查情况，将已清查的结果填列在“库存现金盘点报告表”“实存账存对比

表”等表中。我们应对这些原始凭证中所记录的货币资金、财产物资及债权债务的盈亏数字进行全面的核实，然后对财产清查所发现的实存数与账存数之间的差异进行原因分析，通过调查明确经济责任，提出处理意见，报有关领导和部门审批。

（二）调整账簿记录，保证账实相符

在核准金额数量、查明差异原因的基础上，对财产清查中发现的盘盈、盘亏应及时进行批准前的会计处理，即根据“实存账存对比表”“库存现金盘点报告表”等原始凭证编制记账凭证，并据以登记有关账簿。

（三）报请批准后进行账务处理

在有关部门对所呈报的财产清查结果作出批示之后，应根据盘盈、盘亏或毁损的原因和批复的处理意见进行最终的账务处理。

二、财产清查结果的账务处理

（一）财产清查结果处理的账户设置

为了反映和监督企业财产清查中查明的各种财产物资盘盈、盘亏和毁损及其处理情况，应设置“待处理财产损溢”账户。该账户是专门用来核算企业在清查过程中查明的各种财产物资盘盈、盘亏数，以及经批准后的转销数。该账户的性质属资产类账户，借方登记发生的待处理财产物资的盘亏金额或毁损的数额，以及经批准转销的盘盈金额；贷方登记发生的待处理财产盘盈金额，以及批准转销的盘亏金额。为了分别反映和监督企业固定资产和流动资产的盈亏情况，该科目下设“待处理流动资产损溢”和“待处理固定资产损溢”两个明细账户，进行明细分类核算。处理前的借方余额，表示尚待批准处理的净损失；处理前的贷方余额，表示尚待批准处理的净溢余。按规定，企业的各项盘盈、盘亏必须于期末结账前处理完毕，如果在期末结账前尚未经批准的，应在对外提供财务报告时先行处理，并在会计报表附注中说明。所以，期末处理后该账户应无余额。

综上所述，“待处理财产损溢”账户的结构如图 7-1 所示。

借方　　　　　待处理财产损溢	贷方
（1）清查时发现的盘亏数 （2）批准转销的待处理财产盘盈数	（1）清查时发现的盘盈数 （2）批准转销的待处理财产盘亏或毁损数
处理前余额：尚待批准处理的净损失	处理前余额：尚待批准处理的净溢余
期末处理后无余额	期末处理后无余额

图 7-1　“待处理财产损溢”账户

（二）财产清查结果的会计处理

1. 库存现金清查结果的会计处理

库存现金清查中发现溢余（盘盈）或短款（盘亏）时，应根据“库存现金盘点报告表”以及有关的批准文件进行批准前和批准后的账务处理。批准前的会计处理是：属于库存现金短缺，应按实际短缺的金额，借记“待处理财产损溢——待处理流动资产损溢”，贷记“库存现金”账户；属于库存现金溢余，应按实际溢余的金额，借记

"库存现金"，贷记"待处理财产损溢——待处理流动资产损溢"账户。无论是库存现金短缺还是溢余，应根据审批意见，将金额从"待处理财产损溢——待处理流动资产损溢"转入相关账户。

当发生库存现金短缺，属于应由责任人赔偿的部分，报经批准后计入"其他应收款"科目，并根据不同责任人或债务人设二级科目；属于无法查明原因的现金短缺，经批准后应计入"管理费用"。当发生库存现金溢余，属于应支付给有关人员或单位的，应将现金溢余从"待处理财产损溢"科目转入"其他应付款"科目，并根据不同支付对象或债权人设二级科目；属于无法查明原因的现金溢余，经批准后转入"营业外收入"。

【例 7-2】邕桂公司某日进行财产清查时发现库存现金溢余 165 元，无法查明原因，现进行批准前和批准后的账务处理。

（1）批准前，根据"库存现金盘点报告表"，作如下会计处理：

借：库存现金　　　　165

　贷：待处理财产损溢——待处理流动资产损溢　　　　165

（2）经反复核查，未查明原因，报经批准作营业外收入处理：

借：待处理财产损溢——待处理流动资产损溢　　　　165

　贷：营业外收入　　　　165

【例 7-3】邕桂公司某日在现金清查中发现库存现金短款 660 元，经查是由于出纳员张某的责任，应由其赔偿。现进行批准前和批准后的账务处理。

（1）批准前，根据"库存现金盘点报告表"，作如下会计处理：

借：待处理财产损溢——待处理流动资产损溢　　　　660

　贷：库存现金　　　　660

（2）经核查，属于出纳员张某的责任，经批准应由其赔偿，会计处理如下：

借：其他应收款——张某　　　　660

　贷：待处理财产损溢——待处理流动资产损溢　　　　660

2. 存货清查结果的会计处理

（1）存货盘盈的会计处理

当发现存货盘盈时，在报经有关部门批准前，应根据"实存账存对比表"，将盘盈存货的价值记入有关存货账户的借方，同时记入"待处理财产损溢——待处理流动资产损溢"账户的贷方；报经批准后，冲减"管理费用"。

【例 7-4】邕桂公司 202×年 12 月 31 日对存货进行盘点，发现甲材料盘盈 50 千克，100 元/千克。

① 审批前，根据"实存账存对比表"的记录，作如下会计处理：

借：原材料——甲材料　　　　5 000

　贷：待处理财产损溢——待处理流动资产损溢　　　　5 000

② 经查明，上述材料盘盈属计量工具不准造成的收发错误，经批准冲减当月的管理费用。会计处理如下：

借：待处理财产损溢——待处理流动资产损溢　　　　5 000

　贷：管理费用　　　　5 000

（2）存货盘亏的会计处理

对于盘亏或毁损的存货，在报经有关部门批准前应先记入“待处理财产损溢——待处理流动资产损溢”账户的借方，待有关部门审批后，应根据不同盘亏和毁损的原因进行会计处理：

① 属于自然原因产生的定额内的合理损耗，经批准转作“管理费用”；

② 属于计量、收发差错或管理不善等造成的存货短缺或损毁，应先扣除可收回的保险公司和过失人赔款及残料价值后，将净损失计入“管理费用”；

③ 属于自然灾害或意外事故等非常原因造成的存货毁损，扣除保险公司和过失人赔款以及残料价值后的净损失，计入“营业外支出”。

根据现行税法规定，原材料因管理不善造成被盗、丢失、霉烂变质的非正常损失，其进项税额不能从销项税额中抵扣，应当予以转出，具体会计处理留待后续有关课程介绍。

【例 7-5】邕桂公司在 202×年 12 月 31 日财产清查中，发现盘亏乙材料 100 千克，单价为 65 元/千克。

① 审批前，根据“实存账存对比表”的记录，作如下会计处理：

借：待处理财产损溢——待处理流动资产损溢	6 500	
贷：原材料——乙材料		6 500

② 经查明，盘亏的乙材料 40 千克是由于保管人员陈某的失职造成的材料毁损，应由其赔偿，其余的 60 千克属于定额内的合理损耗，报经批准后作如下会计处理：

借：其他应收款——陈某	2 600	
管理费用	3 900	
贷：待处理财产损溢——待处理流动资产损溢		6 500

【例 7-6】邕桂公司在 202×年 12 月 31 日财产清查中，发现盘亏丙材料一批，实际成本为 9 000 元。

① 审批前，根据“实存账存对比表”的记录，作如下会计处理：

借：待处理财产损溢——待处理流动资产损溢	9 000	
贷：原材料——丙材料		9 000

② 经查明，盘亏的丙材料是属于非常事故造成的损失，保险公司经核定赔偿 8 000 元，毁损残料作价 400 元入库，其余损失由企业承担。报经批准作如下会计处理：

借：其他应收款——某保险公司	8 000	
原材料——丙材料	400	
营业外支出	600	
贷：待处理财产损溢——待处理流动资产损溢		9 000

3. 固定资产清查结果的会计处理

在财产清查中盘亏的固定资产，企业应及时办理固定资产注销手续，填制“固定资产盘盈盘亏报告表”并查明原因，写出书面报告。在批准之前，应按盘亏的固定资产净值借记“待处理财产损溢——待处理固定资产损溢”账户，按账面已提折旧借记“累计折旧”，按原值贷记“固定资产”。盘亏的固定资产报经批准后，转入“营业外支出”账户。

【例 7-7】邕桂公司在财产清查中，发现盘亏机器设备一台，原值为 10 000 元，已提折旧 3 000 元。会计处理如下：

（1）盘亏时，根据“固定资产盘盈盘亏报告表”，作如下会计分录：

借：待处理财产损溢——待处理固定资产损溢　　7 000
　　累计折旧　　3 000
　贷：固定资产　　10 000

（2）经批准予以转销，作如下会计分录：

借：营业外支出　　7 000
　贷：待处理财产损溢——待处理固定资产损溢　　7 000

对于盘盈的固定资产，应按同类或类似固定资产的市场价格，减去按该项资产的新旧程度估计的价值损耗后的余额借记“固定资产”账户和贷记“以前年度损益调整”账户。关于固定资产盘盈的具体会计处理留待后续有关课程介绍。

4. 往来款项清查结果的会计处理

在财产清查中，对发现的经查明确实无法收回的应收款项和确实无法支付的应付款项，按照规定程序报经批准后，不通过“待处理财产损溢”账户进行核算，而是在原来账面记录的基础上，直接反向冲销。具体为：对于无法收回的应收账款，经有关部门批准后，应冲减已提取的“坏账准备”账户；对于企业无法偿付的应付账款，经批准后予以转销，直接记入“营业外收入”。

【例 7-8】邕桂公司在财产清查中查明应收南海公司的货款 10 000 元，因南海公司破产，确认无法收回该款项。报经批准后，冲销已提取的坏账准备金。作如下会计处理：

借：坏账准备　　10 000
　贷：应收账款——南海公司　　10 000

【例 7-9】邕桂公司在财产清查中，发现一笔前欠北方公司货款 20 000 元，因该公司解散，确实无法支付，经批准作如下会计处理：

借：应付账款——北方公司　　20 000
　贷：营业外收入　　20 000

思考题：

1. 什么是财产清查？企业为何进行财产清查？
2. 财产清查种类有哪些？在哪些情况下要进行不定期清查？
3. 永续盘存制和实地盘存制有何异同？各自具有什么优缺点？
4. 财产清查前应做好哪些准备工作？
5. 如何进行库存现金清查？对库存现金清查应注意的事项有哪些？
6. 什么是未达账项？未达账项包括哪几种情况？
7. 如何进行银行存款的清查？如何编制“银行存款余额调节表”？
8. 财产清查结果的处理程序是什么？如何对盘亏的存货进行清查结果处理？

第八章 财务会计报告

■学习要求

通过本章的学习，读者需要掌握财务会计报告的构成和列报要求，了解财务会计报告的分类和意义；掌握资产负债表、利润表的结构、内容和编制方法，了解现金流量表、所有者权益变动表和附注的结构、内容和编制方法；了解财务报表分析的基本方法和指标。

■案例

财务报表与财务报表分析的关系

国家统计局于2023年1月31日公布，2022年全国规模以上工业企业实现利润总额84 038.5亿元，比上年下降4.0%。2022年，采矿业实现利润总额15 573.6亿元，比上年增长48.6%；制造业实现利润总额64 150.2亿元，比上年下降13.4%；电力、热力、燃气及水生产和供应业实现利润总额4 314.7亿元，比上年增长41.8%。2022年，规模以上工业企业实现营业收入137.91万亿元，比上年增长5.9%；发生营业成本116.84万亿元，比上年增长7.1%；营业收入利润率为6.09%，比上年下降0.64个百分点。在国家统计局发布的这些数据中，“利润总额”“营业收入”“营业成本”是怎么统计出来的呢？“利润总额比上年下降”在会计上是如何具体表现出来的呢？请读者带着这些问题来学习本章，通过学习来解决这些问题。

第一节　财务会计报告的概述

一、财务会计报告的构成

（一）财务会计报告的概念

我国《企业会计准则——基本准则》第四十四条规定，财务会计报告是指企业对外提供的反映企业某一特定日期的财务状况和某一会计期间的经营成果、现金流量等会计信息的文件。前面各章的学习都是在为期末编制财务会计报告作准备，填制或取得原始凭证表明经济业务已经发生或完成，根据原始凭证填制记账凭证，就把企业发生的各种经济业务按会计要素与科目进行了分类，根据会计凭证登记日记账、明细账、总分类账等会计账簿，把各种分散在会计凭证中的信息按照会计要素进行了汇总，就能够得到企业的资产、负债、所有者权益这些财务状况信息和收入、费用、利润这些经营成果信息以及企业的现金流量信息，经过试算平衡之后，便可以编制财务会计报告了。

（二）财务会计报告的构成

根据《中华人民共和国会计法》的规定，财务会计报告由会计报表、会计报表附注和财务情况说明书组成。企业财务报表是对企业财务状况、经营成果和现金流量的结构性表述。一套完整的财务报表至少应当包括“四表一注”，即资产负债表、利润表、现金流量表、所有者权益变动表和附注，并且这些组成部分在列报上具有同等的重要程度，企业不得强调某张报表或某些报表（或附注）较其他报表（或附注）更为重要。这里提到的列报，是指交易和事项在报表中的列示和在附注中的披露。其中，“列示”通常反映资产负债表、利润表、现金流量表和所有者权益（或股东权益，下同）变动表等报表中的信息，“披露”通常反映附注中的信息。

根据《小企业会计准则》的规定，小企业的财务报表至少应当包括“三表一注”，即资产负债表、利润表、现金流量表和附注。

（三）财务会计报告的分类

财务会计报告可以按照不同的标准来分类。

1. 按照涵盖的会计期间不同可以分为中期财务会计报告和年度财务会计报告

中期是指短于一个完整的会计年度的报告期间，比如半年、季度、月等。中期财务会计报告是指以中期为基础编制的财务会计报告，一套完整的中期财务会计报告至少应包括“三表一注”，即资产负债表、利润表、现金流量表和附注。年度财务会计报告一般情况下是指公历每年的 1 月 1 日~12 月 31 日，一套完整的年度财务会计报告至少应包括“四表一注”。

2. 按照编制主体不同可以分为个别财务会计报告和合并财务会计报告

个别财务会计报告是独立核算的会计主体根据自身的会计记录分析整理后编制的。合并财务会计报告是由母公司自身的财务会计报告资料和纳入合并范围的子公司的财务会计报告资料分析整理后编制的。

3. 按照财务会计报告信息服务对象的不同可以分为内部财务会计报告和外部财务会计报告

内部财务会计报告是企业根据自身生产经营活动特点设计的，用来满足企业自身生产经营管理需要的财务会计报告，其格式、内容、编报时间都比较灵活，如成本报表。外部财务会计报告则必须按照财政部等部门统一规定的格式、内容、编报时间来编制，并按规定对外公布或者报送财务会计报告，如资产负债表、利润表。

4. 按照财务会计报告所反映的资金运动状态不同分为静态报告、动态报告、动静结合报告

静态报告是反映企业某一特定时日财务状况的财务会计报告，如资产负债表。动态报告是反映企业一定时期经营成果的财务会计报告，如利润表。动静结合报告是既反映企业某一特定时日的静态会计信息，又反映企业一定时期经营成果、现金流量变动这些动态信息的财务会计报告，如现金流量表。

二、财务会计报告列报的基本要求

（一）以各项会计准则确认和计量的结果为依据

企业应当根据实际发生的交易和事项，遵循《企业会计准则——基本准则》、各项具体会计准则及解释的规定进行确认和计量，在此基础上编制财务报表，并且应当在附注中对这一情况作出声明；同时，企业不应以在附注中披露代替对交易和事项的确认和计量，即企业采用的不恰当的会计政策，不得通过在附注中披露等其他形式予以更正，企业应当对交易和事项进行正确的确认和计量。

此外，如果按照各项会计准则规定披露的信息不足以让报表使用者了解特定交易或事项对企业财务状况、经营成果和现金流量的影响时，企业还应当披露其他的必要信息。

（二）以持续经营为基础

按我国企业会计准则的规定，企业应当以持续经营为基础编制财务报表。在编制财务报表的过程中，企业管理当局应当充分考虑影响企业持续经营能力的因素，如企业目前或长期的偿债能力、盈利能力、市场经营风险等，利用所有可获得的相关信息评价企业从本报告期末起至少 12 个月的持续经营能力。如果评价结果表明对持续经营能力产生重大怀疑的，企业应当在附注中披露导致对持续经营能力产生重大怀疑的因素和企业准备采取的改善措施。

在某些情况下企业应当采用其他基础编制财务报表。比如企业正式决定或被迫在当期或者将要在下一个会计期间进行清算或停止营业的，那么企业以持续经营为基础编制财务报表就不合理了。这种情况下企业应当采用其他基础编制财务报表，然后在附注中声明财务报表未以持续经营为基础编制的事实，披露未以持续经营为基础编制的原因，披露财务报表的编制基础。

（三）现金流量表按照收付实现制编制，其他财务报表应当按照权责发生制编制

按我国企业会计准则的规定，企业应当按照权责发生制原则来编制财务报表，这与企业对日常经济业务涉及的会计要素采用权责发生制进行确认、计量是一致的，但是现金流量表就不能按照权责发生制原则来编制，而是应当按照收付实现制原则编制，

因为现金流量表反映的信息是企业一定时期现金的流入和流出。

（四）遵循一致性

按我国企业会计准则的规定，财务报表项目的列报应当在各个会计期间保持一致，不得随意变更，只有在特殊情况下才能变更财务报表项目的列报。这种特殊情况有两种，一是会计准则要求改变，二是对企业经营影响较大的交易或事项发生后或者企业经营业务的性质已经发生重大变化。变更财务报表项目的列报能够提供更可靠、更相关的会计信息。

（五）遵循重要性

按我国企业会计准则的规定，重要性是指在合理预期下，财务报表某项目的省略或错报会影响使用者据此做出经济决策的，该项目具有重要性。重要性应当从项目的性质和金额两方面并结合企业所处的具体环境进行判断，对各项目重要性的判断标准一经确定，不得随意变更。项目性质重要性的判断，应当考虑这个项目在性质上是否属于企业日常活动，是否显著影响企业的财务状况、经营成果和现金流量等因素；项目金额重要性的判断，应当考虑这个项目金额占资产总额、负债总额、所有者权益总额、营业收入总额、营业成本总额、净利润、综合收益总额等直接相关项目金额的比重或所属报表单列项目金额的比重。

重要项目单独列报。性质或功能不同的项目，应当在财务报表中单独列报，但不具有重要性的项目除外。比如应收账款和应付账款，一个是资产，一个是负债，二者性质不同；又比如营业成本、管理费用，一个属于企业从事经营业务发生的成本，一个是企业行政管理部门为组织和管理生产经营活动而发生的各项费用，属于期间费用，二者功能不同，像这些性质或功能不同的项目，应当在财务报表中单独列报。

重要类别，按类别列报。性质或功能类似的项目，其所属类别具有重要性的，应当按其类别在财务报表中单独列报。比如原材料、库存商品、周转材料等，从单个来看不一定具有重要性，但是它们的性质类似，都可以归为“存货”这个类别，存货对企业来说是具有重要性的，这时就应当按“存货”这个类别在财务报表中单独列报。

对“四表”不重要，却对附注具有重要性的项目，应当在附注中单独披露。某些项目的重要性程度不足以在资产负债表、利润表、现金流量表或所有者权益变动表中单独列示，但对附注却具有重要性，则应当在附注中单独披露。

（六）不得相互抵销后列报

按我国企业会计准则的规定，财务报表中资产项目的金额不得和负债项目的金额相互抵销，收入项目的金额不得和费用项目的金额相互抵销，直接计入当期利润的利得项目的金额不得和损失项目的金额相互抵销，除非其他会计准则另有规定。

不属于抵销的三种情况可以净额列示，第一种情况是资产项目按扣除减值准备后的净额列示；第二种情况是属于非日常活动而不是企业主要的业务，其发生具有偶然性，从重要性来讲，非日常活动产生的损益以收入扣减费用后的净额列示，更有利于报表使用者的理解，不属于抵销；第三种情况是一组类似交易形成的利得和损失以净额列示的，不属于抵销。比如，汇兑损益应当以净额列报等，但是如果相关的利得和损失具有重要性，则应单独列报。

（七）要列报比较信息

按我国企业会计准则的规定，当期财务报表的列报，至少应当提供所有列报项目的上一个可比会计期间的比较数据，以及与理解当期财务报表相关的说明，但其他会计准则另有规定的除外。比如半年度、年度财务报表的比较信息，如表8-1所示。

表8-1 半年度、年度财务报表的比较信息

报表类别	半年度财务报表列报期间		年度财务报表列报期间	
	半年度财务报表	比较期间	年度财务报表	比较期间
资产负债表	2023-06-30	2022-12-31	2023-12-31	2022-12-31
利润表	2023-01-01～2023-06-30	2022-01-01～2022-06-30	2023-01-01～2023-12-31	2022-01-01～2022-12-31
现金流量表	2023-01-01～2023-06-30	2022-01-01～2022-06-30	2023-01-01～2023-12-31	2022-01-01～2022-12-31

如果财务报表的列报项目发生变更，应当至少对可比期间的数据按照当期的列报要求进行调整，并在附注中披露调整的原因、性质、金额。调整不切实可行的，应在附注中披露不能调整的原因。这里说的不切实可行，是指企业在作出所有合理努力后仍然无法采用某项会计准则规定。

（八）表首应当在财务报表的显著位置披露

财务报表一般分为两部分：表首和正表。表首应位于财务报表的显著位置，应至少披露下列各项信息：

（1）编报企业的名称。

（2）资产负债表日或财务报表涵盖的会计期间。资产负债表应披露资产负债表日，利润表、现金流量表、所有者权益变动表应披露报表涵盖的会计期间。

（3）人民币金额单位。人民币元或者万元等。

（4）财务报表是合并财务报表的，应当予以标明。比如明确标出合并资产负债表、合并利润表等。

（九）报告期间的要求

按我国企业会计准则的规定，企业至少应当按年编制财务报表，这里的年是指会计年度，我国的会计年度从公历1月1日起至12月31日止，与日历年度一致。如果一个企业10月10日设立，那么该企业当年的年度财务报表涵盖的期间将会短于一年，这种情况下应当披露年度财务报表的涵盖期间、短于一年的原因以及报表数据不具可比性的事实。如果企业披露的是中期财务会计报告，报告期间应按《企业会计准则第32号——中期财务报告》的规定确定。

（十）报表项目单独列报的要求

根据《企业会计准则第30号——财务报表列报》的规定在财务报表中单独列报的项目，应当单独列报。其他会计准则规定单独列报的项目，应当增加单独列报项目。

三、财务会计报告的意义

编制财务会计报告是会计核算方法之一，财务会计报告综合地反映了企业某一特定日期的财务状况信息，企业某一会计期间的财务成果信息和现金流量信息，是企业会计核算最终形成的结果，也是企业管理的一项重要内容，对实现企业目标具有非常重要的意义。

（一）内部意义

（1）财务会计报告可以为企业管理当局加强管理提供相关信息。企业管理当局通过阅读、分析、比较财务会计报告信息，可以更加合理地配置企业各项经济资源，合理地评价企业经营业绩，合理地考评各级管理人员的职责履行情况，发现问题，分析原因，提出建议，提高企业经营管理水平。

（2）财务会计报告可以为企业职工了解企业、完成企业经营目标提供相关信息。企业职工通过阅读、分析、比较财务会计报告信息，可以了解企业生产经营状况，关注与自身利益相关的会计信息，做好个人的工作规划，积极、主动地参与企业的各项经营管理工作，并且为企业的未来发展提出意见和建议，形成良好的企业文化，更有利于实现企业目标。

（二）外部意义

（1）财务会计报告可以为投资者、债权人、供应商、客户做决策提供相关信息。投资者通过阅读、分析、比较财务会计报告信息，可以预测投资风险、投资回报，为未来投资决策提供参考；债权人通过阅读、分析、比较财务会计报告信息，可以了解企业还债能力、盈利能力、发展能力，为债权人做出有关决策提供参考；供应商通过阅读、分析、比较财务会计报告信息，可以了解企业生产经营基本情况、支付货款的能力、信用政策等情况，为供应商做出有关决策提供参考；客户通过阅读、分析、比较财务会计报告信息，可以了解企业的产品信息、赊销政策等情况，为客户做出有关决策提供参考。

（2）财务会计报告可以为政府部门进行监督、检查提供相关信息。政府部门通过阅读、分析、比较财务会计报告信息，可以了解企业遵守财经法规制度的情况，监督企业依法纳税，守法经营，并为法规制度的修订提供参考。

（3）财务会计报告可以为国家宏观经济管理提供相关信息。国家宏观经济管理部门通过阅读、分析、比较财务会计报告信息，可以了解国民生产总值、国有资产变动、固定资产投资、社会保障等方面的信息，为国家制定宏观经济政策，进行宏观经济调控提供参考。

（4）财务会计报告可以为其他组织、部门等提供决策有用的信息。企业作为一个会计主体，必然对其他经济组织、部门、个人等产生影响，也必然受到其他经济组织、部门、个人等的影响。行业协会、企业所在的社区、竞争对手、财务分析者、新闻评论员等通过阅读、分析、比较企业的财务会计报告信息，有利于在分析、决策时进行参考，做出相应决策。

第二节 资产负债表

一、资产负债表的概念

我国《企业财务会计报告条例》对资产负债表的定义是：资产负债表是反映企业在某一特定日期财务状况的报表。它反映企业在某一特定日期，如2023年6月30日所拥有或控制的经济资源，所须偿还的债务和所有者享有的企业资产扣除负债后剩余的权益。通过资产负债表所提供的信息，会计信息使用者可以了解企业资产的总量及其具体分布情况，了解企业负债的总量及其具体分布情况，了解企业所有者权益的总量及其具体分布情况；此外，资产负债表也为财务分析提供了基本数据资料，如分析企业的还债能力、存货周转速度、应收账款周转速度、每股收益等。

二、资产负债表的结构

资产负债表的结构有账户式和报告式两种，目前我国的资产负债表采用账户式结构，又叫“T”字形结构。表首部分是会计主体的基本信息，如单位名称、编表时间、计量单位、报表编号等。正表部分左边为资产，各资产项目按流动性大小分别列示；右边为负债和所有者权益，各负债项目按偿还时间的长短分别列示，所有者权益按投入资本和由资本增值形成的留存收益分别列示，左边的资产总计必须等于右边的负债总计加上所有者权益总计之和。这也是会计恒等式“资产=负债+所有者权益”在财务报表中的体现。目前一般企业资产负债表的格式如表8-2所示。

表8-2 资产负债表

会企01表

编制单位： 年 月 日 单位：元

资产	期末余额	上年年末余额	负债及所有者权益	期末余额	上年年末余额
流动资产：			流动负债：		
货币资金			短期借款		
交易性金融资产			交易性金融负债		
衍生金融资产			衍生金融负债		
应收票据			应付票据		
应收账款			应付账款		
应收款项融资			预收款项		
预付款项			合同负债		
其他应收款			应付职工薪酬		
存货			应交税费		

表8-2(续)

资产	期末余额	上年年末余额	负债及所有者权益	期末余额	上年年末余额
合同资产			其他应付款		
持有待售资产			持有待售负债		
一年内到期的非流动资产			一年内到期的非流动负债		
其他流动资产			其他流动负债		
流动资产合计			流动负债合计		
非流动资产：			非流动负债：		
债权投资			长期借款		
其他债权投资			应付债券		
长期应收款			其中：优先股		
长期股权投资			永续债		
其他权益工具投资			租赁负债		
其他非流动金融资产			长期应付款		
投资性房地产			预计负债		
固定资产			递延收益		
在建工程			递延所得税负债		
生产性生物资产			其他非流动负债		
油气资产			非流动负债合计		
使用权资产			负债合计		
无形资产			所有者权益（或股东权益）：		
开发支出			实收资本（或股本）		
商誉			其他权益工具		
长期待摊费用			其中：优先股		
递延所得税资产			永续债		
其他非流动资产			资本公积		
非流动资产合计			减：库存股		
			其他综合收益		
			专项储备		
			盈余公积		
			未分配利润		
			所有者权益（或股东权益）合计		
资产总计			负债及所有者权益总计		

三、资产负债表的内容

（一）资产类项目的内容

1. 流动资产

资产类项目应分别按流动资产和非流动资产列示，资产满足下列条件之一的，应当归类为流动资产：

（1）预计在一个正常营业周期中变现、出售或耗用。正常营业周期是指企业从购买用于加工的资产起至实现现金或现金等价物的期间。正常营业周期通常短于一年。因生产周期较长等导致正常营业周期长于一年的，尽管相关资产往往超过一年才变现、出售或耗用，仍应当划分为流动资产。正常营业周期不能确定的，应当以一年（12 个月）作为正常营业周期。

（2）主要为交易目的而持有。

（3）预计在资产负债表日起一年内变现。

（4）自资产负债表日起一年内，交换其他资产或清偿负债的能力不受限制的现金或现金等价物。

如果是金融企业等销售产品或提供服务不具有明显可识别营业周期的企业，其各项资产或负债按照流动性列示能够提供可靠且相关信息的，可以按照其流动性顺序列示。

如果是从事多种经营的企业，其部分资产或负债按照流动性和非流动性列报、其他部分资产或负债按照流动性列示能够提供可靠且相关信息的，可以采用混合列报方式。

2. 非流动资产

流动资产以外的资产应当归类为非流动资产，并应按其性质分类列示，如固定资产、无形资产等。需要注意的是被划分为持有待售的非流动资产应当归类为流动资产，无论是被划分为持有待售的单项非流动资产还是处置组中的资产，都应当在资产负债表的流动资产部分单独列报。

（二）负债类项目的内容

1. 流动负债

负债分别按流动负债和非流动负债列示。负债满足下列条件之一的，应当归类为流动负债：

（1）预计在一个正常营业周期中清偿。

（2）主要为交易目的而持有。

（3）自资产负债表日起一年内到期应予以清偿。

（4）企业无权自主地将清偿推迟至资产负债表日后一年以上。

负债在其对手方选择的情况下可通过发行权益进行清偿的条款与负债的流动性划分无关。

企业对资产和负债进行流动性分类时，应当采用相同的正常营业周期。企业正常营业周期中的经营性负债项目即使在资产负债表日后超过一年才予以清偿的，仍应当划分为流动负债。经营性负债项目包括应付账款、应付票据、应付职工薪酬等，这些项目属于企业正常营业周期中使用的营运资金的一部分。

2. 非流动负债

流动负债以外的负债应当归类为非流动负债，并应当按其性质分类列示，如长期借款、长期应付款等。需要注意的是，被划分为持有待售的非流动负债应当归类为流动负债；被划分为持有待售的处置组中的与转让资产相关的负债应当在资产负债表的流动负债部分单独列报。

（三）所有者权益类项目的内容

资产负债表中的所有者权益类一般按照净资产的不同来源和特定用途进行分类，《〈企业会计准则第30号——财务报表列报〉应用指南》规定，资产负债表中的所有者权益类应当按照实收资本（或股本）、资本公积、其他综合收益、盈余公积、未分配利润等项目分项列示。

四、资产负债表项目的填列方法

本部分内容将介绍一般企业的资产负债表的编制。按照财务报表列报的基本要求，资产负债表必须提供比较数据，因此，资产负债表各项目需要列报“年初余额”和“上年年末余额”以供比较。资产负债表中的“年初余额”栏各项目，应根据上年年末资产负债表“上年年末余额”栏各项目所列数字填列。如果本年度资产负债表各个项目的名称和内容与上年度不一致的，应将上年年末资产负债表各项目的数字按照本年度的规定进行调整，将调整后的数字填入本年度的“年初余额”栏内。

资产负债表中的“上年年末余额”栏各项目的填列方法可归纳为两种：一种是分析计算填列法，另一种是直接填列法。

（一）分析计算填列法

1. 根据几个总账科目的期末余额分析计算填列

资产负债表中有的项目是根据几个总账科目的期末余额来填列的。比如“货币资金”项目，需要根据“库存现金”“银行存款”“其他货币资金”三个总账科目的期末余额的合计数填列。“存货”项目，需要根据“原材料”“库存商品”“在途物资”“生产成本”“制造费用”等总账科目的期末余额的合计数填列。

【例8-1】邕桂公司202×年6月30日期末结账后的有关账户期末余额如表8-3所示。

表8-3 有关账户期末余额

账户名称	期末借方余额
库存现金	9万元
银行存款	900万元
其他货币资金	90万元
原材料	60万元
在途物资	10万元
生产成本	30万元

要求：计算“货币资金”项目和“存货”项目的金额。

根据上述资料，该公司报表项目金额的计算如下：

“货币资金”项目的金额＝9+900+90＝999（万元）

“存货”项目的金额＝60+10+30＝100（万元）

2. 根据有关明细账科目余额分析计算填列

（1）“应收账款”项目，应根据“应收账款”科目所属的明细科目和“预收账款”科目所属的明细科目的期末借方余额合计数，减去“坏账准备”科目中有关应收账款计提的坏账准备余额后的金额填列。

（2）“预付款项”项目，应根据“应付账款”科目所属的明细科目和“预付账款”科目所属的明细科目的期末借方余额合计数，减去“坏账准备”科目中有关预付账款计提的坏账准备余额后的金额填列。

（3）“应付账款”项目，应根据“应付账款”科目所属的明细科目和“预付账款”科目所属的明细科目的期末贷方余额合计数填列。

（4）“预收款项”项目，应根据“应收账款”科目所属的明细科目和“预收账款”科目所属的明细科目的期末贷方余额合计数填列。

【例 8-2】邕桂公司 202×年 6 月 30 日期末结账后的有关账户期末余额如表 8-4 所示。

表 8-4　有关账户期末余额

账户名称		期末借方余额	期末贷方余额
总账科目	所属的明细科目		
应收账款		800 万元	
	——甲公司	860 万元	
	——乙公司		60 万元
预付账款		63 万元	
	——丙公司	75 万元	
	——丁公司		12 万元
应付账款			370 万元
	——A 公司		136 万元
	——B 公司		264 万元
	——C 公司	30 万元	
预收账款			10 万元
	——D 公司		10 万元

要求：计算“应收账款”项目、“预付款项”项目、“应付账款”项目、“预收款项”项目的金额。

根据上述资料，该公司报表项目金额的计算如下：

“应收账款”项目的金额＝860（万元）

“预付款项”项目的金额＝75+30＝105（万元）

“应付账款”项目的金额＝136+264+12＝412（万元）

“预收款项”项目的金额＝10+60＝70（万元）

3. 根据总账科目和所属明细账科目余额分析计算填列

资产负债表中有的项目是分析总账科目和所属明细账科目余额来填列的，如“长期借款”项目，需要根据“长期借款”总账科目余额扣除“长期借款”科目所属的明细科目中将在一年内到期的长期借款后的金额计算填列。

【例 8-3】邕桂公司 202×年 6 月 30 日期末结账后的“长期借款”总账科目余额为 2 300万元，通过查看其明细账发现，其中有一笔 500 万元的长期借款将于 202×年 9 月 30 日到期，那么该公司 202×年 6 月 30 日的资产负债表中“长期借款”项目的金额应该以 1 800 万元填列，另外的 500 万元应列报于流动负债项目中的“1 年内到期的非流动负债”项目。

4. 根据总账及其备抵科目的金额分析计算填列

资产负债表中有的项目是分析总账及其备抵科目的金额来填列的。如资产负债表中的“存货”“应收账款”“固定资产”“在建工程”等项目，应当根据“存货”“应收账款”“固定资产”“在建工程”等项目的金额减去“存货跌价准备”“坏账准备”“固定资产减值准备”“累计折旧”“在建工程减值准备”等科目余额后的金额填列。“未分配利润”项目需要分析“本年利润”“利润分配”等科目的期末余额来填列。

【例 8-4】邕桂公司 202×年 6 月 30 日期末结账后的有关账户期末余额如表 8-5 所示。

表 8-5　有关账户期末余额

账户名称		期末借方余额	期末贷方余额
总账科目	所属的明细科目		
应收账款		820 万元	
	——甲公司	870 万元	
	——乙公司		50 万元
预收账款			64 万元
	——丙公司		79 万元
	——丁公司	15 万元	
坏账准备			8 万元
原材料		70 万元	
生产成本		28 万元	
存货跌价准备			2 万元

要求：计算“应收账款”项目、“存货”项目的金额。

根据上述资料，该公司报表项目金额的计算如下：

“应收账款”项目的金额＝870+15−8＝877（万元）

“存货”项目的金额＝70+28−2＝96（万元）

（二）直接填列法

有的报表项目可以不需要分析计算，而是直接根据总账科目的期末余额填列，如资产负债表中的“其他权益工具投资”“短期借款”“应交税费”“应付职工薪酬”“实收资本”“盈余公积”等项目。

资产负债表中“期末余额”栏内各项目的具体内容说明如下：

（1）“货币资金”项目，反映企业库存现金、银行结算户存款、银行汇票存款、银行本票存款、信用卡存款、外埠存款等的合计数。本项目应根据“库存现金”“银行存款”“其他货币资金”科目期末余额的合计数填列。

（2）“交易性金融资产”项目，反映资产负债表日企业分类为以公允价值计量且其变动计入当期损益的金融资产，以及企业持有的指定为以公允价值计量且其变动计入当期损益的金融资产的期末账面价值。本项目应根据“交易性金融资产”科目的相关明细科目期末余额分析填列。自资产负债表日起超过一年到期且预期持有超过一年的以公允价值计量且其变动计入当期损益的非流动金融资产的期末账面价值，在“其他非流动金融资产”项目反映。

（3）“衍生金融资产”项目，反映企业期末持有的衍生工具、套期工具、被套期项目中属于衍生金融资产的金额，本项目应根据“衍生工具”“套期工具”“被套期项目”等科目的期末借方余额分析计算填列。

（4）“应收票据”项目，反映资产负债表日以摊余成本计量的、企业因销售商品、提供服务等收到的商业汇票，包括商业承兑汇票和银行承兑汇票。本项目应根据“应收票据”科目的期末余额，减去“坏账准备”科目中相关坏账准备期末余额后的金额分析计算填列。

【例 8-5】202×年 6 月 30 日，邕桂公司“应收票据”科目的期末借方余额为 930 万元；“坏账准备”科目中有关应收票据计提的坏账准备期末余额为 20 万元，则 202×年 6 月 30 日，邕桂公司资产负债表中“应收票据”项目“期末余额”栏的填列金额=930-20=910（万元）。

（5）“应收账款”项目，反映资产负债表日以摊余成本计量的、企业因销售商品、提供服务等经营活动应收取的款项。本项目应根据“应收账款”科目所属各明细科目的期末借方余额和“预收账款”科目所属各明细科目的期末借方余额合计数，再减去“坏账准备”科目中相关坏账准备期末余额后的金额分析计算填列。如果“应收账款”科目所属明细科目期末为贷方余额的，应在资产负债表“预收款项”项目内填列。

【例 8-6】202×年 6 月 30 日，邕桂公司“应收账款”总账科目的期末借方余额为 1 180 万元，其中“应收账款——红星公司”明细账期末借方余额为 1 240 万元，“应收账款——大华公司”明细账期末贷方余额为 60 万元，“坏账准备”科目中有关应收账款计提的坏账准备期末余额为 6.2 万元，则 202×年 6 月 30 日，邕桂公司资产负债表中“应收账款”项目“期末余额”栏的填列金额=1 240-6.2=1 233.8（万元）。

（6）“应收款项融资”项目，反映资产负债表日以公允价值计量且其变动计入其他综合收益的应收票据和应收账款等。

（7）“预付款项”项目，反映企业按照购货合同规定预付给供应单位的款项等。本项目应根据“预付账款”和“应付账款”科目所属相关明细科目的期末借方余额合计数，减去有关“坏账准备”科目的期末余额后的金额分析计算填列。如果“预付账款”科目所属明细科目期末为贷方余额的，应在资产负债表“应付账款”项目内填列。

【例 8-7】202×年 6 月 30 日，邕桂公司“预付账款”总账科目的期末借方余额为 560 万元，其中“预付账款——东晟公司”明细账期末借方余额为 660 万元，“预付账款——鹏飞公司”明细账期末贷方余额为 100 万元，“坏账准备”科目中有关预付账款计提的坏账准备期末余额为 3.3 万元，则 202×年 6 月 30 日，邕桂公司资产负债表中“预付款项”项目“期末余额”栏的填列金额＝660－3.3＝656.7（万元）。

（8）“其他应收款”项目，反映企业除应收票据、应收账款、预付账款等经营活动以外的其他各种应收、暂付的款项。本项目应根据“应收利息”“应收股利”和“其他应收款”科目的期末余额合计数，减去“坏账准备”科目中相关坏账准备期末余额后的金额填列。其中的“应收利息”仅反映相关金融工具已到期可收取但于资产负债表日尚未收到的利息。基于实际利率法计提的金融工具的利息应包含在相应金融工具的账面余额中。

（9）“存货”项目，反映企业期末在库、在途和在加工中的各种存货的可变现净值或成本（成本与可变现净值孰低）。本项目应根据“材料采购”“原材料”“库存商品”“周转材料”“委托加工物资”“生产成本”“受托代销商品”“发出商品”等科目的期末余额合计数，减去“受托代销商品款”“存货跌价准备”科目期末余额后的净额填列。材料采用计划成本核算，以及库存商品采用计划成本核算或售价核算的企业，还应该按照加上或减去材料成本差异、商品进销差价后的金额填列。

【例 8-8】202×年 6 月 30 日，邕桂公司有关科目期末余额如下：“库存商品”科目借方余额为 1 000 万元，“制造费用”科目借方余额为 600 万元，“生产成本”科目借方余额为 900 万元，“原材料”科目借方余额为 200 万元，“材料采购”科目借方余额为 50 万元，“材料成本差异”科目借方余额为 2 万元，“存货跌价准备”科目贷方余额为 80 万元，则 202×年 6 月 30 日，邕桂公司资产负债表中的“存货”项目“期末余额”栏的填列金额＝1 000+600+900+200+50+2－80＝2 672（万元）。

（10）“合同资产”项目，反映企业按照《企业会计准则第 14 号——收入》（2018）的相关规定，根据本企业履行履约义务与客户付款之间的关系在资产负债表中列示的合同资产。本项目应根据“合同资产”科目的相关明细科目期末余额分析计算填列。同一合同下的合同资产和合同负债应当以净额列示，其中净额为借方余额的，应当根据其流动性在“合同资产”或“其他非流动资产”项目中填列，已计提减值准备的，还应根据减去“合同资产减值准备”科目中相关的期末余额后的金额填列；其中净额为贷方余额的，应当根据其流动性在“合同负债”或“其他非流动负债”项目中填列。

（11）“持有待售资产”项目，反映资产负债表日划分为持有待售类别的非流动资产及划分为持有待售类别的处置组中的流动资产和非流动资产的期末账面价值。本项目应根据“持有待售资产”科目的期末余额，减去“持有待售资产减值准备”科目的期末余额后的金额填列。

【例 8-9】邕桂公司计划出售一批固定资产，该批固定资产 202×年 6 月 1 日被划分为持有待售固定资产，其账面价值为 260 万元，从划分为持有待售的下个月起停止计提折旧，假设不考虑其他因素，则 202×年 6 月 30 日，邕桂公司资产负债表中的“持有待售资产”项目“期末余额”栏的填列金额为 260 万元。

（12）“一年内到期的非流动资产”项目，反映企业预计自资产负债表日起一年内变现的非流动资产。本项目应根据“债权投资”“其他债权投资”“长期应收款”等非流动资产科目的期末余额分析填列。

【例8-10】邕桂公司202×年6月30日期末结账后的“长期应收款”总账科目余额为6 800万元，通过查看其明细账发现，其中有一笔900万元的长期应收款将于202×年10月31日到期，则邕桂公司202×年6月30日的资产负债表中“长期应收款”项目的金额应该以5 900万元填列，另外的900万元应列报于流动负债项目中的“一年内到期的非流动资产”项目。

（13）“其他流动资产”项目，反映资产负债表日企业除以上流动资产外的其他流动资产的期末余额。

（14）“债权投资”项目，反映资产负债表日企业以摊余成本计量的长期债权投资的期末账面价值。本项目应根据“债权投资”科目的相关明细科目期末余额，减去“债权投资减值准备”科目中相关减值准备的期末余额后的金额分析填列。自资产负债表日起一年内到期的长期债权投资的期末账面价值，在“一年内到期的非流动资产”项目反映。企业购入的以摊余成本计量的一年内到期的债权投资的期末账面价值，在“其他流动资产”项目反映。

（15）“其他债权投资”项目，反映资产负债表日企业分类为以公允价值计量且其变动计入其他综合收益的长期债权投资的期末账面价值。本项目应根据“其他债权投资”科目的相关明细科目期末余额分析填列。自资产负债表日起一年内到期的长期债权投资的期末账面价值，在“一年内到期的非流动资产”项目反映。企业购入的以公允价值计量且其变动计入其他综合收益的一年内到期的债权投资的期末账面价值，在“其他流动资产”项目反映。

（16）“长期应收款”项目，反映企业租赁产生的应收款项和采用递延方式分期收款、实质上具有融资性质的销售商品和提供劳务等经营活动产生的应收款项。本项目应根据“长期应收款”科目的期末余额，减去相应的“未实现融资收益”科目和“坏账准备”科目所属相关明细科目期末余额后的金额填列。

（17）“长期股权投资”项目，反映投资方对被投资单位实施控制、重大影响的权益性投资，以及对其合营企业的权益性投资。本项目应根据“长期股权投资”科目的期末余额，减去“长期股权投资减值准备”科目的期末余额后的净额填列。

（18）“其他权益工具投资”项目，反映资产负债表日企业指定为以公允价值计量且其变动计入其他综合收益的非交易性权益工具投资的期末账面价值。本项目应根据“其他权益工具投资”科目的期末余额填列。

（19）“其他非流动金融资产”项目，应根据自资产负债表日起超过一年到期且预期持有超过一年的以公允价值计量且其变动计入当期损益的非流动金融资产的期末账面价值填列。

（20）“投资性房地产”项目，应根据“投资性房地产”科目的期末余额，减去“投资性房地产减值准备”科目的期末余额后的金额填列。

（21）“固定资产”项目，反映资产负债表日企业固定资产的期末账面价值和企业尚未清理完毕的固定资产清理净损益。本项目应根据“固定资产”科目的期末余额，减去“累计折旧”和“固定资产减值准备”科目的期末余额后的金额，以及“固定资产清理”科目的期末余额填列。

【例 8-11】202×年 6 月 30 日，邕桂公司“固定资产”科目借方余额为 8 000 万元，“累计折旧”科目贷方余额为 3 000 万元，“固定资产减值准备”科目贷方余额为 600 万元，“固定资产清理”科目贷方余额为 400 万元，则 202×年 6 月 30 日，邕桂公司资产负债表中“固定资产”项目“期末余额”栏的填列金额 = 8 000 - 3 000 - 600 - 400 = 4 000（万元）。

（22）“在建工程”项目，反映资产负债表日企业尚未达到预定可使用状态的在建工程的期末账面价值和企业为在建工程准备的各种物资的期末账面价值。本项目应根据“在建工程”科目的期末余额，减去“在建工程减值准备”科目的期末余额后的金额，以及“工程物资”科目的期末余额，减去“工程物资减值准备”科目的期末余额后的金额填列。

（23）“生产性生物资产”项目，应根据“生产性生物资产”科目的期末余额，减去“生产性生物资产减值准备”科目期末余额后的金额填列。

（24）“油气资产”项目，应根据“油气资产”科目的期末余额，减去“油气资产减值准备”科目期末余额后的金额填列。

（25）“使用权资产”项目，反映资产负债表日承租人企业持有的使用权资产的期末账面价值。本项目应根据“使用权资产”科目的期末余额，减去“使用权资产累计折旧”和“使用权资产减值准备”科目的期末余额后的金额填列。

（26）“无形资产”项目，反映企业持有的专利权、商标权、著作权、非专利技术、土地使用权等无形资产的成本减去累计摊销和减值准备后的净值。本项目应根据“无形资产”科目的期末余额，减去“累计摊销”和“无形资产减值准备”科目期末余额后的净额填列。

（27）“开发支出”项目，反映企业开发无形资产过程中能够资本化形成无形资产成本的支出部分。本项目应当根据“研发支出”科目中所属的“资本化支出”明细科目期末余额填列。

（28）“商誉”项目，应根据“商誉”科目的期末余额，减去“商誉减值准备”科目期末余额后的金额填列。

（29）“长期待摊费用”项目，反映企业已经发生但应由本期和以后各期负担的、分摊期限在一年以上的各项费用。本项目应根据“长期待摊费用”科目的期末余额分析填列。长期待摊费用的摊销年限只剩一年或不足一年的，或预计在一年内（含一年）进行摊销的部分，不得归类为流动资产，仍在各该非流动资产项目中填列，不转入“一年内到期的非流动资产”项目。

（30）“递延所得税资产”项目，反映企业根据所得税准则确认的可抵扣暂时性差异产生的所得税资产。本项目应根据“递延所得税资产”科目的期末余额填列。

（31）“其他非流动资产”项目，反映企业除上述非流动资产以外的其他非流动资产。本项目应根据有关科目的期末余额填列。

（32）“短期借款”项目，反映企业向银行或其他金融机构等借入的期限在一年以内（含一年）的各种借款。本项目应根据“短期借款”科目的期末余额填列。

（33）“交易性金融负债”项目，反映企业资产负债表日承担的交易性金融负债，以及企业持有的指定为以公允价值计量且其变动计入当期损益的金融负债的期末账面价值。本项目应根据“交易性金融负债”科目的相关明细科目期末余额填列。

（34）“衍生金融负债”项目，反映衍生工具、套期项目、被套期项目中属于衍生金融负债的金额，应根据“衍生工具”“套期项目”“被套期项目”等科目的期末贷方余额分析计算填列。

（35）“应付票据”项目，反映资产负债表日以摊余成本计量的、企业因购买材料、商品和接受服务等开出、承兑的商业汇票，包括银行承兑汇票和商业承兑汇票。本项目应根据“应付票据”科目的期末余额填列。

（36）“应付账款”项目，反映资产负债表日以摊余成本计量的、企业因购买材料、商品和接受服务等经营活动应支付的款项。本项目应根据“应付账款”和“预付账款”科目所属的相关明细科目的期末贷方余额合计数填列。如果“应付账款”科目所属明细科目期末为借方余额的，应在资产负债表“预付款项”项目内填列。

【例 8-12】202×年 6 月 30 日，邕桂公司“应付账款”总账科目的期末贷方余额为 180 万元，其中“应付账款——伊岭公司”明细账期末贷方余额为 200 万元，“应付账款——明山公司”明细账期末借方余额为 20 万元，则 202×年 6 月 30 日，邕桂公司资产负债表中“应付账款”项目“期末余额”栏的填列金额为 200 万元，“应付账款——明山公司”明细账期末借方余额 20 万元则填入“预付款项”项目。

（37）“预收款项”项目，应根据“预收账款”和“应收账款”科目所属各明细科目的期末贷方余额合计数填列。如“预收账款”科目所属明细科目期末为借方余额的，应在资产负债表“应收账款”项目内填列。

【例 8-13】202×年 6 月 30 日，邕桂公司“预收账款”总账科目的期末贷方余额为 630 万元，其中“预收账款——青秀公司”明细账期末贷方余额为 690 万元，“预收账款——秀山公司”明细账期末借方余额为 60 万元，则 202×年 6 月 30 日，邕桂公司资产负债表中“预收款项”项目“期末余额”栏的填列金额为 690 万元，“预收账款——秀山公司”明细账期末借方余额 60 万元则填入“应收账款”项目。

（38）“合同负债”项目，反映企业按照《企业会计准则第 14 号——收入》（2018）的相关规定，根据本企业履行履约义务与客户付款之间的关系在资产负债表中列示的合同负债。本项目应根据“合同负债”的相关明细科目期末余额分析填列。

（39）“应付职工薪酬”项目，反映企业为获得职工提供的服务或解除劳动关系而给予的各种形式的报酬或补偿。本项目应根据“应付职工薪酬”科目所属各明细科目的期末贷方余额分析填列。外商投资企业按规定从净利润中提取的职工奖励及福利基金，也在本项目列示。

（40）“应交税费”项目，反映企业按照税法规定计算应交纳的各种税费，包括增值税、消费税、资源税、车船税、房产税、土地增值税、城市维护建设税、城镇土地使用税、教育费附加、企业所得税等。企业代扣代缴的个人所得税，也通过本项目列示。企业所交纳的税金不需要预计应交数的，如印花税、耕地占用税等，不在本项目列示。本项目应根据“应交税费”科目的期末贷方余额填列，如“应交税费”科目期末为借方余额，应以“-”号填列。

（41）“其他应付款”项目，反映企业除应付票据、应付账款、预收账款等经营活动以外的其他各种应付、暂收的款项。本项目应根据“应付股利”“应付利息”“其他应付款”科目的期末余额合计数填列。其中的“应付利息”仅反映相关金融工具已到期应支付但于资产负债表日尚未支付的利息。基于实际利率法计提的金融工具的利息应包含在相应金融工具的账面余额中。

（42）“持有待售负债”项目，反映资产负债表日处置组中与划分为持有待售类别的资产直接相关的负债的期末账面价值。本项目应根据“持有待售负债”科目的期末余额填列。

（43）“一年内到期的非流动负债”项目，反映企业非流动负债中将于资产负债表日后一年内到期部分的金额，如将于一年内偿还的长期借款，将于一年内到期应予以清偿的租赁负债等。本项目应根据有关科目的期末余额分析填列。

（44）“其他流动负债”项目，反映资产负债表日企业除以上流动负债外的其他流动负债的期末余额。

（45）“长期借款”项目，反映企业向银行或其他金融机构借入的期限在一年以上（不含一年）的各项借款。本项目应根据“长期借款”科目的期末余额，扣除“长期借款”科目所属的明细科目中将在资产负债表日起一年内到期且企业不能自主地将清偿义务展期的长期借款后的金额计算填列。

（46）“应付债券”项目，反映企业为筹集长期资金而发行的债券本金（和利息）。本项目应根据“应付债券”总账科目余额扣除“应付债券”科目所属的明细科目中将在一年内到期且企业不能自主地将清偿义务展期的应付债券后的金额计算填列。

（47）“租赁负债”项目，反映资产负债表日承租人企业尚未支付的租赁付款额的期末账面价值。本项目应根据“租赁负债”科目的期末余额填列。自资产负债表日起一年内到期应予以清偿的租赁负债的期末账面价值，在“一年内到期的非流动负债”项目反映。

（48）“长期应付款”项目，反映资产负债表日企业除长期借款和应付债券以外的其他各种长期应付款项的期末账面价值。本项目应根据“长期应付款”科目的期末余额，减去相关的“未确认融资费用”科目的期末余额后的金额，以及“专项应付款”科目的期末余额填列。

（49）“预计负债”项目，反映企业根据或有事项等相关准则确认的各项预计负债，包括对外提供担保、未决诉讼、产品质量保证、重组义务以及固定资产和矿区权益弃置义务等产生的预计负债。本项目应根据“预计负债”科目的期末余额填列。企业按照《企业会计准则第 22 号——金融工具确认和计量》（2018）的相关规定，对贷款承诺等项目计提的损失准备，应当在本项目中填列。

（50）“递延收益”项目，反映尚待确认的收入或收益。本项目核算包括企业根据政府补助准则确认的应在以后期间计入当期损益的政府补助金额、售后租回形成融资租赁的售价与资产账面价值差额等其他递延性收入。本项目应根据“递延收益”科目的期末余额填列。本项目中摊销期限只剩一年或不足一年的，或预计在一年内（含一年）进行摊销的部分，不得归类为流动负债，仍在该项目中填列，不转入“一年内到期的非流动负债”项目。

（51）“递延所得税负债”项目，反映企业根据所得税准则确认的应纳税暂时性差异产生的所得税负债。本项目应根据“递延所得税负债”科目的期末余额填列。

（52）“其他非流动负债”项目，反映企业除上述非流动负债以外的其他非流动负债。本项目应根据有关科目的期末余额，减去将于一年内（含一年）到期偿还数后的余额分析填列。非流动负债各项目中将于一年内（含一年）到期的非流动负债，应在“一年内到期的非流动负债”项目内反映。

（53）“实收资本（或股本）”项目，反映资产负债表日企业各投资者实际投入的资本（或股本）总额。本项目应根据“实收资本（或股本）”科目的期末余额填列。

（54）“其他权益工具”项目，反映资产负债表日企业发行在外的除普通股以外分类为权益工具的金融工具的期末账面价值。对于资产负债表日企业发行的金融工具，分类为金融负债的，应在“应付债券”项目填列，对于优先股和永续债，还应在“应付债券”项目下的“优先股”项目和“永续债”项目分别填列；分类为权益工具的，应在“其他权益工具”项目填列，对于优先股和永续债，还应在“其他权益工具”项目下的“优先股”项目和“永续债”项目分别填列。

（55）“资本公积”项目，反映企业收到的投资者出资超出其在注册资本或股本中所占的份额以及直接计入所有者权益的利得和损失等。本项目应根据“资本公积”科目的期末余额填列。

（56）“其他综合收益”项目，应根据“其他综合收益”科目的期末余额填列。

（57）“专项储备”项目，反映高危行业企业按国家规定提取的安全生产费的期末账面价值。本项目应根据“专项储备”科目的期末余额填列。

（58）“盈余公积”项目，应根据“盈余公积”科目的期末余额填列。

（59）“未分配利润”项目，应根据“本年利润”科目和“利润分配”科目的余额计算填列。未弥补的亏损在本项目内以“-”号填列。

【例 8-14】202×年 6 月 30 日，邕桂公司“利润分配——未分配利润”科目的期初贷方余额为 960 万元，“本年利润”科目期末借方余额为 60 万元，则 202×年 6 月 30 日，邕桂公司资产负债表中“未分配利润”项目“期末余额”栏的填列金额为 900 万元。

五、资产负债表的编制举例

【例 8-15】邕桂公司 202×年 6 月 30 日的科目余额如表 8-6 所示。

表 8-6　科目余额　　单位：元

科目名称	期末余额	
	借方	贷方
库存现金	53 000	
银行存款	9 636 000	
交易性金融资产	337 000	
应收票据	23 400	
应收账款	1 586 860	
坏账准备（假设均为应收账款所计提）		69 000

表8-6(续)

科目名称	期末余额	
	借方	贷方
预付账款	43 600	
应收股利	46 000	
应收利息	28 000	
其他应收款	16 000	
生产成本	532 760	
原材料	8 381 680	
库存商品	6 932 100	
存货跌价准备		62 000
长期应收款	357 130	
长期股权投资	1 059 000	
长期股权投资减值准备		39 000
投资性房地产	35 900	
固定资产	51 987 000	
累计折旧		3 368 000
固定资产减值准备		257 000
工程物资	36 000	
在建工程	619 000	
固定资产清理	372 180	
无形资产	546 790	
累计摊销		69 000
无形资产减值准备		26 000
长期待摊费用	66 000	
研发支出（假设均为资本化支出）	42 600	
短期借款		4 621 000
交易性金融负债		35 389 320
应付票据		23 567 432
应付账款		467 820
预收账款		329 088
应付职工薪酬		328 600
应付股利		32 430
应付利息		23 650
应交税费		652 900
其他应付款		29 000
预计负债		9 800
长期借款		4 589 300
应付债券		589 600
长期应付款		83 800
股本		5 600 000

表8-6(续)

科目名称	期末余额	
	借方	贷方
资本公积		200 000
其他综合收益		1 200 000
盈余公积		669 000
本年利润		396 860
利润分配（未分配利润）		68 400
合计	82 738 000	82 738 000

根据科目余额表编制该公司的资产负债表，如表 8-7 所示。

表 8-7　资产负债表

会企 01 表

编制单位：邕桂公司　　　　202×年 6 月 30 日　　　　单位：元

资产	期末余额	上年年末余额	负债及所有者权益	期末余额	上年年末余额
流动资产：			流动负债：		
货币资金	9 689 000		短期借款	4 621 000	
交易性金融资产	337 000		交易性金融负债	35 389 320	
衍生金融资产			衍生金融负债		
应收票据	23 400		应付票据	23 567 432	
应收账款	1 517 860		应付账款	467 820	
应收款项融资			预收款项	329 088	
预付款项	43 600		合同负债		
其他应收款	90 000		应付职工薪酬	328 600	
存货	15 784 540		应交税费	652 900	
合同资产			其他应付款	85 080	
持有待售资产			持有待售负债		
一年内到期的非流动资产			一年内到期的非流动负债		
其他流动资产			其他流动负债		
流动资产合计	27 485 400		流动负债合计	65 441 240	
非流动资产：			非流动负债：		
债权投资			长期借款	4 589 300	
其他债权投资			应付债券	589 600	
长期应收款	357 130		其中：优先股		
长期股权投资	1 020 000		永续债		
其他权益工具投资			租赁负债		
其他非流动金融资产			长期应付款	83 800	

表8-7(续)

资产	期末余额	上年年末余额	负债及所有者权益	期末余额	上年年末余额
投资性房地产	35 900		预计负债	9 800	
固定资产	48 734 180		递延收益		
在建工程	655 000		递延所得税负债		
生产性生物资产			其他非流动负债		
油气资产			非流动负债合计	5 272 500	
使用权资产			负债合计	70 713 740	
无形资产	451 790		所有者权益（或股东权益）：		
开发支出	42 600		实收资本（或股本）	5 600 000	
商誉			其他权益工具		
长期待摊费用	66 000		其中：优先股		
递延所得税资产			永续债		
其他非流动资产			资本公积	200 000	
非流动资产合计	51 362 600		减：库存股		
			其他综合收益	1 200 000	
			专项储备		
			盈余公积	669 000	
			未分配利润	465 260	
			所有者权益（或股东权益）合计	8 134 260	
资产总计	78 848 000		负债及所有者权益总计	78 848 000	

第三节　利润表

一、利润表的结构与内容

（一）利润表的概念

我国《企业财务会计报告条例》对利润表的定义是：利润表是反映企业在一定会计期间经营成果的报表。比如，邕桂公司 202×年 6 月的利润表，反映的是邕桂公司 202×年 1~6 月这半年时间生产经营的成果。

（二）利润表的结构

利润表的结构有单步骤报告式和多步骤报告式两种，目前我国的利润表采用多步骤报告式结构。单步骤报告式的利润表，其结构是把所有收入列报在一起，把所有费用列报在一起，二者相减得出当期净利润。多步骤报告式的利润表，其结构分为表首和正表。表首反映的是会计主体的基本信息，如单位名称、编表时间、计量单位、报表编号等；正表部分是将当期的收入、费用、支出项目按性质加以归类，对费用项目又进一步按照功能，分为从事经营业务发生的成本、管理费用、销售费用和财务费用，按利润形成的主要环节列示一些中间性利润指标，如营业利润、利润总额、净利润，便于会计信息使用者理解企业经营成果的不同来源。这也是会计等式“收入－费用＝利润”在财务报表中的体现。

（三）利润表的内容

《企业会计准则第 30 号——财务报表列报》中规定，利润表至少应当单独列示 14 类信息的项目，但其他会计准则另有规定的除外。这 14 类信息包括：营业收入、营业成本、税金及附加、管理费用、销售费用、财务费用、投资收益、公允价值变动损益、资产减值损失、非流动资产处置损益、所得税费用、净利润、其他综合收益各项目分别扣除所得税影响后的净额、综合收益总额。

其他综合收益是指企业根据其他会计准则规定未在当期损益中确认的各项利得和损失。比如，权益法下可转损益的其他综合收益、其他权益工具投资公允价值变动等。

综合收益是指企业在某一期间除与所有者以其所有者身份进行的交易之外的其他交易或事项所引起的所有者权益变动。

如果是金融企业，还可以根据其特殊性列示利润表项目。目前一般企业利润表的格式如表 8-8 所示。

表 8-8　利润表

会企 02 表

编制单位：　　　　202×年　　　　单位：元

项目	本期金额	上期金额
一、营业收入		
减：营业成本		
税金及附加		
销售费用		
管理费用		
研发费用		
财务费用		
其中：利息费用		
利息收入		
加：其他收益		
投资收益（损失以“－”号填列）		
公允价值变动收益（损失以“－”号填列）		
信用减值损失（损失以“－”号填列）		
资产减值损失（损失以“－”号填列）		
资产处置收益（损失以“－”号填列）		

表8-8(续)

项目	本期金额	上期金额
二、营业利润（亏损以“-”号填列）		
加：营业外收入		
减：营业外支出		
三、利润总额（亏损总额以“-”号填列）		
减：所得税费用		
四、净利润（净亏损以“-”号填列）		
（一）持续经营净利润（亏损以“-”号填列）		
（二）终止经营净利润（亏损以“-”号填列）		
五、其他综合收益的税后净额		
（一）不能重分类进损益的其他综合收益		
1. 重新计量设定受益计划变动额		
2. 权益法下不能转损益的其他综合收益		
3. 其他权益工具投资公允价值变动		
4. 企业自身信用风险公允价值变动		
（二）将重分类进损益的其他综合收益		
1. 权益法下可转损益的其他综合收益		
2. 其他权益工具投资公允价值变动		
3. 金融资产重分类计入其他综合收益的金额		
4. 其他债权投资信用减值准备		
5. 现金流量套期储备		
6. 外币财务报表折算差额		
六、综合收益总额		
七、每股收益		
（一）基本每股收益		
（二）稀释每股收益		

二、利润表的编制方法

（一）上期金额的填列方法

本部分内容将介绍一般企业的利润表的编制。按照财务报表列报的基本要求，利润表必须提供比较数据，因此，利润表各项目需要列报“本期金额”和“上期金额”以供比较。利润表中的“上期金额”栏各项目，如为年度利润表，则应该根据上年年末利润表的“本期金额”栏数字填列，如果本年度利润表各个项目的名称和内容与上年度不一致的，应将上年年末利润表各项目的数字按照本年度的规定进行调整，将调整后的数字填入本年度的“上期金额”栏内。

（二）本期金额的填列方法

利润表中的“本期金额”栏各项目的填列方法可归纳为两种：一种是直接填列法，另一种是分析填列法。

1. 直接填列法

有些利润表项目可以直接根据损益类账户的本期发生额填列，如税金及附加、销售费用、管理费用、资产减值损失、公允价值变动收益、所得税费用等报表项目。

2. 分析计算填列法

有些利润表项目应当根据损益类账户和所有者权益类账户的本期发生额分析计算填列，在这里只介绍一些基本的利润表项目的填列方法，其他项目的填列由于涉及较多的专业知识，在这里只简单介绍，详细内容将在以后的专业课学习中再介绍。

（1）“营业收入”项目，根据“主营业务收入”和“其他业务收入”总账科目本期发生净额填列。

（2）“营业成本”项目，根据“主营业务成本”和“其他业务成本”总账科目本期发生净额填列。

（3）“投资收益”项目，根据“投资收益”总账科目本期发生净额，减去对联营企业和合营企业的投资收益后的金额填列。“对联营企业和合营企业的投资收益”项目，根据“投资收益”明细科目的本期发生额分析填列。

（4）“资产处置收益”项目，反映企业出售划分为持有待售的非流动资产（金融工具、长期股权投资和投资性房地产除外）或处置组时确认的处置利得或损失，以及处置未划分为持有待售的固定资产、在建工程、生产性生物资产及无形资产而产生的处置利得或损失。债务重组中因处置非流动资产产生的利得或损失和非货币性资产交换产生的利得或损失也包括在本项目内。该项目应根据在损益类科目新设置的“资产处置损益”科目的发生额分析填列；如为处置损失，以“-”号填列。

（5）“其他收益”项目，反映计入其他收益的政府补助等。

该项目应根据在损益类科目新设置的“其他收益”科目的发生额分析填列。

（6）“营业利润”项目，根据利润表内有关项目计算填列。计算公式为

营业利润=营业收入-营业成本-税金及附加-管理费用-销售费用-财务费用-投资损失-公允价值变动损益-资产减值损失

（7）“营业外收入”项目，反映企业发生的营业利润以外的收益，主要包括债务重组利得、与企业日常活动无关的政府补助、盘盈利得、捐赠利得等。该项目应根据“营业外收入”科目的发生额分析填列。

（8）“营业外支出”项目，反映企业发生的营业利润以外的支出，主要包括债务重组损失、公益性捐赠支出、非常损失、盘亏损失、非流动资产毁损报废损失等。该项目应根据“营业外支出”科目的发生额分析填列。

（9）“利润总额”项目，根据利润表内有关项目计算填列。计算公式为

利润总额=营业利润-营业外收支净额

（10）“净利润”项目，根据利润表内有关项目计算填列。计算公式为

净利润=利润总额-所得税费用

（11）持续经营净利润、终止经营净利润项目，分别反映净利润中与持续经营相关的净利润和与终止经营相关的净利润；如为净亏损，以“-”号填列。该两个项目应按照《企业会计准则第 42 号——持有待售的非流动资产、处置组和终止经营》的相关规定分别列报。

（12）“其他综合收益的税后净额”项目及其各组成部分，应根据“其他综合收益”科目及其所属明细科目的本期发生额分析填列。

（13）“综合收益总额”项目，根据利润表内有关项目计算填列。计算公式为

综合收益总额=净利润+其他综合收益的税后净额

（三）利润表的编制举例

【例 8-16】邕桂公司 202×年 6 月 30 日损益类账户本期发生额如表 8-9 所示，假设所得税税率为 25%。

表 8-9　损益类科目发生额及发生净额　　单位：元

科目名称	本期发生额		本期发生净额	
	借方	贷方	借方	贷方
主营业务收入	3 000 000	53 689 000		50 689 000
其他业务收入		435 000		435 000
投资收益	413 000	2 886 000		2 473 000
营业外收入		462 000		462 000
营业外支出	140 000		140 000	
主营业务成本	13 580 000	1 400 000	12 180 000	
其他业务成本	269 000		269 000	
税金及附加	390 000		390 000	
销售费用	3 286 000		3 286 000	
管理费用	925 000	30 000	895 000	
财务费用	5 881 000	52 000	5 829 000	
资产减值损失	826 000		826 000	
公允价值变动损益	36 000		36 000	
所得税费用	7 552 000			

要求：编制邕桂公司 202×年 6 月的利润表。

根据以上资料编制的邕桂公司 202×年 6 月的利润表如表 8-10 所示。

表 8-10　利润表

会企 02 表

编制单位：邕桂公司　　202×年 6 月　　单位：元

项目	本期金额	上期金额
一、营业收入	51 124 000	
减：营业成本	12 449 000	
税金及附加	390 000	

表8-10(续)

项目	本期金额	上期金额
销售费用	3 286 000	
管理费用	895 000	
研发费用		
财务费用	5 829 000	
其中：利息费用		
利息收入		
加：其他收益		
投资收益（损失以“-”号填列）	2 473 000	
公允价值变动收益（损失以“-”号填列）	-36 000	
信用减值损失（损失以“-”号填列）		
资产减值损失（损失以“-”号填列）	826 000	
资产处置收益（损失以“-”号填列）		
二、营业利润（亏损以“-”号填列）	29 886 000	
加：营业外收入	462 000	
减：营业外支出	140 000	
三、利润总额（亏损总额以“-”号填列）	30 208 000	
减：所得税费用	7 552 000	
四、净利润（净亏损以“-”号填列）	22 656 000	
（一）持续经营净利润（亏损以“-”号填列）		
（二）终止经营净利润（亏损以“-”号填列）		
五、其他综合收益的税后净额		
（一）不能重分类进损益的其他综合收益		
1. 重新计量设定受益计划变动额		
2. 权益法下不能转损益的其他综合收益		
3. 其他权益工具投资公允价值变动		
4. 企业自身信用风险公允价值变动		
（二）将重分类进损益的其他综合收益		
1. 权益法下可转损益的其他综合收益		
2. 其他权益工具投资公允价值变动		
3. 金融资产重分类计入其他综合收益的金额		
4. 其他债权投资信用减值准备		
5. 现金流量套期储备		
6. 外币财务报表折算差额		
六、综合收益总额	22 656 000	
七、每股收益		
（一）基本每股收益		
（二）稀释每股收益		

第四节 现金流量表

一、现金流量表的概念

现金流量表是指反映企业在一定会计期间现金和现金等价物流入和流出的报表。现金流量表中的“现金”是指广义的现金，包括：①库存现金；②银行存款，一般是指企业存入金融企业、随时可以用于支付的存款；③其他货币资金，一般是指企业的外埠存款、银行汇票存款、银行本票存款、信用卡存款、信用证存款等；④现金等价物，一般是指企业持有的期限短、流动性强、易于转换为已知金额现金、价值变动风险很小的投资。现金等价物通常包括三个月内到期的债券投资等。权益性投资变现的金额通常不确定，因而不属于现金等价物。企业应当根据具体情况，确定现金等价物的范围，一经确定不得随意变更。现金流量表中的“现金流量”是指企业在一定会计期间内现金及现金等价物流入（增加）的金额、流出（减少）的金额以及流入减流出后的净额。

二、现金流量表的结构与内容

现金流量表分为表首、正表两个部分。表首反映企业的基本信息，如企业名称、编制时间、计量单位、报表编号等。正表由六个部分构成：一是经营活动产生的现金流量，经营活动是指企业投资活动和筹资活动以外的所有交易和事项。经营活动的范围很广，就工业企业来说，经营活动主要包括销售商品、提供劳务、经营性租赁、购买商品、接受劳务、广告宣传、推销产品、缴纳税款等。二是投资活动产生的现金流量，投资活动是指企业固定资产、在建工程、无形资产、其他资产等长期资产的购建和不包括在现金等价物范围内的投资及其处置活动。三是筹资活动产生的现金流量，筹资活动是指导致企业资本及债务规模和构成发生变化的活动，这里的“资本”包括实收资本（股本）、资本溢价（股本溢价）。这里的“债务”包括发行债券、向金融企业借入款项以及偿还债务等。四是汇率变动对现金的影响。五是现金及现金等价物净增加额。六是期末现金及现金等价物余额。现金流量表的格式如表 8-11 所示。

表 8-11 现金流量表

会企 03 表

编制单位：邕桂公司　　　　＿＿＿＿年＿＿＿＿月　　　　单位：元

项目	本期金额	上期金额
一、经营活动产生的现金流量：		
销售商品、提供劳务收到的现金		
收到的税费返还		
收到的其他与经营活动有关的现金		
经营活动现金流入小计		
购买商品、接受劳务支付的现金		

表8-11(续)

项目	本期金额	上期金额
支付给职工以及为职工支付的现金		
支付的各项税费		
支付的其他与经营活动有关的现金		
经营活动现金流出小计		
经营活动产生的现金流量净额		
二、投资活动产生的现金流量:		
收回投资所收到的现金		
取得投资收益所收到的现金		
处置固定资产、无形资产和其他长期资产收回的现金净额		
处置子公司及其他营业单位收到的现金净额		
收到的其他与投资活动有关的现金		
投资活动现金流入小计		
购建固定资产、无形资产和其他长期资产所支付的现金		
投资所支付的现金		
取得子公司及其他营业单位支付的现金净额		
支付的其他与投资活动有关的现金		
投资活动现金流出小计		
投资活动产生的现金流量净额		
三、筹资活动产生的现金流量:		
吸收投资所收到的现金		
取得借款收到的现金		
收到的其他与筹资活动有关的现金		
筹资活动现金流入小计		
偿还债务所支付的现金		
分配股利、利润或偿付利息所支付的现金		
支付的其他与筹资活动有关的现金		
筹资活动现金流出小计		
筹资活动产生的现金流量净额		
四、汇率变动对现金及现金等价物的影响		
五、现金及现金等价物净增加额		
加:期初现金及现金等价物余额		
六、期末现金及现金等价物余额		

三、现金流量表附注的结构内容

现金流量表附注包括三项内容：一是补充资料。补充资料又分三个部分：①将净利润调节为经营活动产生的现金流量；②不涉及现金收支的重大筹资和投资活动；③现金及现金等价物净变动情况。二是当期取得或处置子公司或其他营业单位的有关现金流量信息。三是现金和现金等价物具体构成的有关信息。

四、现金流量表的编制方法

现金流量表是按照收付实现制，以现金为基础编制的。现金流量表可以采用直接法、工作底稿法、T 型账户法等方法编制。

（一）直接法

直接法是指按照现金流入和现金流出的主要类别直接反映企业经营活动、投资活动、筹资活动所产生的现金流量项目中的方法。现金流量表附注中的“将净利润调节为经营活动产生的现金流量”采用间接法编制，并且其结果应与采用直接法编制的“经营活动产生的现金流量”相等。间接法是指以净利润为依据，扣除投资活动、筹资活动对现金流量的影响，调整不涉及现金的收入、费用和已收付现金但不涉及收入、费用的项目，然后计算出经营活动产生的现金流量的方法。

（二）工作底稿法

工作底稿法是指以工作底稿为手段，以利润表和资产负债表数据为基础，对每一项目进行分析并编制调整分录，从而编制出现金流量表的做法。

（三）T 型账户法

T 型账户法是指以 T 型账户为手段，以利润表和资产负债表数据为基础，对每一项目进行分析并编制调整分录，从而编制出现金流量表的做法。

由于现金流量表的编制需要较多专业知识，本书作为会计学的入门课程，在这里仅介绍一些基本知识，更多的专业知识将在后续的专业课程中予以介绍。

第五节　所有者权益变动表

一、所有者权益变动表的概念、结构与内容

（一）所有者权益变动表的概念

所有者权益变动表是指反映构成所有者权益的各组成部分当期的增减变动情况的报表。

（二）所有者权益变动表的结构

企业应当以矩阵的形式列示所有者权益变动表。一方面，列示导致所有者权益变动的交易或事项，按所有者权益变动的来源对一定时期所有者权益变动情况进行全面反映；另一方面，按照所有者权益各组成部分（包括实收资本、资本公积、其他综合收益、盈余公积、未分配利润、库存股等）及其总额列示相关交易或事项对所有者权益的影响。一般企业所有者权益变动表的格式如表 8-12 所示。

表 8-12　所有者权益变动表

会企 04 表

编制单位：　　　　202×年度　　　　单位：万元

项目	本年金额										上年金额									
	实收资本	其他权益投资			资本公积	减：库存股	其他综合收益	盈余公积	未分配利润	所有者权益合计	实收资本	其他权益投资			资本公积	减：库存股	其他综合收益	盈余公积	未分配利润	所有者权益合计
		优先股	永续债	其他								优先股	永续债	其他						
一、上年年末余额																				
加：会计政策变更																				
前期差错更正																				
其他																				
二、本年年初余额	60 000				10 000			30 000	20 000	120 000										
三、本年增减变动金额（减少以“-”号填列）																				
（一）综合收益总额									60 000	60 000										
（二）所有者投入和减少资本																				
1. 所有者投入的普通股	20 000									20 000										
2. 其他权益工具持有者投入资本																				
3. 股份支付计入所有者权益的金额																				
4. 其他																				
（三）利润分配																				
1. 提取盈余公积								6 000	-6 000	0										
2. 对所有者（或股东）的分配									-25 000	-25 000										
3. 其他																				
（四）所有者权益内部结转																				
1. 资本公积转增资本（或股本）																				
2. 盈余公积转增资本（或股本）	20 000									20 000										
3. 盈余公积弥补亏损																				
4. 设定受益计划变动额结转留存收益																				
5. 其他综合收益结转留存收益																				
6. 其他																				
四、本年年末余额	100 000				10 000			36 000	49 000	195 000	60 000				10 000			30 000	20 000	120 000

综合收益和与所有者（或股东，下同）的资本交易导致的所有者权益的变动，应当分别列示。与所有者的资本交易，是指企业与所有者以其所有者身份进行的、导致企业所有者权益变动的交易。

（三）所有者权益变动表的内容

所有者权益变动表至少应当单独列示反映下列信息的项目：

（1）综合收益总额，在合并所有者权益变动表中还应单独列示归属于母公司所有者的综合收益总额和归属于少数股东的综合收益总额；

（2）会计政策变更和前期差错更正的累积影响金额；

（3）所有者投入资本和向所有者分配利润等；

（4）按照规定提取的盈余公积；

（5）所有者权益各组成部分的期初和期末余额及其调节情况。

二、所有者权益变动表的编制

根据《企业会计准则第30号——财务报表列报》的规定，企业需要提供所有者权益变动表，所有者权益变动表还就各项目再分为“本年金额”和“上年金额”两栏分别填列。

“上年金额”栏的填列。企业应当根据上年度所有者权益变动表“本年金额”栏内所列数字填列本年度“上年金额”栏内各项数字。如果上年度所有者权益变动表规定的项目的名称和内容同本年度不一致，应对上年度所有者权益变动表相关项目的名称和金额按本年度的规定进行调整，填入所有者权益变动表“上年金额”栏内。

“本年金额”栏的填列。企业应当根据所有者权益类科目和损益类有关科目的发生额分析填列所有者权益变动表“本年金额”栏。具体包括如下情况：

（1）“上年年末余额”项目，应根据上年资产负债表中“实收资本（或股本）”“资本公积”“其他综合收益”“盈余公积”“未分配利润”等项目的年末余额填列。

（2）“会计政策变更”和“前期差错更正”项目，应根据“盈余公积”“利润分配”“以前年度损益调整”等科目的发生额分析填列，并在“上年年末余额”的基础上调整得出“本年年初金额”项目。

（3）“本年增减变动额”项目分别反映如下内容：

①“综合收益总额”项目，反映企业当年的综合收益总额，应根据当年利润表中“其他综合收益的税后净额”和“净利润”项目填列，并对应列在“其他综合收益”和“未分配利润”栏。

②“所有者投入和减少资本”项目，反映企业当年所有者投入的资本和减少的资本。

③“利润分配”下各项目，反映当年对所有者（或股东）分配的利润（或股利）金额和按照规定提取的盈余公积金额，并对应列在“未分配利润”和“盈余公积”栏。其中：

“提取盈余公积”项目，反映企业按照规定提取的盈余公积，应根据“盈余公积”“利润分配”科目的发生额分析填列。

“对所有者（或股东）的分配”项目，反映对所有者（或股东）分配的利润（或股利）金额，应根据“利润分配”科目的发生额分析填列。

④“所有者权益内部结转”下各项目，反映不影响当年所有者权益总额的所有者权益各组成部分之间当年的增减变动，包括资本公积转增资本（或股本）、盈余公积转增资本（或股本）、盈余公积弥补亏损等。

【例 8-17】邕桂公司 202×年年初有关所有者权益科目的余额如表 8-13 所示。

表 8-13　202×年年初所有者权益科目余额　　单位：元

科目名称	股本	资本公积	盈余公积	未分配利润	所有者权益合计
年初余额	600 000 000	100 000 000	300 000 000	200 000 000	1 200 000 000

202×年公司发生的涉及所有者权益的有关业务如下：

（1）当年投资者投入资金 200 000 000 元。

（2）当年以盈余公积 200 000 000 元转增股本。

（3）当年实现净利润 600 000 000 元，按 10%计提法定盈余公积。

（4）当年向投资者分配利润 250 000 000 元。

根据上述资料编制该公司所有者权益变动表，见表 8-12。

第六节　附注

一、附注的概念

附注是对在资产负债表、利润表、现金流量表和所有者权益变动表等报表中列示项目的文字描述或明细资料，以及对未能在这些报表中列示项目的说明等。

二、附注披露的内容

附注一般应当按照顺序至少披露这些内容：企业的基本情况，如企业注册地、组织形式、总部地址、企业的业务性质和主要经营活动等；财务报表的编制基础；遵循企业会计准则的声明；重要会计政策和会计估计；会计政策和会计估计变更以及差错更正的说明；报表重要项目的说明；或有和承诺事项、资产负债表日后非调整事项、关联方关系及其交易等需要说明的事项；有助于财务报表使用者评价企业管理资本的目标、政策及程序的信息等。

第七节　财务报表分析

一、财务报表分析的概念

财务报表分析又称为财务分析，是指以企业财务会计报告中的有关数据为基础，并结合其他有关信息，运用专门的方法对企业的财务状况、经营成果和现金流量情况进行分析计算，以便通过计算结果进行综合比较和评价，为有关人员提供参考的一项管理活动。财务报表分析产生于19世纪末20世纪初的美国，由美国的银行家所倡导。当时是发放贷款的银行为了保障其贷款资金的安全性而对接受贷款企业进行信用调查的一种手段，以后随着经济的发展，财务报表分析的服务范围扩大，分析内容增加，分析方法增多，财务报表分析发展成了一门独立学科。

二、财务报表分析的内容

一套完整的财务报表至少应当包括“四表一注”，因此，财务报表分析通过对资产负债表、利润表、现金流量表、所有者权益变动表、附注等会计信息的分析，可以揭示企业财务状况、经营成果和现金流量变动的情况及其影响因素。企业偿债能力分析，企业营运能力分析，企业盈利能力分析，现金流量分析，发展能力分析，投资价值分析以及它们之间相互联系、相互制约的辩证关系的综合分析，就构成了财务报表分析的基本内容。

三、财务报表分析的步骤

不同的利益相关者，对财务报表分析的要求不同，内容也有所不同，进行分析时没有一种固定不变的步骤，也不存在唯一通用的分析程序与方法。因此，财务分析的具体步骤和程序，是根据分析目的、分析的方法和特定的分析对象，由分析人员根据分析对象的需要而设计的。财务报表分析的一般步骤如下：

（1）根据分析对象的需要收集有关信息；

（2）根据分析目的把整体的各个部分分类归纳整理，使之符合需要；

（3）采用一定的分析方法进行具体分析；

（4）撰写分析报告。

四、财务报表分析的意义

企业财务报表按照统一的格式，以会计特有的语言全面、完整地反映了企业的财务状况、经营成果和现金流量等信息，是企业会计信息使用者了解企业生产经营管理过程和结果的重要窗口，但是财务报表提供的数据还不能直接反映企业经营状况的好坏、经营成果的高低、盈利能力的强弱以及未来的发展趋势，因此要采用专门的方法，通过一系列财务指标来进行财务报表分析。通过分析可以评价企业过去的经营业绩；审视现在的财务状况、经营成果、现金流量；预测企业未来的发展趋势。财务报表分析的意义具体体现在以下六个方面：

（1）有利于投资者的投资决策和经济预测。投资者最关注的是投资风险和投资报酬，通过财务报表分析可以为他们提供总资产利润率、每股收益、每股净资产等指标，为投资者的决策和预测提供参考。

（2）有利于债权人做出信用决策和经济预测。金融机构、原料供应商最关注的是公司的信用状况，通过财务报表分析可以评价企业的短期偿债能力和长期偿债能力，通过财务报表分析可以为金融机构、原料供应商等债权人提供流动比率、资产负债率、权益比率、利息保障倍数等指标，为债权人的有关决策和经济预测提供参考。

（3）为政府部门制定宏观政策和经济预测提供参考。通过财务报表分析可以提供营业收入总额及变动情况、交税总额及变动情况等统计数据，为政府部门制定产业、财政、税收、金融、贸易等政策和进行宏观经济预测提供参考。

（4）有利于企业管理层进行经营管理决策。通过财务报表分析，企业管理层可以看到企业的资金是否能维持日常所需，采用什么方式筹集资金成本最低，库存存货周转得快不快，销售利润率及其变化等，为企业管理层做出生产经营决策提供参考。

（5）有利于企业职工了解企业盈利与职工薪酬之间是否适应。企业职工最关注的是公司提供的就业机会及其稳定性、劳动报酬高低和职工福利好坏等信息，通过财务报表分析，职工可以看到企业管理层的薪酬、职工的薪酬水平、企业支付给职工以及为职工支付的现金等信息。

（6）有利于其他机构、组织、个人进行预测和决策。比如中介机构（注册会计师、咨询人员等），注册会计师通过会计报表分析可以确定审计的重点；又如财务分析师，在一些国家"财务分析师"已成为专门职业，他们为各类报表使用人提供专业咨询；再如社会公众（潜在的投资者），他们关注公司的现状及发展前景信息，寻找投资机会，做出投资决策。

五、财务报表分析的局限性

（1）报表数据不真实导致分析结果不真实。会计准则、制度本身的可选择性和会计人员的职业判断能力不同，财务报表数据不能绝对地客观真实，有的企业做假账，导致财务报表数据不真实，使财务报表分析结果不真实。

（2）某些情况下造成财务报表分析结果不具可比性。企业多元化经营造成不可比，会计政策运用方面的弹性也造成不可比，因此，某些情况下造成财务报表分析结果不具可比性。

（3）很难准确地预测未来。财务分析是以历史数据为依据进行的分析，它可以揭示过去的情况，对未来的预测也有一定的作用，但是，却很难准确地预测未来。

六、财务报表分析的基本方法及其应用

（一）财务报表分析的基本方法

财务报表分析所运用的基本方法一般包括比较分析法、比率分析法、趋势分析法和因素分析法等。

1. 比较分析法

比较分析法是通过对两个或两个以上有关的可比数据（或指标）进行对比，计算其差异额，分析和判断企业财务状况和经营成果的一种方法。比较分析法是会计报表分析最常用，也是最基本的方法。运用比较分析法时，要注意对比指标之间的可比性，这个可比性是指互相比较的指标必须在指标内容、计价基础、计算口径、时间长度等方面保持一致；如果是企业之间进行同类指标比较，还要注意企业之间的可比性。比较分析法只适用于同质指标之间的比较分析。

比较分析法又可以分为两种，一种是绝对数比较分析法，另一种是相对数比较分析法。

（1）绝对数比较分析法是将各有关财务报表项目的数额与比较对象进行比较的分析方法。用于比较的数据可以进行纵向比较，即将企业不同时期的有关指标进行对比，或将企业的本期实际数与计划或预算数进行对比，以评价企业业绩；也可以进行横向比较，即与同行业平均数或竞争对手进行比较，以评价本企业在市场中的竞争力。绝对数比较分析可用下列公式表示：

报告期实际指标数额较基期的增减额=报告期实际完成的金额-基期实际完成的金额

绝对数增减变动的结果仍然是绝对数，无法消除总量因素的影响，因此，为消除项目绝对数对规模因素的影响，可以采用相对数比较分析法。

（2）相对数比较分析法是将企业不同时期的重要财务指标进行对比，计算其变动差异及变动百分比的一种分析方法。计算公式为

增减变动百分比=（报告期实际完成的金额-基期实际完成的金额）÷基期实际完成的金额×100%

2. 比率分析法

比率分析法是指通过计算有内在联系的两个指标的比例关系，揭示企业经济活动变动程度的一种分析方法。比率是相对数，能够把某些条件下的不可比指标变为可比指标，有利于进行分析。比率指标主要有三种类型：结构比率、相关比率、效率比率。

（1）结构比率

结构比率又称构成比率，是某项财务指标的各个组成部分的金额占总体金额的比重，反映部分与总体之间的关系，如在企业总资产中，流动资产、固定资产、无形资产等占总资产的比重。构成比率的计算公式为

构成比率=某一组成部分的金额÷总体的金额×100%

通过构成比率分析，可以考察总体中某个部分的形成或安排的合理性，便于协调工作，使其趋于合理，保障企业生产经营活动的顺利进行。

（2）相关比率

相关比率是用某个指标与相关但性质又不相同的另一个指标进行对比所得到的比率，可以反映有关经济活动之间的相互关系。通过计算相关比率指标，可以考察有联系的业务是否安排合理，为企业经济活动的顺利进行提供保障。比如，将负债总额与资产总额加以对比，计算出负债比率，用于判断企业的偿债能力。

（3）效率比率

效率比率是经济活动中所费与所得的比率，反映投入与产出之间的关系。利用效率比率指标，可以进行得失比较，考察企业的经营成果，评价企业的经济效益。比如，将利润项目与销售收入、销售成本、资本等项目加以对比，可计算出销售利润率、成本利润率、资本报酬率等利润率指标，从不同角度分析比较企业的获利能力高低及变化。

比率分析法计算简便，计算结果容易判断，在不同规模企业之间也可以进行比较。但是，在运用比率分析法进行计算时应注意对比项目要相关，对比口径要一致，衡量标准要科学。如果对比指标不相关，对比口径不一致，衡量标准不科学，财务分析人员就不能正确评价企业有关经济活动之间是否协调、均衡，安排是否合理、适当，就

不能为财务报表使用者提供有用的参考资料。

3. 趋势分析法

趋势分析法是通过对比两期或连续若干期财务报表中的相同指标，确定其变动方向、数额、幅度，以便说明企业财务状况、经营成果、现金流量变动趋势和规律的一种分析方法。运用趋势分析法进行财务报表分析主要有以下三种方式：

（1）重要财务指标或比率的比较

重要财务指标或比率的比较，是利用财务报表提供的数据资料，将不同时期财务报表中的相同指标或比率进行比较，通过比较，直接观察其增减变动情况及变动幅度，考察其发展趋势，预测其发展前景。比如，通过比较连续 3 年的营业利润率（营业利润÷营业收入）的变动情况，就可以了解营业利润率在这 3 年的变动趋势，并据此预测未来的营业利润率情况。

（2）财务报表项目变动金额及幅度的比较

财务报表项目变动金额及幅度的比较，是将连续多期的财务报表金额并列在一起，比较那些相同指标的变动金额和变动幅度，以便说明企业财务状况、经营成果、现金流量变动趋势和规律的一种分析方法。比如，通过比较连续 3 年的销售收入的变动情况，就可以了解销售收入在这 3 年的变动趋势，并据此预测未来的销售收入情况。

（3）财务报表项目金额构成的比较

财务报表项目金额构成的比较，是以财务报表中某个总体指标作为 100%，再计算出该总体指标中的每个组成指标占该总体指标的百分比，然后比较各个组成指标百分比的变动情况，以此来判断企业有关财务活动变化趋势的一种分析方法。它是在财务报表项目金额比较的基础上发展而来的。一般来说，用作 100%表示的项目，在资产负债表中为资产总额、负债总额、所有者权益总额，在利润表中为销售收入总额。

4. 因素分析法

因素分析法就是从数量上来确定一个综合经济指标所包含的各个因素的变动对该指标影响方向和影响程度的一种分析方法。运用这一方法的出发点是当有若干因素对综合指标发生影响作用时，假定其他因素都不会发生变化，顺序确定每一个因素单独发生变化后所产生的影响。

常用的因素分析法有两种，一种是连环替代法，另一种是差额计算法。

（1）连环替代法

连环替代法是把综合财务指标分解为各个可以计量的因素，然后根据各个因素之间的依存关系，依次用每个因素的比较值替代基准值，分别测定各个因素变动对综合财务指标的影响方向和影响程度的一种分析方法。连环替代法的计算程序是：首先把综合财务指标分解为几个因素；其次将各因素排序，一般数量指标在前，质量指标在后主要因素在前，次要因素在后；最后按一定的顺序依次替代每个因素，测算各个因素对指标变动的影响方向和程度。

（2）差额计算法

差额计算法是连环替代法的简化形式，基本原理是相同的，只不过它是以各个因素的比较值与基准值之差来测算各个因素变动对综合财务指标的影响方向和影响程度的一种分析方法。

除了上述提到的四种财务报表分析的方法外，还有一些综合性更强的方法，如杜邦财务分析体系、雷达图分析法、沃尔比重评分法、财务预警分析法等，这些方法将在后续的专业课程中作详细介绍。这些方法能将企业的偿债能力、营运能力、盈利能力、发展能力等各方面的分析纳入一个有机的整体之中，将各项财务分析指标作为一个整体，全面、系统、综合地对企业财务状况、经营成果、现金流量进行分析和评价，揭示企业整体经营情况、财务状况、经济效益的好坏。

（二）常用财务指标的分析及应用

企业常用的财务分析指标一般包括偿债能力指标、资产营运能力指标、盈利能力指标、发展能力指标。

1. 偿债能力指标的分析及应用

偿债能力是指企业偿还到期债务的能力。偿债能力可以分为短期偿债能力和长期偿债能力，短期偿债能力是指企业偿还 1 年内（含 1 年）到期的短期债务的能力，长期偿债能力是指企业偿还 1 年以上到期的长期债务的能力。因此，偿债能力指标包括短期偿债能力指标和长期偿债能力指标。

（1）短期偿债能力指标的分析及应用

短期偿债能力是衡量企业当前财务能力，特别是流动资产变现能力的重要标志。短期偿债能力指标在这里只介绍两个：流动比率、速动比率。

①流动比率

流动比率是企业流动资产总额与流动负债总额的比率。计算公式如下：

$$流动比率=\frac{流动资产}{流动负债}\times 100\%$$

一般来说，流动比率越高，企业偿还流动负债的能力越强，但是也不应过高或者过低，国际上认为流动比率 2∶1 是比较合适的。

【例 8-18】邕桂公司 202×年资产负债表和利润表的简化格式如表 8-14 和表 8-15 所示。假设邕桂公司所得税税率为 25%，财务费用均为利息支出。

表 8-14　资产负债表（简化格式）　　　　会企 01 表

编制单位：邕桂公司　　　　202×年 12 月 31 日　　　　单位：万元

资产	期末余额	上年年末余额	负债和股东权益	期末余额	上年年末余额
流动资产：			流动负债：		
货币资金	450	400	短期借款	1 150	1 000
应收账款	900	900	应付账款	600	500
预付款项	35	20	预收款项	200	150
存货	2 600	2 000	其他应付款	50	50
一年内到期的非流动资产			流动负债合计	2 000	1 700
其他流动资产	40	30	非流动负债：		
流动资产合计	4 025	3 550	长期借款	1 250	1 000

表8-14(续)

资产	期末余额	上年年末余额	负债和股东权益	期末余额	上年年末余额
非流动资产：			非流动负债合计	1 250	1 000
债权投资	200	200	负债合计	3 250	2 700
固定资产	7 000	6 000	股东权益：		
无形资产	275	250	实收资本（或股本）	6 000	6 000
非流动资产合计	7 475	6 450	盈余公积	800	800
			未分配利润	1 450	500
			所有者权益（或股东权益）合计	8 250	7 300
资产总计	11 500	10 000	负债和所有者权益合计	11 500	10 000

表 8-15　利润表

会企 02 表

编制单位：　　　　202×年　　　　单位：万元

项目	本期金额	上期金额
一、营业收入	10 600	9 400
减：营业成本	6 200	5 450
税金及附加	600	540
销售费用	950	810
管理费用	500	400
研发费用		
财务费用	150	100
其中：利息费用		
利息收入		
加：其他收益		
投资收益（损失以“-”号填列）	150	150
公允价值变动收益（损失以“-”号填列）		
信用减值损失（损失以“-”号填列）		
资产减值损失（损失以“-”号填列）		
资产处置收益（损失以“-”号填列）		
二、营业利润（亏损以“-”号填列）	2 350	2 250
加：营业外收入	75	50
减：营业外支出	325	300

表8-15(续)

项目	本期金额	上期金额
三、利润总额（亏损总额以“-”号填列）	2 100	2 000
减：所得税费用	525	500
四、净利润（净亏损以“-”号填列）	1 575	1 500
（一）持续经营净利润（亏损以“-”号填列）		
（二）终止经营净利润（亏损以“-”号填列）		
五、其他综合收益的税后净额		
（一）不能重分类进损益的其他综合收益		
1. 重新计量设定受益计划变动额		
2. 权益法下不能转损益的其他综合收益		
3. 其他权益工具投资公允价值变动		
4. 企业自身信用风险公允价值变动		
（二）将重分类进损益的其他综合收益		
1. 权益法下可转损益的其他综合收益		
2. 其他权益工具投资公允价值变动		
3. 金融资产重分类计入其他综合收益的金额		
4. 其他债权投资信用减值准备		
5. 现金流量套期储备		
6. 外币财务报表折算差额		
六、综合收益总额	1 575	1 500
七、每股收益		
（一）基本每股收益		
（二）稀释每股收益		

根据上述资料计算的流动比率如下：

邕桂公司202×年年初流动比率＝3 550÷1 700×100%≈208.82%

邕桂公司202×年年末流动比率＝4 025÷2 000×100%＝201.25%

从以上计算结果可以看出邕桂公司的流动比率较高，虽然年末比年初有所下降，但还是超过了国际公认标准，说明该企业的短期偿债能力较强。

②速动比率

速动比率是企业速动资产总额与流动负债总额的比率。速动资产是从流动资产中扣除变现能力较差的部分后的剩余金额，包括货币资金、交易性金融资产、应收账款和应收票据，由于扣除了变现能力较差的流动资产，速动比率能更加可靠地评价企业的短期偿债能力。计算公式为

$$速动比率=\frac{速动资产}{流动负债}\times100\%$$

式中，速动资产=流动资产-存货-预付款项-一年内到期的非流动资产-其他流动资产。

一般来说，速动比率越高，企业偿还流动负债的能力越强，但是也不应过高或者过低，国际上认为速动比率 1∶1 是比较合适的。

【例 8-19】根据表 8-14 的有关资料计算的速动比率如下：

邕桂公司 202×年年初速动比率=（400+500+600）÷1 700×100%≈88.24%

邕桂公司 202×年年末速动比率=（450+250+650）÷2 000×100%=67.5%

从以上计算结果可以看出邕桂公司的速动比率较低，本年末比年初更低，而且都低于国际公认标准，说明该企业的短期偿债能力较弱，原因是邕桂公司流动资产中的存货较多，存货变现能力较差，因此虽然公司流动比率较高，仍可能面临较大的偿债风险。

（2）长期偿债能力指标的分析及应用

反映长期偿债能力的指标有很多，在这里只介绍两个：资产负债率、产权比率。

①资产负债率

资产负债率又称为负债比率，是指企业所有负债总额与所有资产总额的比率。这个指标表明企业所有资产总额中通过举借债务筹资的资金总额所占的比重，是衡量企业长期偿债能力的一个重要指标。计算公式为

$$资产负债率=\frac{负债总额}{资产总额}\times100\%$$

如果从企业所有者和经营者的角度来看，适当的负债是有益的；如果从债权人的角度来看，该比率越小越好。一般来说，资产负债率越小，表明企业偿还债务的能力越强，但是也不应过高或者过低。国际上认为该比率为 0.6 是比较合适的。

【例 8-20】根据表 8-14 的有关资料计算的资产负债率如下：

邕桂公司 202×年年初资产负债率=2 700÷10 000×100%=27%

邕桂公司 202×年年末资产负债率=3 250÷11 500×100%≈28.26%

从以上计算结果可以看出邕桂公司的资产负债率较低，而且都低于国际公认标准，说明该企业的长期偿债能力较强，表明企业所有者权益对债权人权益的保障程度较高，债权人对企业充满信心。

②产权比率

产权比率又称为资本负债率，是指企业负债总额与所有者权益总额的比率，这个指标能够反映出企业所有者权益对债权人权益的保障程度。计算公式为

$$产权比率=\frac{负债总额}{股东权益总额}\times100\%$$

如果从债权人的角度来看，该比率越低越好，比率越低，风险就越小，债权人权益的保障程度就越高。如果从投资人的角度来看，只要资产报酬率高于贷款利率，则希望这个比率越高越好。因此，在评价资本负债率是否适度时，应权衡企业获利能力和偿债能力这二者的内在关系，在保障债权人权益的情况下，企业可以尽量提高资本负债率。

【例 8-21】根据表 8-14 的有关资料计算的产权比率如下：

邕桂公司 202×年年初产权比率=2 700÷7 300×100%≈36.99%

邕桂公司202×年年末产权比率=3 250÷8 250×100%≈39.39%

从以上计算结果可以看出邕桂公司的产权比率较低，说明该企业的财务结构比较稳健，企业以自有资金承担偿债风险的能力较强，表明企业所有者权益对债权人权益的保障程度较高。

2. 资产营运能力指标的分析及应用

资产营运能力是指资产有效配置赚取利润的能力，可以分为流动资产营运能力、非流动资产营运能力、总资产营运能力。资产营运能力指标也可以分为流动资产营运能力指标、非流动资产营运能力指标、总资产营运能力指标，通过计算这些指标可以分析评价各项资产的运用效率。在这里主要介绍四个指标：应收账款周转率、存货周转率、流动资产周转率、总资产周转率。

（1）应收账款周转率

应收账款周转率是企业在一定会计期间内的营业收入净额与平均应收账款余额的比率。它的表现形式有两种：应收账款周转次数、应收账款周转天数。计算公式为

$$应收账款周转次数=\frac{营业收入净额}{平均应收账款余额}$$

$$应收账款周转天数或周转期=\frac{计算期天数}{应收账款周转次数}$$

公式中的平均应收账款余额是这样确定的：

平均应收账款余额=（期初应收账款余额+期末应收账款余额）÷2

这里的应收账款余额是指未扣除“坏账准备”的应收账款金额。

公式中的计算期天数一般是这样确定的：年度一般为360天，季度一般为90天，月份一般为30天。

从企业的角度看，在一定会计期间内，应收账款周转次数越多或周转天数越少，表明企业应收账款收回的速度越快，发生的坏账损失和收账费用就越少，企业资产的营运能力就越强，企业对资产的管理水平和利用效率就越高。

【例8-22】根据表8-14和表8-15的有关资料计算的邕桂公司202×年应收账款周转率如下：

平均应收账款余额=（650+600）÷2=625（万元）

应收账款周转次数=10 600÷625=16.96（次）

应收账款周转天数或周转期=360÷16.96≈21.23（天）

或者：

应收账款周转天数或周转期=625×360÷10 600≈21.23（天）

从以上计算结果可以看出：邕桂公司的应收账款周转次数多，周转天数也比较短，说明该企业应收账款的流动性比较强，但是还要与本企业前期或历史最好水平对比，与同行业先进水平对比才能看出本企业对应收账款的管理水平和利用效率。

（2）存货周转率

存货周转率是企业在一定会计期间内的营业成本净额（或销货成本净额）与平均应收账款余额的比率。它的表现形式有两种：存货周转次数、存货周转天数。计算公式为

$$存货周转次数=\frac{销货成本}{平均存货余额}$$

$$存货周转天数或周转期=\frac{计算期天数}{存货周转次数}$$

平均存货余额=(期初存货余额+期末存货余额)÷2

这里的存货余额是指未扣除“存货跌价准备”的存货金额。

从企业的角度看，在一定会计期间内，存货周转次数越多或周转天数越少，表明企业存货周转的速度越快，企业资产的营运能力越强，企业对资产的管理水平和利用效率就越高。

【例 8-23】根据表 8-14 和表 8-15 的有关资料计算的邕桂公司 202×年存货周转率如下：

平均存货余额=(2 600+2 000)÷2=2 300（万元）

存货周转次数=6 200÷2 300≈2.7（次）

存货周转天数或周转期=360÷(6 200÷2 300)≈133.55（天）

或者：

存货周转天数或周转期=2 300×360÷6 200≈133.55（天）

从以上计算结果可以看出：邕桂公司的存货周转次数少，周转天数也比较长，说明该企业存货的流动性比较差，但是还要与本企业前期或历史水平对比，与同行业水平对比才能看出本企业对存货的管理水平和利用效率。

（3）流动资产周转率

流动资产周转率是企业在一定会计期间内的营业收入净额与平均流动资产总额的比率。它的表现形式有两种：流动资产周转次数、流动资产周转天数。计算公式为

$$流动资产周转次数=\frac{营业收入净额}{平均流动资产总额}$$

$$流动资产周转天数或周转期=\frac{计算期天数}{流动资产周转次数}$$

平均流动资产总额=(期初流动资产总额+期末流动资产总额)÷2

从企业的角度来看，在一定会计期间内，流动资产周转次数越多或周转天数越少，表明企业流动资产变现的速度越快，企业流动资产的营运能力越强，企业对流动资产的管理水平和利用效率就越高。

【例 8-24】根据表 8-14 和表 8-15 的有关资料计算的邕桂公司 202×年流动资产周转率如下：

平均流动资产总额=(4 025+3 550)÷2=3 787.5（万元）

流动资产周转次数=10 600÷3 787.5≈2.8（次）

流动资产周转天数或周转期=360÷(10 600÷3 787.5)≈128.63（天）

或者：

流动资产周转天数或周转期=3 787.5×360÷10 600=128.63（天）

从以上计算结果可以看出：邕桂公司的流动资产周转次数少，周转天数也比较长，说明该企业流动资产的流动性比较差，主要是受存货的影响，邕桂公司流动资产中存

货占的比重非常大，而存货的周转很慢，从而导致流动资产的周转速度也快不起来。但是还要与本企业前期或历史水平对比，与同行业水平对比，才能看出本企业对流动资产的管理水平和利用效率。

（4）总资产周转率

总资产周转率是企业在一定会计期间内的营业收入净额与平均资产总额的比率。它的表现形式有两种：总资产周转次数、总资产周转天数。计算公式为

$$总资产周转率=\frac{营业收入净额}{平均资产总额}$$

$$总资产周转天数=\frac{计算期天数}{总资产周转次数}$$

$$平均资产总额=(期初资产总额+期末资产总额)\div 2$$

从企业的角度看，在一定会计期间内，总资产周转次数越多或周转天数越少，表明企业总资产的周转速度越快，企业对资产的管理水平和利用效率就越高，带来的利润越多，企业对债权人权益的保障程度越高，企业的发展能力越强。

【例 8-25】根据表 8-14 和表 8-15 的有关资料计算的邕桂公司 202×年总资产周转率如下：

平均资产总额=(11 500+10 000)÷2=10 750（万元）

总资产周转次数=10 600÷10 750≈0.99（次）

总资产周转天数或周转期=360÷(10 600÷10 750)≈365.09（天）

或者：

总资产周转天数或周转期=10 750×360÷10 600≈365.09（天）

从以上计算结果可以看出：邕桂公司的总资产一年周转了一次，周转期为 365 天，说明该企业总资产的营运能力比较差，主要是受存货的影响，邕桂公司总资产中存货占的比重非常大，而存货的周转很慢，从而导致总资产的周转速度也快不起来。但是还要与本企业前期或历史水平对比，与同行业水平对比，才能看出本企业对资产的管理水平和利用效率。

3. 盈利能力指标的分析及应用

盈利能力是指企业投入一定的资源赚取利润的能力。反映企业盈利能力的指标很多，在这里只介绍三个：总资产报酬率、营业利润率、成本费用利润率。

（1）总资产报酬率

总资产报酬率是企业在一定会计期间内获得的报酬总额（息税前利润总额）占平均资产总额的百分比，用来分析评价企业运用全部资产获利的能力，也是分析评价企业利用债权人和所有者的资本所取得盈利的重要指标。计算公式如下：

$$总资产报酬率=\frac{息税前利润总额}{平均资产总额}\times 100\%$$

公式中的息税前利润总额=利润总额+利息支出=净利润+所得税+利息支出

一般情况下，总资产报酬率越高，表明企业获利能力越强，经营管理水平越高，企业的资产利用效益越好。

【例 8-26】根据表 8-14 和表 8-15 的有关资料计算的邕桂公司 202×年总资产报酬

率如下：

平均资产总额＝（11 500+10 000）÷2＝10 750（万元）

总资产报酬率＝（2 100+150）÷10 750×100%≈20.93%

从以上计算结果可以看出：邕桂公司202×年的总资产报酬率为20.93%，但是该公司本年度总资产的获利能力是强还是弱，还要与本企业前期或历史水平对比，与同行业水平对比才能进行分析评价。

（2）营业利润率

营业利润率是企业在一定会计期间内的营业利润总额与营业收入总额的比率。它是用来分析评价企业营业收入的获利能力，也是分析评价企业市场竞争力的重要指标。计算公式如下：

营业利润率＝营业利润总额÷营业收入总额×100%

一般情况下，对于投资者和经营者来说，营业利润率越高越好：营业利润率越高，表明企业营业收入带来的利润越多；反之，则越少。

【例8-27】根据表8-14和表8-15的有关资料计算的邕桂公司202×年营业利润率如下：

营业利润率＝2 350÷10 600×100%≈22.17%

从以上计算结果可以看出：邕桂公司202×年的营业利润率为22.17%，但是该公司本年度营业收入的获利能力是强还是弱，还要与本企业前期或历史水平对比，与同行业水平对比才能进行分析评价。

（3）成本费用利润率

成本费用利润率是企业在一定会计期间内的利润总额与成本费用总额的比率。它是一个所得与所费的比率，反映了企业为获取利润而付出的代价。计算公式如下：

$$成本费用利润率=\frac{利润总额}{成本费用总额}\times100\%$$

成本费用总额＝营业成本+税金及附加+管理费用+财务费用+销售费用

一般情况下，对于投资者和经营者来说，成本费用利润率越高越好：成本费用利润率越高，表明企业为获取利润而付出的代价越小；反之，则越大。

【例8-28】根据表8-14和表8-15的有关资料计算的邕桂公司202×年成本费用利润率如下：

成本费用利润率＝2 100÷（6 200+600+950+500+150）×100%＝25%

从以上计算结果可以看出邕桂公司202×年的成本费用利润率为25%，但是该公司本年度成本费用的控制水平怎么样，为获取利润而付出的代价怎么样，还要与本企业前期或历史水平对比，与同行业水平对比才能进行分析评价。

4. 发展能力指标的分析及应用

发展能力是企业在生存的基础上，扩大规模，壮大实力的潜在能力。反映企业发展能力的指标主要有八项：营业收入增长率、资本保值增值率、资本积累率、总资产增长率、营业利润增长率、技术投入比率、营业收入三年平均增长率和资本三年平均增长率。在这里只介绍其中的四个：营业收入增长率、资本保值增值率、总资产增长率、营业利润增长率。

四个指标的有关资料如表 8-16 所示。

表 8-16　四个指标的有关资料

发展能力指标	概念	计算公式	举例（根据表 8-12 和表 8-13 的有关资料）
营业收入增长率	企业当年营业收入增长额与上年营业收入总额的比率	当年营业收入增长额÷上年营业收入总额×100% 其中：当年营业收入增长额=年末营业收入-年初营业收入	(10 600-9 400)÷9 400×100%≈12.77%
资本保值增值率	企业扣除客观因素后的本年末所有者权益总额与年年初所有者权益总额的比率	扣除客观因素后的本年年末所有者权益总额÷年初所有者权益总额×100%	假设无客观因素，则资本保值增值率=8 250÷7 300×100%=113.01%
总资产增长率	企业当年总资产增长额同年初资产总额的比率	当年总资产增长额÷年初资产总额×100% 其中：当年总资产增长额=年末资产总额-年初资产总额	(11 500-10 000)÷10 000×100%=15%
营业利润增长率	企业当年营业利润增长额与上年营业利润总额的比率	当年营业利润增长额÷上年营业利润总额×100% 其中：当年营业利润增长额=当年营业利润总额-上年营业利润总额	(2 350-2 250)÷2 250×100%=4.44%

思考题：

1. “四表一注”包括哪些内容？
2. 财务报表列报的基本要求有哪些？
3. 我国资产负债表采用什么格式？列示的主要内容有哪些？
4. 我国利润表采用什么格式？列示的主要内容有哪些？
5. 财务报表有什么意义？
6. 财务报表为什么要列报比较信息？
7. 财务报表分析有什么意义？
8. 现金流量表中的“现金”包括哪些内容？

第九章 账务处理程序

■学习要求

通过本章的学习，读者需要掌握如何根据企业规模大小选择合适的账务处理程序；熟悉记账凭证账务处理程序、汇总记账凭证账务处理程序、科目汇总表账务处理程序的特点、优缺点和适用范围，能够熟练运用这几种账务处理程序。

■案例

管理与流程

肯德基和麦当劳的管理理念是：一流的流程，二流的管理，三流的员工。它们的流程，每一个动作都是有规范的。比如烤炉的温度是多少，下锅的时间是多少，先做什么，后做什么，全部都是有流程规范的。总之就是流程规范化，管理人性化，人员机械化。它们有着世界上最好的流程规范，能精确控制每一个细节。而会计核算也需要规范的流程，怎样设计与本单位规模、业务类型相符合的会计处理流程，以保证会计工作有秩序、高效地进行呢？

第一节 账务处理程序概述

一、账务处理程序的概念及意义

账务处理程序是指账簿组织与记账程序有机结合产生会计信息的步骤和方法，也称之为会计核算程序或会计核算形式。其基本内容包括填制会计凭证，根据会计凭证登记各种账簿，根据账簿记录提供会计信息这一整个过程的步骤和方法。其中账簿组织是指账簿的种类、格式和各种账簿之间的相互关系；记账程序是指运用一定的记账方法，从填制和审核会计凭证、登记账簿到编制会计报表的步骤与过程。如何组织会计凭证、会计账簿和会计报表的编制，与企业的记账程序有着直接关系。即使是对于同样的经济业务，如果采用的记账程序不同，所选用的会计凭证、会计账簿和会计报表的种类与格式也有所不同。不同种类与格式的会计凭证、会计账簿、会计报表与一定的记账程序相结合，就形成了在做法上有着一定区别的账务处理程序。

科学、合理地设计账务处理程序，是会计部门和会计人员的一项重要工作，对保证能够准确、及时提供系统而完整的会计信息，具有十分重要的意义。科学、合理地设计账务处理程序，可以保证凭证填制、账簿登记、报表编制工作有秩序地进行，提高核算工作效率；使提供的数据及时、清晰，能满足企业内外部会计信息使用者的需要；简化账务处理程序；便于组织会计核算的分工、协作。

科学合理地设计账务处理程序应满足如下要求：

（1）要适应企业单位的规模大小、业务简繁、业务类型的特点和核算工作的基础；

（2）要能保证提供的会计数据正确、及时、全面、系统；

（3）要能简化财务处理程序，节约人力和物力，提高核算工作效率。

二、账务处理程序的种类

在我国会计核算的实践中，账务处理程序主要有记账凭证账务处理程序、科目汇总表账务处理程序、汇总记账凭证账务处理程序、多栏式日记账账务处理程序和日记总账账务处理程序五种。但常用的主要是前三种。

各账务处理程序的共同点主要包括：①根据审核无误的原始凭证（或原始凭证汇总表）编制记账凭证；②根据原始凭证（或原始凭证汇总表）和记账凭证登记日记账和明细账；③根据账簿记录编制会计报表。

各账务处理程序的主要区别在于登记总账的依据和程序不同。有些账务处理程序是根据记账凭证直接登记总账的，如记账凭证账务处理程序和日记总账账务处理程序；有些账务处理程序是先将记账凭证进行汇总，再根据汇总后的凭证登记总账，如科目汇总表账务处理程序和汇总记账凭证账务处理程序；有些既要通过汇总凭证，又要通过汇总日记账，再据此登记总账，如多栏式日记账账务处理程序。

第二节　记账凭证账务处理程序

一、记账凭证账务处理程序的特点

记账凭证账务处理程序是根据记账凭证登记总分类账的一种账务处理程序。其特点是直接根据记账凭证，逐笔登记总分类账。它是最基本的一种账务处理程序，其他各种账务处理程序，都是以它为基础发展演化而成的。

二、记账凭证账务处理程序的凭证和账簿组织

采用记账凭证账务处理程序时，其凭证组织与账簿组织无特别的要求，在凭证组织方面，可以采用专用记账凭证，即收款凭证、付款凭证和转账凭证，也可以采用通

用记账凭证；在账簿组织方面，需要设置的账簿主要包括特种日记账（库存现金日记账和银行存款日记账）和分类账（总分类账和明细分类账）。其中特种日记账和总账一般采用三栏式；明细账则可视业务特点和管理需要，采用三栏式、数量金额式或多栏式等。在记账程序上，主要的特点是直接根据记账凭证登记总账。

三、记账凭证账务处理程序的步骤

（1）根据审核无误的原始凭证或原始凭证汇总表填制记账凭证。

（2）根据收款凭证、付款凭证逐笔登记库存现金日记账和银行存款日记账。

（3）根据各种记账凭证及其所附的原始凭证或原始凭证汇总表登记各种明细分类账。

（4）根据记账凭证直接逐笔登记总分类账。

（5）期末，将库存现金日记账、银行存款日记账的余额以及各种明细分类账的余额或余额合计数，分别与总分类账中有关账户的余额进行核对相符。

（6）期末，根据核对无误的会计账簿记录和有关资料编制会计报表。

记账凭证账务处理程序的步骤如图 9-1 所示。

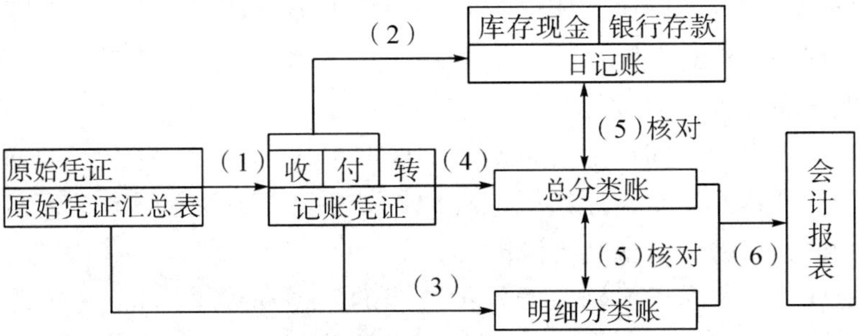

图 9-1　记账凭证账务处理程序的步骤

四、记账凭证账务处理程序的优缺点及适用范围

（1）优点：手续简便，易于掌握，并且在账簿中能反映经济业务的来龙去脉，直观地反映会计处理的全过程。

（2）缺点：由于登记总账是根据记账凭证逐笔登记的，倘若企业规模大，经济业务量多，势必登记总账的工作量相对也就大。

（3）适用范围：一般适用于规模小、经济业务量较少的单位。

第三节　科目汇总表账务处理程序

一、科目汇总表账务处理程序的特点

科目汇总表账务处理程序是根据记账凭证定期编制科目汇总表，再根据科目汇总表登记总分类账的一种账务处理程序。

科目汇总表账务处理程序是在记账凭证核算形式的基础上，针对记账凭证数量多的特点，为减轻登记总分类账工作量而产生的一种方法。其主要特点是定期（一般为每隔五日或每旬）将会计期间内全部的记账凭证汇总编制成科目汇总表（即记账凭证汇总表），然后再根据科目汇总表登记总分类账。

二、科目汇总表账务处理程序的凭证和账簿组织

在科目汇总表的核算形式下，与记账凭证核算形式不同的是其凭证组织方面，除仍应设置收款、付款和转账等记账凭证外，还应设置“科目汇总表”。

在账簿组织方面则与记账凭证账务处理程序的设置基本相同。即应设置库存现金日记账、银行存款日记账、各种总分类账和明细分类账。库存现金日记账、银行存款日记账一般采用三栏式的账页。据以登记总分类账的科目汇总表只汇总填列各科目的借方发生额和贷方发生额，而不反映它们的对应关系，所以在这种会计核算形式下，总分类账一般采用不设“对方科目”的三栏式的格式。各种明细分类账应根据所记录的经济业务内容和经营管理上的要求，采用三栏式、数量金额式或多栏式等账页。

三、科目汇总表的编制方法

科目汇总表是根据一定时期内的所有的收款凭证、付款凭证和转账凭证，按照相同的会计科目进行归类，分借、贷方定期（如十天或一个月）汇总每一会计科目的本期发生额，填写在科目汇总表的借方发生额和贷方发生额栏内并分别相加，以反映全部会计科目在一定期间借、贷方发生额。按照汇总的时间不同，科目汇总表的格式一般有两种，如表 9-1 和表 9-2 所示。

表 9-1　按月汇总的科目汇总表

科　目　汇　总　表

年　月　日　　　　单位：元

会计科目	借方发生额	√	贷方发生额	√	总账页数
合计					

表 9-2　按旬汇总的科目汇总表

科 目 汇 总 表

年 月 日　　　　单位：元

日期	1~10 日		11~20 日		21~30 日		合计		总账页数
会计科目	借方	贷方	借方	贷方	借方	贷方	借方	贷方	
合计									

编制科目汇总表时，首先应将汇总期内各项交易或事项所涉及的总账科目填列在科目汇总表的“会计科目”栏内；其次，根据汇总期内所有记账凭证，按会计科目分别加计其借方发生额和贷方发生额，将其汇总金额填列在各相应会计科目的“借方”和“贷方”栏内。按会计科目汇总后，应分别加总全部会计科目“借方”和“贷方”发生额，进行试算平衡。对于库存现金账户和银行存款账户，也可根据库存现金日记账和银行存款日记账的本期收支数填列。此外，借贷记账法的记账规则是“有借必有贷，借贷必相等”，所以在科目汇总表内，全部借方发生额合计数，与贷方发生额合计数相等。登记总账时，只需要根据科目汇总表中各个会计科目的本期借方发生额和贷方发生额，分次或月末一次记入总分类账的相应账户的借方或贷方即可。

四、科目汇总表账务处理程序的步骤

（1）根据审核无误的原始凭证或原始凭证汇总表填制记账凭证。

（2）根据收款、付款凭证逐笔登记库存现金日记账和银行存款日记账。

（3）根据各种记账凭证及其所附的原始凭证或原始凭证汇总表登记各种明细分类账。

（4）根据各种记账凭证定期编制科目汇总表。

（5）根据科目汇总表登记各种总分类账。

（6）期末，将库存现金日记账、银行存款日记账的余额和各种明细分类账的余额或余额的合计数，分别与对应的总分类账户的余额核对相符。

（7）期末，根据核对无误的会计账簿记录和有关资料编制会计报表。

科目汇总表账务处理程序的步骤如图 9-2 所示。

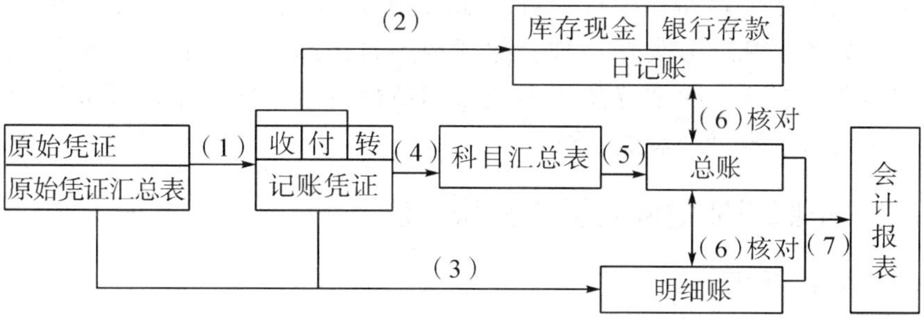

图 9-2　科目汇总表账务处理程序的步骤

五、科目汇总表账务处理程序的优缺点及适用范围

（1）优点：依据科目汇总表登记总账，与记账凭证账务处理程序相比，大大减少了登记总账的工作量，并且汇总的方法简便易行；另外，科目汇总表本身还能对所编制的记账凭证起到试算平衡作用。

（2）缺点：科目汇总表本身只反映各科目的借、贷方发生额，根据其登记的总账，不能反映各账户之间的对应关系，所以不便于分析和检查经济业务的来龙去脉。

（3）适用范围：在实际工作中应用的范围比较广泛，尤其适用于经营规模较大，经济业务较多的单位。

第四节　汇总记账凭证账务处理程序

一、汇总记账凭证账务处理程序的特点

汇总记账凭证账务处理程序是一种根据记账凭证定期编制汇总记账凭证，并据以登记总分类账的账务处理程序。

汇总记账凭证账务处理程序与科目汇总表账务处理程序相似，主要特点是，首先定期（一般为每五天或每旬）地将全部的记账凭证汇总编制成各种汇总记账凭证，其次根据这些汇总记账凭证登记各有关总分类账。

二、汇总记账凭证账务处理程序的凭证和账簿组织

汇总记账凭证账务处理程序与前述处理程序的不同点主要是凭证组织方面。采用汇总记账凭证核算形式时，需要设置的凭证除了一般意义上的收款、付款和转账凭证外，还应该包括汇总收款凭证、汇总付款凭证和汇总转账凭证三种汇总记账凭证。由于汇总记账凭证是根据各种记账凭证填制的，格式也应与记账凭证一样，采用专用格式的凭证，而不宜采用通用格式的凭证。对于专用汇总记账凭证，库存现金、银行存款的汇总收款凭证应分别以库存现金和银行存款账户的借方来设置；库存现金、银行存款的汇总付款凭证应分别以库存现金和银行存款账户的贷方来设置；汇总转账凭证则应按照有关账户的贷方设置。

汇总记账凭证账务处理程序所设置的账簿仍包括库存现金日记账、银行存款日记账、各种明细分类账和总分类账三种。库存现金日记账、银行存款日记账和总分类账的格式一般采用三栏式；明细分类账则应根据单位的经营管理上的需要来设置，可选用三栏式、多栏式、数量金额式的账页。

三、汇总记账凭证的编制及其登账方法

（一）汇总收款凭证

1. 编制方法

汇总收款凭证是对库存现金、银行存款的收款凭证进行汇总，分别以库存现金、银行存款账户的借方设置并位于凭证的左上角，并按与会计分录中对应的贷方科目定期（一般为 5 天或者 10 天）归类汇总，每月填制一张。

2. 登账方法

为了能够在账簿中反映科目的对应关系，设置科目的登记应在借方分别登记对应科目的金额，而不应登记合计数，与设置科目对应的贷方科目的金额应分别登记在贷方。

汇总收款凭证的格式如表 9-3 所示。

表 9-3　汇总收款凭证

借方账户：银行存款　　202×年 12 月　　汇收第 1 号

贷方账户	金额（元）				总账页数	
	1 日至 10 日 收款凭证 第 1~18 号	11 日至 20 日 收款凭证 第 19~28 号	21 日至 31 日 收款凭证 第 29~57 号	合计	借方	贷方
主营业务收入	125 000			125 000	3	35
应收账款		80 000		80 000	3	12
其他应收款			5 000	5 000	3	16
合计	125 000	80 000	5 000	210 000		

会计：　　记账：　　审核：　　填制：

（二）汇总付款凭证

1. 编制方法

汇总付款凭证是对库存现金、银行存款的付款凭证进行汇总，分别以库存现金、银行存款账户的贷方设置并位于凭证的左上角，并按与设置科目对应的借方科目定期归类汇总，每月填制一张。

2. 登账方法

为在账簿中能够反映科目的对应关系，设置科目的登记应在贷方分别登记对应科目的金额，而不应登记合计数，与设置科目对应的借方科目的金额应分别登记在借方。

汇总付款凭证的格式如表 9-4 所示。

表 9-4　汇总付款凭证

贷方账户：银行存款　　　　202×年 12 月　　　　汇付第 1 号

借方账户	金额（元）				总账页数	
	1 日至 10 日 付款凭证 第 1~12 号	11 日至 20 日 付款凭证 第 13~25 号	21 日至 31 日 付款凭证 第 26~39 号	合计	借方	贷方
原材料	85 000			85 000	9	3
应付账款		10 000		10 000	14	3
库存现金			5 000	5 000	2	3
合计	85 000	10 000	5 000	100 000		

会计：　　　　记账：　　　　审核：　　　　填制：

（三）汇总转账凭证

1. 概念

汇总转账凭证是指按转账凭证每一贷方科目分别设置的，用来汇总一定时期内转账业务的一种汇总记账凭证。

2. 编制方法

汇总转账凭证应当按照每一科目的贷方分别设置并位于凭证的左上角，按与设置科目对应的借方科目定期归类汇总，每月填制一张。

3. 登记方法

月终，为在账簿中能够反映科目的对应关系，设置科目的登记应在贷方分别登记对应科目的金额，而不应登记合计数，与设置科目对应的借方科目的金额应分别登记在借方。

倘若在汇总期内，某一贷方科目的转账凭证较少时，也可不填制汇总转账凭证，而直接根据转账凭证记账。

注意：为了便于填制汇总转账凭证，平时填制转账凭证时，应使科目的对应关系保持一个贷方科目同一个或几个借方科目相对应的会计分录。

汇总转账凭证的格式如表 9-5 所示。

表 9-5　汇总转账凭证

贷方账户：　　　　202×年 12 月　　　　汇转第×号

借方账户	金额（元）				总账页数	
	1 日至 10 日 转账凭证 第×号~第×号	11 日至 20 日 转账凭证 第×号~第×号	21 日至 31 日 转账凭证 第×号~第×号	合计	借方	贷方
合计						

会计：　　　　记账：　　　　审核：　　　　填制：

四、汇总记账凭证账务处理程序的步骤

（1）根据审核无误的原始凭证或原始凭证汇总表填制记账凭证。

（2）根据收款凭证、付款凭证逐日逐笔登记库存现金日记账和银行存款日记账。

（3）根据收款凭证、付款凭证和转账凭证以及所附的原始凭证或原始凭证汇总表登记各种明细分类账。

（4）根据收款凭证、付款凭证和转账凭证定期（一般每隔五天或十天）汇总编制汇总收款凭证、汇总付款凭证和汇总转账凭证。

（5）根据定期编制的各种汇总记账凭证登记有关总分类账户。

（6）期末，将库存现金日记账、银行存款日记账的余额及各种明细分类账户的余额或余额的合计数，分别与总分类账中的有关账户余额核对相符。

（7）期末，根据核对无误的会计账簿记录和有关资料编制会计报表。

汇总记账凭证账务处理程序的步骤如图 9-3 所示。

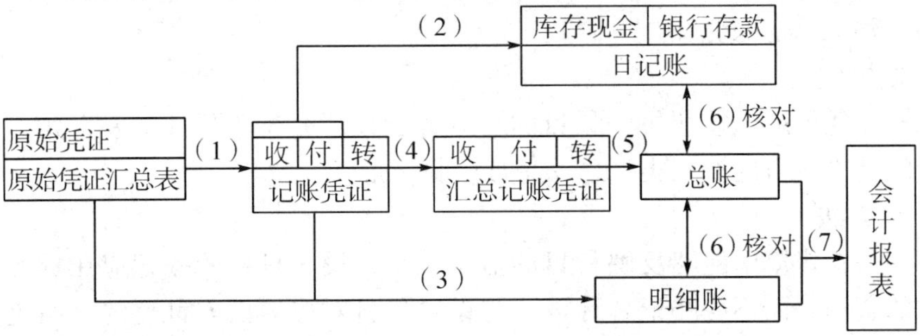

图 9-3 汇总记账凭证账务处理程序的步骤

五、汇总记账凭证账务处理程序的优缺点及适用范围

（1）优点

①简化了总分类账的登记工作，从而节约了会计核算工作中的人力和物力投入，使企业在信息的提供方面更加符合效益大于成本的原则。尤其在经济业务繁多的大中型企业，更加容易发挥它的分析和简化作用。

②收款凭证以借方科目汇总，付款凭证和转账凭证以贷方科目汇总，并且分类平衡，使记账数字不容易失误。

③汇总记账凭证在进行账户归类汇总时能保持原有的会计账户之间的对应关系，以反映出各种经济业务的来龙去脉，便于企业对经济业务进行分析、检查和查找错账。

（2）缺点

汇总记账凭证的编制在一定程度上加大了会计核算的工作量，并且在编制汇总记账凭证的过程中，容易发生遗漏或重复。

（3）适用范围

它比较适合于经营规模较大、经济业务较多的单位。

第五节　多栏式日记账账务处理程序

一、多栏式日记账账务处理程序的特点

多栏式日记账账务处理程序是指根据多栏式库存现金日记账、多栏式银行存款日记账和转账凭证登记总分类账的一种账务处理程序。其主要特点是，首先根据收款凭证、付款凭证逐日逐笔登记多栏式库存现金、银行存款日记账，其次据以登记总分类账；对于转账业务不多的单位，可以根据转账凭证逐笔登记总分类账，对于转账业务较多的单位，也可以根据转账凭证定期填制转账凭证科目汇总表登记总分类账。

二、多栏式日记账账务处理程序的凭证和账簿组织

在多栏式日记账账务处理程序下，需要设置的凭证也应包括收款凭证、付款凭证和转账凭证，格式一般也采用专用凭证格式。而其需要设置的账簿有：多栏式库存现金日记账、多栏式银行存款日记账、各种明细分类账和总分类账。在现金、银行存款日记账中如需要设置专栏的对应账户较多时，可以分别设置库存现金收入、库存现金支出、银行存款收入、银行存款支出四本日记账。总分类账可以按全部账户开设账页，这种总分类账称为汇总式总账，其账页格式一般采用三栏式。明细分类账的设置与前几种账务处理程序一样，在此不再赘述。其中，多栏式日记账的具体格式和基本内容如表 9-6 所示。

表 9-6　多栏式库存现金日记账

年		凭证		摘要	收入				支出				结余
					应贷科目				应借科目				
月	日	字	号		银行存款	主营业务收入	……	合计	其他应收款	管理费用	……	合计	

三、多栏式日记账账务处理程序下账簿的登记方法

在多栏式日记账账务处理程序下，库存现金日记账和银行存款日记账按对应账户设置专栏后，都是根据收款凭证和付款凭证逐日逐笔进行登记，也就具备了一定的科目汇总作用。因此，月度终了，就可根据库存现金、银行存款日记账的本月收付发生额和对应账户的发生额记录直接登记库存现金、银行存款的总分类账及其他有关总分类账。其具体登记方法是根据多栏式日记账收入合计栏的本月发生额，记入库存现金、银行存款总分类账户的借方，并根据收入栏下各专栏对应账户的本月发生额合计数，记入有关总分类账户的贷方；同时，根据多栏式日记账支出合计栏的本月发生额，记入库存现金、银行存款总分类账户的贷方，并根据其支出栏下的各专栏对应账户的本月发生额合计数，记入有关总分类账户的借方。对于库存现金和银行存款之间的相互划转数额，因已分别包括在有关日记账的收入栏和支出合计栏的本月发生额内，因此无须再根据有关对应账户专栏的合计数登记总分类账，以避免重复记账。

四、多栏式日记账账务处理程序的步骤

（1）根据审核无误的原始凭证或原始凭证汇总表填制记账凭证。

（2）根据收款凭证、付款凭证逐笔登记多栏式库存现金日记账和多栏式银行存款日记账。

（3）根据各种记账凭证及其所附的原始凭证或原始凭证汇总表登记各种明细分类账。

（4）根据多栏式库存现金日记账和多栏式银行存款日记账登记相关的总分类账户，同时根据转账凭证（或转账凭证汇总表）登记有关总分类账户。

（5）期末，将各种明细分类账的余额或余额合计数与总分类账户的余额进行核对相符。

（6）期末，根据核对无误的会计账簿记录和有关资料编制会计报表。

多栏式日记账账务处理程序的步骤如图 9-4 所示。

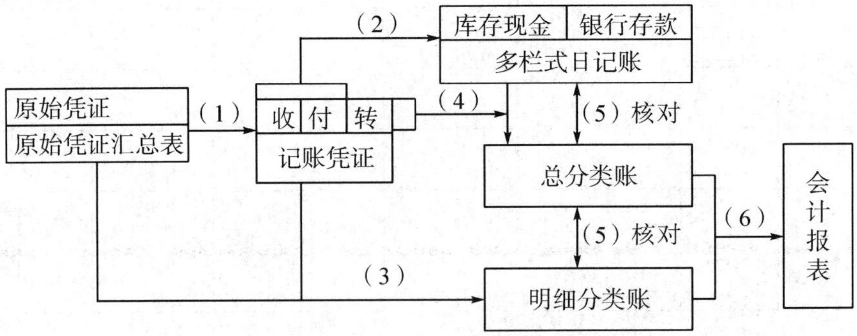

图 9-4　多栏式日记账账务处理程序的步骤

五、多栏式日记账账务处理程序的优缺点及适用范围

（1）优点：收款业务、付款业务都是通过多栏式日记账汇总后登记总分类账的，

因此在一定程度上加强了核算资料的清晰性，同时又减少了总账的登记工作量。

（2）缺点：在业务较多、较复杂，会计账户设置较多的企业里，日记账的专栏栏次会较多，账页过于庞大，不便于记账。

（3）适用范围：经营规模较小、经济业务比较简单、使用会计科目不多的经济组织。

第六节　日记总账账务处理程序

一、日记总账账务处理程序的特点

日记总账账务处理程序是一种以日记总账替代总分类账，根据经济业务发生后所填制的各种记账凭证直接逐笔登记日记总账，并据以编制会计报表的账务处理程序。

二、日记总账账务处理程序的凭证和账簿组织

与其他账务处理程序相比，在日记总账账务处理程序下，仍应设置收款凭证、付款凭证和转账凭证三种专用格式的记账凭证或通用格式的记账凭证，以及库存现金日记账、银行存款日记账和各种明细分类账，以便序时、分类地反映单位所发生的全部经济业务。其中，库存现金日记账、银行存款日记账可采用“三栏式”账簿；明细分类账则根据单位实际情况可采用“三栏式”“多栏式”“数量金额式”等会计账簿。不同之处就在于，这种账务处理程序的总分类账采用的是日记总账的形式。其格式如表 9-7所示。

表 9-7　日记总账　　单位：元

202×年		记账凭证号数	摘要	发生额	原材料		银行存款		应付账款		略
月	日				借方	贷方	借方	贷方	借方	贷方	
12	1		期初余额		1 000		80 000			50 000	
12	2	记 1	偿还前欠货款	30 000				30 000	30 000		
12	3	记 2	购买材料	20 000	20 000			20 000			
			……								
12	31		本月合计								
12	31		月末余额								

三、日记总账的登记方法

在登记日记总账时，对于单位所发生的收款、付款业务和转账业务，除了摘要栏的内容外其他栏目应分别根据收款凭证、付款凭证和转账凭证逐日、逐笔地登记日记总账。对每笔经济业务所涉及的各个会计科目的借方发生额或贷方发生额，都应分别登记在日记总账中同一行的不同会计科目栏的借方或贷方栏内，并将借方或贷方发生

额，记在“发生额”栏内。月度终了，分别结算出各会计科目栏的借方栏或贷方栏的合计数，并计算出各会计科目的期末余额，进行账簿记录的核对工作。核对账簿记录时，主要是核对“发生额”栏内的本月合计数是否与全部会计科目的借方发生额或贷方发生额的合计数相符，各会计科目的借方余额合计数是否与其贷方余额合计数相符。

四、日记总账账务处理程序的步骤

（1）根据审核无误的原始凭证或原始凭证汇总表填制各种记账凭证。

（2）根据收款凭证、付款凭证逐日、逐笔登记库存现金日记账和银行存款日记账。

（3）根据各种记账凭证及其所附的原始凭证或原始凭证汇总表登记各种明细分类账。

（4）根据收款凭证、付款凭证和转账凭证逐日、逐笔地登记日记总账。

（5）期末，将库存现金日记账、银行存款日记账的余额和各种明细分类账户的余额或余额合计数，分别与日记总账对应科目的余额核对相符。

（6）期末，根据核对无误的会计账簿记录和有关资料编制会计报表。

日记总账账务处理程序的步骤如图 9-5 所示。

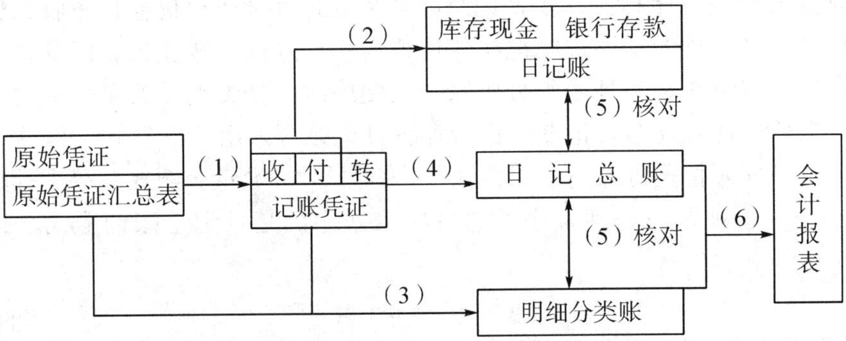

图 9-5 日记总账账务处理程序的步骤

五、日记总账账务处理程序的优缺点及适用范围

（1）优点

①不需要汇总各记账凭证，会计凭证的处理比较简单。

②日记总账采用的是多栏式的账页格式，按经济业务所涉及的全部会计科目设置专栏，因而账面上可以反映出各个会计账户的对应关系，便于了解经济业务的来龙去脉。

（2）缺点

①在这种账务处理程序下，会计期间内的经济业务都依据各记账凭证逐日地登记在一张账页上，会计科目全部集中在这一张账页上，因而不利于单位进行会计核算工作的分工和查阅。

②如果单位会计科目较多，日记总账的账页势必较多，不仅加大了会计核算的工作量，而且也不便于登账，容易登错行次。

(3) 适用范围

一般适用于经济业务简单、使用会计科目较少的单位。

思考题:

1. 不同的账务处理程序的主要区别是什么?
2. 企业应如何选择账务处理程序?

第十章 账户体系

■学习要求

通过本章的学习，读者需要了解不同分类标准下的账户体系，掌握按用途结构分类形成的账户体系以及各类账户的用途、结构、特点，熟悉账户体系和各账户之间的内在联系与区别，了解账户设置的规律性。

■案例

账户的用途及结构

在资产类账户中，“固定资产”账户和“累计折旧”账户反映的经济内容相同，都是反映固定资产增减变化和结存情况的。虽然都是资产类账户，但是结构却不同。“固定资产”账户的结构是借方登记增加额，贷方登记减少额，期末余额在借方；而“累计折旧”账户的结构却刚好相反，其贷方登记增加额，借方登记减少额，期末余额在贷方。二者的用途也不同，“固定资产”账户是用来核算固定资产原始价值的，“累计折旧”账户是用来核算固定资产在使用过程中的磨损价值的。都是资产类账户，可是经济用途和结构却都不相同，为什么会出现这样的情况呢？通过本章的学习，这些问题就会迎刃而解。

第一节　账户分类的意义

会计账户是根据会计科目开设的，是进行会计核算的基本工具。通过会计账户才能记录企业发生的各种经济业务，把分散在原始凭证、记账凭证上的信息系统化，为企业经营管理和会计信息使用者提供决策有用的会计信息。每一个账户只能记录特定的某一类经济业务的变化和结果，账户与账户之间是存在对应关系的，各个账户相互联系在一起，组成一个科学、合理、完整的账户体系，这样才能分工协作、全面系统地处理企业发生的能以货币计量的全部经济业务，充分发挥复式簿记系统中账户的全部功能。因此，为了从各个角度理解、掌握、运用会计账户及其体系，就必须对账户进行科学分类。分类的标准不同，形成的账户体系就会不同。

（1）账户分类是全面认识和了解账户所反映内容的基础，有助于正确运用设置账户这种专门的会计核算方法，为建立起更加完善的会计核算体系提供前提。

（2）账户分类是进一步了解各个账户内容之间联系和区别的关键，通过结合账户的使用技术方法来区分账户的不同用途和结构，从而揭示账户在使用中的规律性，为准确、熟练地使用账户提供保证。

（3）账户分类有助于深入了解各会计要素的经济内容，按报表列报的要求对数据进行分类和整理，形成报表所需要披露的信息，不仅适应会计实体业务的需要，也为利益相关者了解企业状况提供了便利。

（4）账户分类体现了账户在反映会计对象的具体内容上既相互独立又相互补充的关系，当国家统一制定的会计账户随各个时期经济管理的不同要求变动时，能够尽快适应，并在统一的会计法规制度许可的范围内，根据企业具体情况和经济管理要求增设或合并会计账户。

第二节　账户按用途结构分类形成的账户体系

账户的用途是指设置和运用账户的目的是什么，通过账户记录能够提供什么核算指标。比如，设置“库存现金”账户是为了提供库存现金这一货币性资产的增减变动和变动结果的指标，设置“应付账款”账户是为了提供应付账款这一流动性负债的增减变动及其变动结果的指标。

账户的结构是指在账户中如何记录经济业务以获得各种需要的指标，即账户的借方登记什么内容，贷方登记什么内容，余额在哪一方，表示什么内容。比如，设置“银行存款”账户，该账户属于资产类账户，借方登记收到的银行存款，贷方登记支付的银行存款，期末余额在借方，反映银行存款的实有数额。

账户的分类标准有很多，可以按照经济内容分类，可以按照统驭与被统驭关系分类等。账户按经济内容的分类是最基本的分类，一般来说，经济内容相同的账户，其用途和结构也基本相同，但是也有一些账户，虽然经济内容相同，其用途和结构却不同。比如“固定资产”和“累计折旧”账户，按经济内容分类都属于资产类账户，但是二者的用途结构却不同。“固定资产”账户用来反映固定资产的初始入账金额，结构为借方登记增加，贷方登记减少；“累计折旧”账户则用来反映固定资产在使用过程中的价值磨损，结构为贷方登记增加，借方登记减少。因此，为了了解账户之间的内在联系，提供生产经营管理所需要的各种信息，有必要在账户按经济内容分类的基础上，再进一步按照其用途和结构进行分类。

账户按用途和结构分类，可以分为资本类账户、盘存类账户、结算类账户、调整类账户、跨期摊销类账户、计价对比类账户、集合分配类账户、成本计算类账户、暂记类账户、汇转类账户、财务成果类账户十一类。下面就以常用的基本账户为例来说明各类账户的用途、结构、特点。

一、资本类账户

（一）资本类账户的用途结构

资本类账户是用来核算和监督企业投资者投入的资本和资本发生增减变动及结存情况的账户。这类账户的结构为贷方记录资本和公积金的增加数；借方记录资本和公积金的减少数；期末余额在贷方，表示资本和公积金的结余额。资本类账户的结构如图 10-1 所示。

借方　　　　资本账户	贷方
	期初余额：期初资本和公积金的实有数
本期借方发生额：本期资本或公积金的减少数	本期贷方发生额：本期资本或公积金的增加数
	期末余额：资本和公积金的结余额

图 10-1　资本类账户的结构

（二）资本类账户的范围

资本类账户在经济内容上属于所有者权益类账户，资本类账户有“实收资本（股本）”“资本公积”“盈余公积”等。

（三）资本类账户的特点

（1）资本类账户能够在一定程度上反映企业的经营规模和持续经营能力。资本类账户反映了企业实际收到的投入资本、资本（股本）溢价、直接计入所有者权益的利得损失、根据当年实现的净利润提取的盈余公积等情况，因此能够在一定程度上反映一个企业的经营规模和持续经营能力。

（2）资本类账户只能提供价值量核算指标。资本类账户的总分类账户及所属明细分类账户只能提供价值量指标。

二、盘存类账户

（一）盘存类账户的用途结构

盘存类账户是指用来核算和监督企业各项财产物资和货币资金增减变动及结存情况的账户。这类账户的结构为借方登记财产物资的增加数和货币资金的增加数，贷方登记财产物资的减少数和货币资金的减少数，期末余额在借方，表示期末各项财产物资和货币资金的实存数额。盘存类账户的结构如图 10-2 所示。

借方　　　　盘存账户	贷方
期初余额：期初财产物资和货币资金的实有数	
本期借方发生额：本期财产物资和货币资金的增加额	本期贷方发生额：本期财产物资和货币资金的减少额
期末余额：期末财产物资和货币资金的实有数	

图 10-2　盘存类账户的结构

（二）盘存类账户的范围

盘存类账户在经济内容上属于资产类账户，盘存类账户有“库存现金”“银行存款”“原材料”“库存商品”“固定资产”等。一般来说，凡是能够通过盘点确定结存数量的账户都属于盘存类账户。

（三）盘存类账户的特点

（1）盘存类账户能够通过盘点确定结存数。盘存类账户可以通过实地盘点、核对账目等方法，检查账面结存额与实存额是否相符。

（2）盘存类账户一般能提供实物和价值两种核算指标。盘存类账户除“库存现金”“银行存款”等货币资金账户外，其他财产物资类明细账都可以同时提供实物量和价值量两种核算指标。

（3）期末余额在借方。盘存类账户期末余额只能在借方，若出现贷方余额，则说明账户记录或有关计算发生错误。

三、结算类账户

结算类账户是用来核算和监督企业与其他单位、个人之间发生的债权和债务结算情况的账户。按照企业结算业务性质的不同，可以将结算类账户划分为三种类型：债权结算类账户、债务结算类账户、债权债务结算类账户。

（一）债权结算类账户

1. 债权结算类账户的用途结构

债权结算类账户是指用来核算和监督债权企业与各个债务单位或个人之间结算业务的账户。这类账户的结构为借方记录债权的增加数额；贷方记录债权的收回数额；余额一般在借方，表示期末尚未结算的债权数额。债权结算类账户的结构如图 10-3 所示。

借方　　　　　　　　　　债权结算类账户　　　　　　　　　　贷方

借方	贷方
期初余额：期初尚未结算的债权数额 本期借方发生额：本期债权的增加数额	本期贷方发生额：本期债权的减少数额
期末余额：尚未收回的债权数额	

图 10-3　债权结算类账户的结构

2. 债权结算类账户的范围

债权结算类账户在经济内容上属于资产类账户，债权结算类账户有“应收账款”“应收票据”“其他应收款”“长期应收款”“预付账款”等。

（二）债务结算类账户

1. 债务结算类账户的用途结构

债务结算类账户是指用来核算和监督债务企业与各个债权单位或个人之间结算业务的账户。这类账户的结构为贷方记录债务的增加数额；借方记录债务的减少数额；余额一般在贷方，表示期末尚未结算的债务数额。债务结算类账户的结构如图 10-4 所示。

借方	债务结算类账户 贷方
本期借方发生额：本期债务的减少数额	期初余额：期初尚未结算的债务数额 本期贷方发生额：本期债务的增加数额
	期末余额：尚未结算的债务实有数额

图 10-4 债务结算类账户的结构

2. 债务结算类账户的范围

债务结算类账户在经济内容上属于负债类账户，债务结算类账户有“应付账款”“应付票据”“其他应付款”“长期应付款”“应付职工薪酬”“应交税费”“应付利息”“预收账款”等。

（三）债权债务结算类账户

1. 债权债务结算类账户的用途结构

债权债务结算类账户是指用来核算和监督企业与某一个单位或个人之间发生的债权或债务往来结算业务的账户。这类账户的借方记录债权的增加数额和债务的减少数额；贷方记录债权的减少数额和债务的增加数额；期末余额有时在借方，有时在贷方。若为期末借方余额，表示企业的债权，性质为资产；若为期末贷方余额，则表示企业的债务，性质为负债。因此，这类账户也称为双重性账户。债权债务结算类账户的结构如图 10-5 所示。

借方	债权债务结算类账户 贷方
期初余额：债权金额大于债务金额的部分 本期借方发生额：本期债权增加金额，本期债务减少金额	期初余额：债务金额大于债权金额的部分 本期贷方发生额：本期债务增加金额，本期债权减少金额
期末余额：净债权（债权金额大于债务金额的部分）	期末余额：净债务（债务金额大于债权金额的部分）

图 10-5 债权债务结算类账户

通过设置债权债务结算类账户，可以集中反映企业与同一单位或个人发生的债权和债务结算情况。例如，企业会计准则规定，当一个企业的预付货款业务不多时，可以不专门设置“预付账款”账户，而是将预付的货款记入“应付账款”账户的借方，在这样的情况下，“应付账款”账户就成了一个具有双重性质的债权债务结算类账户。它既反映购买商品或接受劳务的应付款项的增减变动情况，又反映预付款项的增减变动情况。但是这类账户会给资产负债表的编制带来一定的麻烦，在编制资产负债表时，不能根据这类账户的总账期末余额来填列报表项目，而应该根据这类账户所属的明细分类账户的余额分析计算填列有关报表项目。

2. 债权债务结算类账户的范围

债权债务结算类账户有“应付账款”“应收账款”“其他应付款”“其他应收款”“预付账款”“预收账款”，也有的企业不设上述账户，而是设置“往来账”“其他往来”等债权债务结算类账户。

3. 债权债务结算类账户的特点

（1）只能提供价值量核算指标。债权债务结算类账户的总账和明细账都不能提供实物量核算指标，只能提供价值量核算指标。

（2）债权债务结算类账户的期末余额并不是企业实际的债权或债务数额。

四、调整类账户

调整类账户是指用来对某个账户的余额进行调整，用以表明被调整账户实际余额的账户。调整类账户与被调整类账户相对应，被调整类账户反映经济活动的原始数据，调整类账户反映经济活动导致的增减变化情况，通过二者之间的内在联系，反映经济活动的实质，得出满足管理需要的有关数据。按调整方式的不同，可以将调整类账户分为三种类型：抵减（备抵）类账户、附加类账户、抵减（备抵）附加类账户。

（一）抵减（备抵）类账户

抵减（备抵）类账户是指用来抵减被调整账户的余额，以便得出被调整账户的实际数额的账户。抵减（备抵）类账户与被调整类账户之间的抵减（备抵）调整关系可以用以下公式表示：

被调整类账户的实际数额=被调整类账户的账面余额-抵减（备抵）类账户的账面余额

抵减（备抵）类账户的特点是抵减（备抵）类调整账户与被调整账户的余额方向相反，结构也相反。

抵减（备抵）类账户的结构为贷方记录增加数额，借方记录减少数额，期末余额在贷方。属于抵减（备抵）类账户的有“累计折旧”“存货跌价准备”“坏账准备”“长期股权投资减值准备”“债权投资减值准备”“固定资产减值准备”“无形资产减值准备”“在建工程减值准备”等。

下面以固定资产和累计折旧为例来说明抵减调整账户和被调整账户之间的结构和关系。“固定资产”是被调整账户，“累计折旧”是它的抵减调整账户，二者反映的经济内容相同，余额方向相反，结构也相反。“固定资产”账户的期末为借方余额，表示固定资产的原始价值，“累计折旧”账户的期末余额为贷方，表示固定资产的磨损价值即累计折旧。“固定资产”账户的期末借方余额减去“累计折旧”账户的期末贷方余额后的差额，就是固定资产的净值，反映企业在某一特定日期的固定资产新旧程度，有利于企业对固定资产进行更新改造，也有利于企业掌握固定资产的使用情况。“累计折旧”账户和“固定资产”账户之间的结构和关系如图10-6所示。调整后固定资产账户的实有数额即固定资产净值为2 080 000元。

借方	固定资产（被调整账户）	贷方
期末余额	2 600 000	

借方	累计折旧（抵减调整账户）	贷方
	期末余额	520 000

图 10-6　“累计折旧”账户和“固定资产”账户之间的结构和关系

（二）附加类账户

附加类账户是指用来增加被调整账户的余额，以便得出被调整账户实际数额的账户。

附加类账户与被调整类账户之间的附加调整关系可以用以下公式表示：

被调整类账户的实际数额=被调整类账户的账面余额+附加类账户的账面余额

附加类账户的特点是附加类调整账户与被调整账户的余额方向相同，结构也相同，二者余额相加就可以得出调整后的实际金额。在会计实务中，企业很少设置纯粹的附加账户，一般是在企业溢价发行债券的情况下，为了同时反映债券的总面值和溢价金额，于是在“应付债券”账户下分别设置“债券面值”和“债券溢价”两个明细账户。在这种情况下，“债券溢价”就是“债券面值”的附加账户。这两个账户的余额相加，表示该企业应付债券这项负债的实际数额。

（三）抵减（备抵）附加类账户

抵减附加账户又称为备抵附加账户，是指既可以用来抵减又可以用来增加被调整账户的余额，以便得出被调整账户实际数额的账户。当被调整账户的期末余额与调整账户的期末余额方向相反时，二者是抵减调整关系；当被调整账户的期末余额与调整账户的期末余额方向相同时，二者是附加调整关系。在会计实务中，当工业企业的原材料采用计划成本进行日常核算时，原材料的计划成本与实际成本之间的差异通过“材料成本差异”账户来核算。这里的“材料成本差异”账户就是“原材料”账户的抵减附加调整账户，“原材料”账户的期末借方余额反映库存材料的计划成本。当“材料成本差异”账户为期末借方余额时，“材料成本差异”账户的期末借方余额表示材料实际成本大于计划成本的超支数，与其被调整的“原材料”账户的方向一致，两者之间是相加关系，两个账户的期末余额之和就是期末库存原材料的实际成本；当“材料成本差异”账户是贷方余额时，“材料成本差异”账户的贷方余额表示材料实际成本小于计划成本的节约数，与“原材料”账户的方向相反，两者之间是抵减关系，两个账户的期末余额之差就是期末库存原材料的实际成本。“材料成本差异”账户与被调整的“原材料”账户之间的关系如图 10-7、图 10-8 所示。从图 10-7、图 10-8 可以看出，当“材料成本差异”为借方余额时，库存圆钢的实际成本为 30 200 元，当“材料成本差异”为贷方余额时，库存角钢的实际成本为 11 700 元。

借方　原材料——圆钢（被调整账户）　贷方

本期发生额：60 000	本期发生额：30 000
期末余额：30 000	

借方　材料成本差异——圆钢（调整账户）　贷方

本期发生额：700	本期发生额：500
期末余额：200（超支额）	

图 10-7　“材料成本差异”账户与被调整的“原材料”账户之间的关系

借方　原材料——角钢（被调整账户）　贷方

本期发生额：30 000	本期发生额：18 000
期末余额：12 000	

借方　材料成本差异——角钢（调整账户）　贷方

本期发生额：300	本期发生额：600
	期末余额：300（节约额）

图 10-8　“材料成本差异”账户与被调整的“原材料”账户之间的关系

抵减附加类账户的特点是：同时具有抵减和附加两种调整功能。这类账户是具有抵减功能还是具有附加功能，取决于该类调整账户的余额方向与被调整账户的余额方向是否一致。

五、跨期摊销类账户

（一）跨期摊销类账户的用途结构

跨期摊销类账户是用来核算和监督企业已经发生但是应该根据权责发生制在几个会计期间进行摊销的有关费用的账户。这类账户的结构为借方记录费用的实际支付数，贷方记录本期摊销的数额，期末余额在借方，表示尚未摊销的费用数额。跨期摊销类账户的结构如图 10-9 所示。

借方　跨期摊销类账户　贷方

期初余额：已经支付尚未摊销的费用数额 本期借方发生额：本期实际支付的费用数额	本期贷方发生额：本期费用的摊销数额
期末余额：已经支付但尚未摊销的费用数额	

图 10-9　跨期摊销类账户的结构

（二）跨期摊销类账户的范围

跨期摊销类账户有“长期待摊费用”等。

（三）跨期摊销类账户的特点

（1）跨期摊销类账户充分体现了收入与费用的配比。这类账户能够将有关耗费与各期的收益相配比，有利于企业合理确定各个会计期间的损益。

（2）跨期摊销类账户只能提供价值量核算指标，不能提供实物量核算指标。

六、计价对比类账户

（一）计价对比类账户的用途结构

计价对比类账户是指用来核算和监督企业经营过程中某项经济业务按照两种不同的计价标准进行对比，以便确定业务结果的账户。这类账户的结构为借方登记某项经济业务的一种计价；贷方登记该项业务的另一种计价；期末将两种计价对比，确定业务结果。“材料采购”账户的结构如图 10-10 所示。

借方　　　　　　　　材料采购　　　　　　　　贷方

期初余额：期初在途材料的实际成本	
本期借方发生额： （1）本期增加材料的实际成本（第一种计价） （2）节约差异（第二种计价大于第一种计价的差额）	本期贷方发生额： （1）本期入库材料的计划成本（第二种计价） （2）超支差异（第二种计价大于第一种计价的差额）
期末余额：期末在途材料的实际成本	

图 10-10　“材料采购”账户的结构

（二）计价对比类账户的范围

计价对比类账户的典型代表有“材料采购”账户。

（三）计价对比类账户的特点

（1）计价对比类账户借贷两方采用的计价标准不同，可以考核所采用的计价方式的合理性。

（2）计价对比类账户明细分类核算可以提供价值量核算指标，也可以根据需要提供实物量核算指标。

七、集合分配类账户

（一）集合分配类账户的用途结构

集合分配类账户是指用来归集企业在一定会计期间发生的有关费用，然后在会计期末按适当的方法将所归集的费用分配计入相关成本计算对象的账户。这类账户的结构为借方登记有关费用的发生数额，贷方登记费用的分配数额，期末分配后一般没有余额。集合分配类账户的结构如图 10-11 所示。

借方	集合分配类账户 贷方
本期借方发生额：实际发生或应计的有关费用数额	本期贷方发生额：分配给各有关成本计算对象负担的费用数额
期末余额：尚未分配的有关费用总额	

图 10-11 **集合分配类账户的结构**

（二）集合分配类账户的范围

集合分配类账户主要有“制造费用”等账户。

（三）集合分配类账户的特点

（1）集合分配类账户对一定会计期间发生的有关费用先归集后分配，期末分配后无余额。

（2）集合分配类账户是涉及产品成本计算的基本账户。

（3）集合分配类账户只提供价值量核算指标，不能提供实物量核算指标。

八、成本计算类账户

（一）成本计算类账户的用途结构

成本计算类账户是指用来核算和监督企业在一定会计期间所发生的有关费用，并按适当方法计算确定各有关成本计算对象实际成本的账户。这类账户的结构为借方登记某一特定成本计算对象在生产过程中所发生的有关费用，贷方登记转出的已经完工的成本计算对象的实际成本，期末余额在借方，表示尚未完工的成本计算对象的实际成本。成本计算类账户的结构如图 10-12 所示。

借方	成本计算类账户 贷方
期初余额：期初未完工的成本计算对象的实际成本 本期借方发生额：某一特定成本计算对象在生产过程中所发生的材料费用、人工费用、间接费用等	本期贷方发生额：转出的已完工的成本计算对象的实际成本
期末余额：期末尚未完工的成本计算对象的实际成本	

图 10-12 **成本计算类账户的结构**

（二）成本计算类账户的范围

成本计算类账户有“生产成本”“劳务成本”“开发成本”“材料采购”“在建工程”等。

（三）成本计算类账户的特点

（1）成本计算类账户对一定会计期间发生的有关费用先按成本项目进行归集，然后按适当方法计算确定各有关成本计算对象的完工产品和在产品成本。

（2）成本计算类账户若有期末余额则具有盘存类账户的性质。

（3）成本计算类账户可以提供价值量和实物量核算指标。

九、暂记类账户

（一）暂记类账户的用途和结构

暂记类账户又称为过渡性账户，是指用来核算与监督企业在财产清查等经济活动中发现的盘盈、盘亏和毁损，在尚未查明原因前暂时运用以保证账实相符的账户。暂记类账户的典型代表有“待处理财产损溢”等。“待处理财产损溢”账户的结构如图 10-13 所示。

借方　　　　待处理财产损溢	贷方
（1）发现的盘亏、毁损数额 （2）经批准转销的盘盈数额	（1）发现的盘盈数额 （2）经批准转销的盘亏、毁损数额
期末余额：等待批准处理的盘亏、毁损损失	期末余额：等待批准处理的盘盈利得
年末无余额	年末无余额

图 10-13　“待处理财产损溢”账户的结构

（二）暂记类账户的范围

暂记类账户的典型代表有“待处理财产损溢”等。

（三）暂记类账户的特点

（1）暂记类账户具有明显的暂记性，在期末结账前应处理完毕，处理后无余额，如果在期末结账前尚未经批准的，应在对外提供财务报告时先行处理，并在会计报表附注中作出说明。

（2）暂记类账户明细分类核算可以提供价值量核算指标，也可以根据需要提供实物量核算指标。

十、汇转类账户

汇转类账户是指用来核算和监督企业在一定会计期间内从事生产经营活动形成的各项损益的汇集并于期末予以结转的账户。这类账户从经济内容上看属于损益类账户，按照汇集结转的经济内容不同可以进一步划分为收益汇转类账户和费用汇转类账户。

（一）收益汇转类账户

1. 收益汇转类账户的用途结构

收益汇转类账户是指用来汇集和结转企业在某一期间内从事经营活动或其他活动的某种收入的账户。收益汇转类账户的贷方登记收益的增加额，反映企业主营业务收入或其他收入的形成或确认，借方登记当期收益的减少数或转销数；该类账户期末结转到“本年利润”账户后，一般无余额。收益汇转类账户的结构如图 10-14 所示。

借方	收益汇转类账户 贷方
发生额：本期因销售返回等原因发生的收益减少数及期末转入“本年利润”账户的净收益额	发生额：本期形成或确认的收益额
	期末：无余额

图 10-14 收益汇转类账户的结构

2. 收益汇转类账户的范围

收益汇转类账户有“主营业务收入”“其他业务收入”“投资收益”和“营业外收入”等。

（二）费用汇转类账户

1. 费用汇转类账户的用途结构

费用汇转类账户是指用来汇集和结转企业在某一期间内从事经营活动或其他活动的某种费用或损失的账户。费用汇转类账户的借方登记一定会计期间的费用或损失数，贷方登记期末转入“本年利润”账户的费用或损失数；结转后，该账户期末一般无余额。费用汇转类账户的结构如图 10-15 所示。

借方	费用汇转类账户 贷方
发生额：费用（损失）的发生额	发生额：转入“本年利润”账户的费用（损失）额
期末：无余额	

图 10-15 费用汇转类账户的结构

2. 费用汇转类账户的范围

属于这类账户的有“管理费用”“财务费用”“销售费用”“税金及附加”“其他业务成本”“所得税费用”“营业外支出”等账户。

（三）汇转类账户的特点

（1）对一定会计期间发生的各项损益先汇集后结转，期末结转后各损益类账户无余额。

（2）是涉及财务成果形成的基本账户。

（3）只提供价值量核算指标，不能提供实物量核算指标。

十一、财务成果类账户

（一）财务成果类账户的用途结构

财务成果类账户是指用来核算和监督企业一定会计期间全部生产经营活动最终成果的账户。这类账户的结构为贷方登记各项收入、利得的转入金额，借方登记各项费用、损失的转入金额。期末将贷方发生额合计与借方发生额合计进行比较，若为贷方余额表示企业实现的净利润，若为借方余额则表示企业发生的净亏损。财务成果类账户的结构如图 10-16 所示。

借方　　　　　　　　财务成果类账户	贷方
本期借方发生额：本期转入的各项费用、损失	本期贷方发生额：本期转入的各项收入、利得
期末余额：累计发生的亏损净额	期末余额：累计实现的利润净额
年末结转后无余额	年末结转后无余额

图 10-16　财务成果类账户的结构

（二）财务成果类账户的范围

这类账户的典型代表有“本年利润”等。

（三）财务成果类账户的特点

（1）它是连接收入和费用类账户的纽带。财务成果类账户将一定会计期间内确认的收入和该会计期间内发生的各项费用支出进行对比，计算出企业一定会计期间的最终财务成果。因此，从账户体系中各账户之间的关系来看，财务成果类账户是连接所有收入和费用类账户的纽带。

（2）年末结转后无余额。年度终了，企业应将本年实现的净利润或亏损总额全部转入“利润分配”账户，因此，结转后该类账户无余额。

（3）它只提供价值量核算指标，不能提供实物量核算指标。

账户按用途和结构分类可归纳为表 10-1。

表 10-1　账户按用途和结构分类的账户体系

账户按用途和结构的分类		范围
1. 资本类账户		实收资本、资本公积、盈余公积
2. 盘存类账户		库存现金、银行存款、原材料、库存商品、固定资产
3. 结算类账户	债权结算类账户	应收账款、应收票据、预付账款、其他应收款
	债务结算类账户	应付账款、应付票据、其他应付款、预收账款、应付职工薪酬、应交税费
	债权债务结算类账户	应收账款、预付账款、应付账款、预收账款
4. 调整类账户	抵减（备抵）类账户	累计折旧、坏账准备、存货跌价准备、利润分配
	附加类账户	应付债券——债券溢价
	抵减（备抵）附加类账户	材料成本差异
5. 跨期摊销类账户		长期待摊费用
6. 计价对比类账户		材料采购
7. 集合分配类账户		制造费用

表10-1(续)

账户按用途和结构的分类		范围
8. 成本计算类账户		生产成本、材料采购、在建工程、劳务成本
9. 暂记类账户		待处理财产损溢
10. 汇转类账户	收益汇转类账户	主营业务收入、其他业务收入、营业外收入、投资收益
	费用汇转类账户	主营业务成本、其他业务成本、税金及附加、销售费用、管理费用、财务费用、所得税费用、营业外支出
11. 财务成果类账户		本年利润

第三节　账户按其他标准分类形成的账户体系

会计账户的其他分类标准有：账户按照经济内容分类，账户按照提供指标的详细程度分类，账户按照期末是否有余额分类，账户按照所列入的会计报表不同分类等，其中，账户按照经济内容进行的分类是最基本的分类。

一、账户按照经济内容分类形成的账户体系

账户按照经济内容分类在本书第二章已经介绍过，在这里用表10-2将账户按照经济内容分类形成的账户体系归纳如下：

表10-2　账户按经济内容分类的账户体系

账户按经济内容的分类	范围
1. 资产类账户	库存现金、银行存款、应收账款、其他应收款、应收票据、长期应收款、预付账款、原材料、库存商品、固定资产、累计折旧、固定资产清理、无形资产、待处理财产损溢、长期待摊费用、长期股权投资、债权投资等
2. 负债类账户	短期借款、应付账款、应付票据、其他应付款、预收账款、应付职工薪酬、应交税费、应付利息、长期借款、应付债券、长期应付款等
3. 共同类账户	清算资金往来、货币兑换、衍生工具等
4. 所有者权益类账户	实收资本、资本公积、盈余公积、本年利润、利润分配
5. 成本类账户	生产成本、制造费用
6. 损益类账户	主营业务收入、主营业务成本、税金及附加、其他业务收入、其他业务成本、管理费用、销售费用、财务费用、投资收益、营业外收入、营业外支出、所得税费用

二、账户按照提供指标的详细程度分类形成的账户体系

账户按照提供指标的详细程度分类在本书第二章已经介绍过，在这里用表10-3将账户按照提供指标的详细程度分类形成的账户体系的有关内容归纳如下：

表 10-3 账户按提供指标详细程度分类的账户体系

<table>
<tr><th>账户按提供指标详细程度的分类</th><th colspan="2">范围</th></tr>
<tr><td>1. 总分类账户</td><td colspan="2">库存现金、银行存款、应收账款、其他应收款、应收票据、长期应收款、预付账款、原材料、库存商品、固定资产、累计折旧、固定资产清理、无形资产、待处理财产损溢、长期待摊费用、长期股权投资、债权投资、短期借款、应付账款、应付票据、其他应付款、预收账款、应付职工薪酬、应交税费、应付利息、长期借款、应付债券、长期应付款、实收资本、资本公积、盈余公积、本年利润、利润分配、生产成本、制造费用、主营业务收入、主营业务成本、税金及附加、其他业务收入、其他业务成本、管理费用、销售费用、财务费用、投资收益、营业外收入、营业外支出、所得税费用等</td></tr>
<tr><td rowspan="2">2. 明细分类账户</td><td>（1）明细账户设置原则</td><td>①满足会计主体内部管理需要
②简明适用
③相对稳定</td></tr>
<tr><td>（2）明细账户设置举例</td><td>“银行存款”账户可按货币种类以不同的开户银行和账号设置明细账
“原材料”账户可按不同的品种、规格、型号等设置明细账
“应收账款”账户可按不同的债务人设置明细账
“应付账款”账户可按不同的债权人设置明细账</td></tr>
</table>

三、账户按照期末是否有余额分类形成的账户体系

账户按照期末是否有余额进行分类，可以分为实账户和虚账户。实账户是指在会计期末有余额的账户，如资产类账户、负债类账户、所有者权益类账户、成本类账户等。虚账户是指在会计期末没有余额的账户，如损益类账户。

四、账户按照所列入的会计报表不同进行分类形成的账户体系

账户按照所列入的会计报表的不同进行分类，可以分为资产负债表账户和利润表账户。资产负债表账户是指在资产负债表中列示的账户，如资产类账户、负债类账户、所有者权益类账户和成本类账户等。利润表账户是指在利润表中列示的账户，如损益类账户。

思考题：

1. 什么是账户的结构？什么是账户的用途？
2. 账户按用途结构可以分为哪些类别？
3. 结算类账户的用途、结构是什么？这类账户具有什么特点？
4. 调整类账户的用途、结构是什么？这类账户具有什么特点？
5. 汇转类账户有哪些？这类账户具有什么特点？
6. 财务成果类账户有哪些？这类账户具有什么特点？
7. 计价对比类账户的结构是什么？
8. 集合分配类账户的结构是什么？
9. 盘存类账户有哪些？这类账户具有什么特点？
10. 资产负债表账户有哪些？利润表账户有哪些？

第十一章 会计工作组织

■学习要求

通过本章的学习，要求读者了解组织会计工作的意义和要求；掌握会计机构的设置、会计人员的配备与职责权限以及会计人员应具备的素质；理解我国会计法规体系的构成及其具体内容；熟悉我国会计档案管理与会计工作交接制度。

■案例

公司人员调整与会计工作岗位的设置

邕桂公司为国有企业，出纳王某离职后，公司财务部负责人将其刚毕业的侄女李某调入财务部接替王某担任出纳。一段时间后，档案管理员也离职，因人手不足，李某又被任命兼管会计档案保管工作。

此外，公司另一名会计人员张某由于工作变动，办理好会计交接工作后离开会计岗。接替人员刘某在事后发现张某移交的一些会计凭证存在问题，在向张某追责时，张某回答："会计凭证之前都已经移交给你了，这事与我无关，凭什么要我负责?"

请分析上述情况中存在哪些不妥行为，并说出理由。

第一节 会计工作组织概述

一、会计工作组织的含义

会计工作是一项综合性的管理工作，企事业单位发生的各项经济活动，需要通过会计工作加以反映和监督，而会计工作正常高效的运行，离不开科学的会计工作组织。

对会计工作组织的理解，有广义和狭义之分。从广义的角度看，凡是与组织会计工作相关的一切行为都可以包括在会计工作组织之内。

而本书对会计工作组织的定义是一种相对狭义的概念。所谓会计工作组织，是根据会计工作的特点，对会计机构的设置、会计人员的配备、会计规范的制定与执行、会计档案的保管以及会计人员交接等各项工作的统筹安排。其中，会计机构和会计人员是会计工作组织运行的必要条件，会计规范是保证会计工作组织正常运行的必要约束机制。

二、组织会计工作的意义

科学地组织好会计工作，对顺利完成会计的各项任务，保证实现会计目标，充分发挥会计的作用，促进国民经济健康有序发展等有十分重要的意义。具体体现为：

（一）有利于贯彻执行有关法律法规，维护社会主义市场经济秩序

会计通过核算如实反映企事业单位发生的经济业务与事项，通过监督来贯彻执行国家有关法律法规、方针政策。科学地组织好会计工作，可以根据企事业单位的规模和管理要求，分层延伸到部门、个人，进而使国家相关财经法律法规得到很好的贯彻执行，为维护社会主义市场经济秩序打下坚实的基础。

（二）有利于保证会计工作质量，提高会计工作效率

会计工作作为一种经济管理活动，运用专门的会计方法，对企事业单位发生的经济业务进行确认、计量和报告，并进一步进行分析监督检查，最终为会计信息使用者提供真实可靠、有用的会计信息。这整个过程包括一系列的程序，它们之间前后衔接，环环相扣。任何一个环节出现差错都会影响到其后程序的进度或是会计信息的可靠性，进而影响会计工作的质量和效率。为此，有必要结合会计工作的特点，科学地组织好会计工作，设置合理的会计机构，配备相应的会计人员，认真制定会计规章制度，使会计工作严格按事先规定的手续和处理程序有条不紊地进行。这样，才有利于保证会计工作正常高效地进行，提高会计工作的质量和效率，圆满完成各项会计工作。

（三）有利于完善企事业单位的内部经济责任制，加强内部管理

实行内部的经济责任制是经济管理的有效手段，而会计身为经济管理的重要组成部分，自然与经济责任制密不可分。正确地组织好会计工作，有利于会计主体内部各单位管好和用好资金，厉行节约，增收节支，更好地履行自己的经济责任，进而通过提高经济管理水平达到加强内部管理，提高经济效益的目的。

（四）有利于提高与其他经济管理工作的一致性

会计工作是整个经济管理工作的一个重要组成部分，它既有其独立性，也与其他管理工作有着密切联系，它们相互补充，相互促进，相互制约。完善的会计工作组织需要其他经济管理工作的配合，同时科学的会计工作组织也能促进其他经济管理工作的顺利开展。

三、组织会计工作的原则

组织会计工作的原则是指为提高会计工作质量与效率，在组织会计工作时应遵循的基本规律，这是科学组织好会计工作的基本保障。具体体现为以下四点：

（一）统一性原则

统一性原则是指组织会计工作必须按照国家对会计工作的统一要求来进行。会计工作组织受到各种法律法规、制度的制约，如《中华人民共和国会计法》《企业会计准则》《总会计师条例》《会计基础工作规范》等，组织会计工作应按照相关的统一要求，贯彻执行国家规定的法令制度，以更好地发挥会计工作在社会经济发展中的作用。

（二）适应性原则

适应性原则是指组织会计工作应适应各企事业单位自身经营管理的特点。各企事业单位应在遵循国家相关统一性规定的前提下，结合自身规模大小、经营管理特点等情况，对本单位会计机构的设置、会计人员的配备作出切合实际的安排，确定本单位会计核算方法等，以适应自身发展的需要。

（三）效益性原则

效益性原则是指组织会计工作时应在保证会计工作质量的前提下，节约人力、物力，讲求经济效益。会计工作通过一系列程序来完成，这些程序繁杂而又关系密切，如果组织不好，容易造成重复劳动，浪费人力物力。所以对会计工作的组织，都应力求精简，避免重复繁杂，以防止会计机构过于重叠、庞大，人浮于事和形式主义的出现，进而影响会计工作质量与效率。

（四）责任制和内部控制原则

责任制和内部控制原则是指组织会计工作时，对会计工作进行合理分工，遵循内部控制原则，建立和完善会计工作责任制，不同岗位的会计人员各司其职，并形成各方面相互牵制的机制，避免会计工作出现失误与舞弊。

第二节　会计机构

会计机构是指各企事业单位内部设置的办理会计事务的职能部门。建立健全会计机构，是做好会计工作、充分发挥会计职能的重要保证。《中华人民共和国会计法》《会计基础工作规范》等法律法规对会计机构设置作出了相应的规范。

一、会计机构的设置

（一）各级主管部门会计机构的设置

《中华人民共和国会计法》第七条规定，国务院财政部门主管全国的会计工作。县级以上地方各级人民政府财政部门管理本行政区域内的会计工作。为此，我国财政部设置会计司，主管全国会计工作；地方财政部门一般设置会计局、会计处等，主管本地区或本系统所属企业的会计工作。

（二）企事业单位会计机构的设置

企事业单位内部，一般也都需要设置从事会计工作的职能部门以完成本单位的会计工作。《中华人民共和国会计法》第三十六条规定，各单位应当根据会计业务的需要，设置会计机构，或者在有关机构中设置会计人员并指定会计主管人员；不具备设置条件的，应当委托经批准设立从事会计代理记账业务的中介机构代理记账。由此可见，各基层企事业单位应根据本单位经营管理的实际情况和会计业务的繁简等进行会计机构的设置。具体表现为以下三个层次：

1. 单独设置会计机构

单独设置会计机构的单位一般应设置财务处、会计科、会计股等，在经理或单位行政领导人的领导下，负责组织、领导以及从事会计工作。而一个单位是否单独设置会计机构，一般取决于以下各因素：

（1）单位规模的大小。一个单位规模的大小，往往决定了这个单位内部职能部门的设置，进而决定是否设置会计机构。一般情况下，大中型企业和具有一定规模的行政事业单位，以及财务收支数额较大、会计业务较多的社会团体和其他经济组织，都应单独设置会计机构，如财务处（部）等。这有利于及时组织本单位各项经济活动和财务收支的核算，实现有效的会计监督。

（2）经济业务的多少和财务收支的繁简。一般情况下，经济业务多、财务收支大的单位，有必要单独设置会计机构，以保证会计信息的质量和会计工作的效率。

（3）经营管理的要求。有效的经营管理是以信息的及时准确和全面系统为前提的。一个单位在经营管理上的要求越高，对会计信息的需求也相应增加，对会计信息系统的要求也越高，这决定了该单位单独设置会计机构的必要性。

2. 在有关机构中设置专职会计人员

不单独设置会计机构的单位，应当在有关机构中设置会计人员并指定会计主管人员。

这种形式一般在行政事业单位和中小企业中比较常见。对于那些财务收支数额不大、会计业务比较简单的机关团体、事业单位、企业等，因不具备单独设置会计机构的条件，但为了适应这些单位的内部核算需要和组织结构特点，应在有关机构中配备专职会计人员并指定会计主管人员，以强化责任制，防止出现会计工作无序开展、无人负责的局面。

这类机构一般应该是单位内部与财务会计工作接近的计划、统计或经营管理部门，或者是有利于发挥会计职能作用的内部综合部门，如办公室等。需要注意的是，此类单位虽然只配备专职会计人员但也必须具有健全的财务会计制度和严格的财务手续，其专职会计人员的专业职能不能被其他职能所替代。

3. 实行代理记账

对不具备设置会计机构和会计人员条件的单位，应当委托经批准设立从事会计代理记账业务的会计咨询服务机构、会计师事务所等中介机构代理记账。该项规定为那些不具备设置会计机构、配备会计人员的小型经济组织开展会计工作提供了有效途径。

代理记账是指不设置会计机构和会计人员的独立核算单位将其记账、报账等一系列会计工作委托给从事代理记账业务的社会中介机构（会计咨询服务机构、会计师事务所）完成，该单位只需要设立出纳人员负责日常货币收支和保管等工作。从事代理记账业务的社会中介机构称为代理记账机构。

（1）代理记账机构的设立条件

除国家法律法规另有规定外，符合下列条件的机构可以申请代理记账资格：①为依法设立的企业；②专职从业人员不少于 3 名；③主管代理记账业务的负责人为专职从业人员，且具有会计师以上专业技术职务资格，或者从事会计工作不少于 3 年；④有健全的代理记账业务内部规范。其中，从业人员应当具有会计类专业基础知识和业务技能，能够独立处理基本会计业务，并由代理记账机构自主评价认定。

（2）代理记账业务范围

代理记账机构可以接受委托，代表委托人办理的业务主要有：①根据委托人提供的原始凭证和其他资料，按照会计制度的规定进行会计核算，包括审核原始凭证、填制记账凭证、登记会计账簿、编制财务报告等；②对外提供财务会计报告；③定期向税务机关提供税务资料；④承办委托人委托的其他会计业务。

（3）委托人的责任和义务

委托人对代理记账机构在委托合同约定范围内的行为承担责任。

委托人委托代理记账机构代理记账应当承担相应的义务，具体包括：对本单位发生的经济业务事项，应当填制或取得符合国家统一的会计制度规定的原始凭证；配备专门人员负责日常货币资金收支和保管；及时向代理记账机构提供合法、真实、完整的原始凭证和其他相关资料；对代理记账机构退回要求按照国家统一的会计制度规定进行更正、补充的原始凭证，应当及时予以更正、补充。

（4）代理记账机构及其代理记账人员的义务

代理记账机构及其代理记账人员的义务主要包括：遵守会计法律法规和国家统一会计制度的相关规定，按照委托合同约定依法履行职责，办理代理记账业务；对在执行业务中知悉的商业秘密应当保密；对委托人示意其作出不当的会计处理，提供不实的会计资料，以及其他不符合法律法规规定的要求，应当拒绝；对委托人提出的有关会计处理相关问题应当解释。

我国企事业单位的会计工作，受财政部门和单位主管部门的双重领导。

会计工作与财务工作都是综合性的经济管理工作，二者关系十分密切，因此，在我国的实务工作中，通常把处理会计工作和财务工作的职能机构合并为一个部门。

二、会计工作岗位的设置

（一）会计工作岗位的含义

会计工作岗位是指一个单位会计机构内部根据业务分工而设置的从事会计工作、办理会计事项的具体职能岗位。

在会计机构内部设置会计工作岗位，有利于明确分工和确定岗位职责，建立岗位责任制；有利于会计人员钻研业务，提高工作质量和效率；有利于会计工作的程序化和规范化，强化会计管理职能。同时，它也是配备适当数量的会计人员的客观依据之一。

（二）会计工作岗位设置的要求

1. 根据本单位会计业务的需要设置

各单位经济业务活动规模、特点和管理要求不同，其相应的会计工作的组织方法、会计岗位的职责分工和会计人员的数量也会有所不同。一个单位设置的会计岗位数量和配备的会计人员数量，应与其经济业务活动规模、特点和管理要求相适应。一个单位配备数量适宜的会计人员是提高其会计工作质量和效率的重要保证。

一般而言，经济业务活动规模大、过程复杂、经济业务量较多以及管理较严格的单位，相应的会计机构会比较大，会计机构内部的分工也会比较细，会计岗位和会计人员也比较多；反之，相应的会计机构会比较小，会计机构内部的分工也比较粗，会计岗位和会计人员也比较少。

会计工作岗位可以一人一岗、一人多岗或者一岗多人。一般而言，小型企业中“一人一岗”“一人多岗”的现象比较多；而大、中型企业中则是“一岗多人”的现象比较普遍。

2. 符合单位内部牵制制度的要求

内部牵制制度是指凡涉及款项或财务的收付、结算以及登记的任何一项工作，必须由两人或者两人以上分工办理，以相互制约的一种工作制度。国际上也将会计机构的内部牵制制度称为会计责任分离，其主旨与我国传统的“钱账分管”制度是一致的。内部牵制制度是单位内部控制制度的重要组成部分，各单位都应建立，会计岗位的设置，应符合单位内部牵制制度的要求。

在一个单位中，会计舞弊行为的表现之一是对现金的贪污、挪用。因此，会计机构内部牵制制度的目的之一是保证货币资产的安全完整。《会计基础工作规范》规定，会计工作岗位可以一人一岗、一人多岗或者一岗多人，但出纳人员不得兼管稽核，会计档案保管和收入、费用、债权债务账目的登记工作，这是会计机构内部牵制制度最基本的要求。根据复式记账要求，对每一笔货币资金收付业务的发生，一方面要在特殊日记账中进行记录，另一方面要登记收入、费用或者债权、债务等有关账簿，出纳人员是各单位专门从事货币资金收付业务的会计人员，如果把这些账簿登记工作都交由出纳人员一人担任，就会造成出纳人员既管钱又管账，无人监管无人控制的局面，这给贪污舞弊行为以可乘之机。同样，为防止利用抽换单据、涂改记录等手段进行舞弊，稽核、会计档案保管工作也不得由出纳人员担任。

3. 建立轮岗制度

《会计基础工作规范》规定，会计人员的工作岗位应当有计划地进行轮岗。它不仅是会计工作本身的需要，也是加强会计人员队伍建设的需要。定期、不定期地轮换会计人员的工作岗位，一方面有利于会计人员全面熟悉会计业务，不断提高业务素质；另一方面也有利于增强会计人员之间的团结合作意识，进一步完善单位内部会计控制制度。

（三）主要会计工作岗位

会计工作岗位一般可分为：会计机构负责人或者会计主管岗，出纳岗，财产物资核算岗，工资核算岗，成本费用核算岗，财务成果核算岗，资金核算岗，往来结算岗，总账报表岗，稽核岗，档案管理岗等。开展会计电算化和管理会计的单位，可以根据需要设置相应工作岗位，也可以与其他工作岗位相结合。

需要注意的是下列岗位不属于会计工作岗位：

（1）单位内部审计岗、政府审计岗和社会审计工作岗位不属于会计岗位。

（2）商场收银岗、医院收费岗、药品库房记账岗不属于会计岗位。

（3）对于会计档案管理岗位，在会计档案正式移交到档案管理部门之前，属于会计岗位；在会计档案正式移交到档案管理部门之后，则不再属于会计岗位，即档案管理部门管理会计档案的岗位不属于会计岗位。

第三节　会计人员

一、会计人员的含义

会计人员通常是指在国家机关、事业单位、社会团体、企业和其他组织中从事会计工作的人员。它包括会计机构负责人（会计主管人员）、会计师、会计员和出纳员等。

在建立健全会计机构的前提下，合理地配备与工作相适应的会计人员，提高会计人员的综合素质对会计核算管理系统的运行起着关键的作用，是做好会计工作、充分发挥会计职能的重要保证，是每个单位做好会计工作的重要因素。可以说，提高会计人员的素质是企业自身发展的需要。

二、会计人员的职责和权限

为了充分发挥会计人员的积极性，使会计人员在工作时有明确的方向和相应的办事准则，以更好地完成各项会计工作，《中华人民共和国会计法》《会计基础工作规范》等法律法规明确了会计人员的职责和权限。

（一）会计人员的主要职责

1. 制定本单位办理会计事务的具体办法

会计机构负责人（会计主管人员）应根据国家有关的会计法律法规、准则及其他相关规定，并结合本单位的具体情况，制定本单位办理会计事务的具体办法。例如，单位会计政策的选择、会计人员岗位责任制度、内部稽核制度、成本计算方法、费用开支报销手续办法、财产清查制度、会计档案的保管制度等。

2. 进行会计核算，如实反映情况

《中华人民共和国会计法》规定，会计人员应对下列经济业务事项应进行会计核算：①款项和有价证券的收付；②财物的收发、增减和使用；③债权债务的发生和结算；④资本、基金的增减；⑤收入、支出、费用、成本的计算；⑥财务成果的计算和处理；⑦其他需要办理会计手续、进行会计核算的事项。

会计人员应按照相关的规定，根据实际发生的经济业务事项进行会计核算工作，做好会计确认、计量、报告。即填制（取得）和审核原始凭证，编制记账凭证，登记会计账簿，正确计算各期收入、成本、费用以及财务成果，并按期核对结算账目，进行财产清查，在保证账证相符、账账相符、账实相符的基础上，按照内容完整、数字真实、手续完备等要求编制和报出财务会计报告。

3. 进行会计监督

进行会计监督是指会计人员在进行会计核算的同时，对特定对象的经济业务事项和会计手续的真实性、合法性、合理性进行审查监督。

合法性审查监督是指保证各项经济业务事项符合国家有关法律法规，遵守财经纪律，执行国家的各项方针政策，杜绝违法乱纪行为发生。例如，会计人员对不真实、不合法的原始凭证不予受理；会计人员对账簿记录与实物、款项不一致的问题，应及时向本单位负责人报告或按有关规定进行处理；会计人员对违反会计法和国家统一会计制度规定的行为，有权予以纠正、拒绝办理或检举。此外，会计人员也要接受审计、财政、税务机关等的监督，如实提供会计凭证、会计账簿、会计报表和其他会计资料。

合理性审查监督是指会计人员应检查监督特定会计对象的财务收支是否符合其财务收支计划，是否有利于预算目标的实现，是否有违背内部控制制度要求的情况等，为提高企业经济效益严格把关。

4. 编制经济业务计划和财务预算，并考核、分析其执行情况

会计人员应按照国家各项政策制度的规定，结合本单位情况，认真编制并严格执行经济业务计划、财务预算，根据经济责任制原则，深入了解计划和预算的执行情况，定期分解各项指标，归口落实管理责任，挖掘增收节支的潜力，考核资金的使用规范和效率，揭露经济管理中的问题，并利用各种会计手段参与经营管理，对本单位的经济效益进行预测等。

（二）会计人员的主要权限

为了保障会计人员更好地履行其职责，《中华人民共和国会计法》《会计基础工作规范》等相关法规在明确会计人员职责的同时，也赋予了会计人员一定的权限。

1. 会计人员有权履行其管理职能

会计人员有权参与本单位编制计划、制定定额、对外签订经济合同，有权参加有关的生产经营管理会议。即会计人员有权以其特有的专业地位参与企业的各种管理活动，了解企业的生产经营情况，并提出自己的意见和建议。

2. 会计人员有权要求有关部门和人员认真执行计划和预算

会计人员有权要求有关部门和人员认真执行经相关部门批准的计划和预算，督促有关部门和人员严格遵守国家财经法纪、会计准则以及相应的会计制度。如发现本单位内部有违反规定的，会计人员有权拒绝执行，不予付款、报销等。对违规行为，属会计人员职权范围内的，由会计人员予以纠正，超过其职权范围的则应及时向单位领导人或上级有关部门汇报，请求依法处理。

3. 会计人员有监督权

会计人员有权对本单位所有会计事项进行监督检查，即会计人员有权监督检查本单位各部门的资金使用，财务收支和财物收发、计量、检验、保管等情况。

会计人员应当按规定行使上述权限，也应广泛宣传解释国家财经制度，以求正确行使自己权限的同时取得更好的管理效果。此外，单位各部门都有责任保证会计人员依法行使职权，协助会计人员工作，不能阻碍，更不能违法干预。任何人干扰、阻碍会计人员依法行使其正当权利的，都会受到法律的追究甚至是制裁。如《中华人民共和国会计法》第四十六条规定，单位负责人对依法履行职责、抵制违反本法规定行为的会计人员以降职、撤职、调离工作岗位、解聘或者开除等方式进行打击报复，构成犯罪的，依法追究刑事责任；尚不构成犯罪的，由其所在单位或者有关单位依法给予行政处分。对受到打击报复的会计人员，应当恢复其名誉和原有职务、级别。

*三、总会计师

（一）总会计师的设置

总会计师组织领导本单位的财务管理、成本管理、预算管理、会计核算和会计监督等方面的工作，是参与本单位重要经济问题的分析和决策的单位行政领导人。总会计师是一种行政职务，协助单位主要行政领导人的工作，直接对单位主要行政领导人负责。凡设置总会计师的单位，在单位行政领导成员中，不再设与总会计师职权重叠的行政副职。《中华人民共和国会计法》《总会计师条例》等都对总会计师作出了相关要求。

《中华人民共和国会计法》第三十六条规定，国有的和国有资产占控股地位或者主导地位的大、中型企业必须设置总会计师。其他单位是否设置总会计师在《中华人民共和国会计法》中没有明确，可根据自身业务与经营管理需要自行决定。

（二）总会计师的任职条件与任免程序

1. 总会计师的任职条件

《总会计师条例》规定，担任总会计师应具备以下条件：

（1）坚持社会主义方向，积极为社会主义建设和改革开放服务。

（2）坚持原则，廉洁奉公。

（3）取得会计师任职资格后，主管一个单位或者单位内一个重要方面的财务会计工作时间不少于三年。

（4）有较高的理论政策水平，熟悉国家财经法律、法规、方针、政策和制度，掌握现代化管理的有关知识。

（5）具备本行业的基本业务知识，熟悉行业情况，有较强的组织领导能力。

（6）身体健康，能胜任本职工作。

2. 总会计师的任免程序

《总会计师条例》规定，企业的总会计师由本单位主要行政领导人提名，政府主管部门任命或者聘任；免职或者解聘程序与任命或者聘任程序相同。事业单位和业务主管部门的总会计师依照干部管理权限任命或者聘任；免职或者解聘程序与任命或者聘任程序相同。城乡集体所有制企事业单位需要设置总会计师的，参照《总会计师条例》执行。

（三）总会计师的职责和权限

《总会计师条例》对总会计师的主要职责权限进行了规定。

1. 总会计师的主要职责

（1）编制和执行预算、财务收支计划、信贷计划，拟订资金筹措和使用方案，开辟财源，有效地使用资金。

（2）进行成本费用预测、计划、控制、核算、分析和考核，督促本单位有关部门降低消耗，节约费用，提高经济效益。

（3）建立、健全经济核算制度，利用财务会计资料进行经济活动分析。

---

* 注：加 * 的内容，作为拓展知识理解。

（4）负责对本单位财会机构的设置和会计人员的配备、会计专业职务的设置和聘任提出方案；组织会计人员的业务培训和考核；支持会计人员依法行使职权。

（5）协助单位主要行政领导人对企业的生产经营、行政事业单位的业务发展以及基本建设投资等问题做出决策。

（6）参与新产品开发、技术改造、科技研究、商品（劳务）价格和工资奖金等方案的制订；参与重大经济合同和经济协议的研究、审查。

（7）承担单位主要行政领导人交办的其他工作。

2. 总会计师的主要权限

（1）对违反国家财经法律、法规、方针、政策、制度和有可能在经济上造成损失、浪费的行为，有权制止或者纠正。制止或者纠正无效时，提请单位主要行政领导人处理。

（2）有权组织本单位各职能部门、直属基层组织的经济核算、财务会计和成本管理方面的工作。

（3）主管审批财务收支工作。除一般的财务收支可以由总会计师授权的财会机构负责人或者其他指定人员审批外，重大的财务收支，须经总会计师审批或者由总会计师报单位主要行政领导人批准。

（4）签署预算、财务收支计划、成本和费用计划、信贷计划、财务专题报告、会计决算报表；涉及财务收支的重大业务计划、经济合同、经济协议等，在单位内部须经总会计师会签。

（5）会计人员的任用、晋升、调动、奖惩，应当事先征求总会计师的意见。财会机构负责人或者会计主管人员的人选，应当由总会计师进行业务考核，依照有关规定审批。

四、会计人员的选拔任用

为规范我国会计人员的选拔任用，我国对会计人员的相关资格条件进行了统一的规定。例如，《中华人民共和国会计法》规定，会计人员应当具备从事会计工作所需要的专业能力。担任单位会计机构负责人（会计主管人员）的，应当具备会计师以上专业技术职务资格或者从事会计工作三年以上经历。《总会计师条例》规定，总会计师的任职条件之一是取得会计师专业技术资格后，主管一个单位或是单位内部一个重要方面的财务会计工作的时间不少于三年。

除总会计师由本单位主要行政领导人提名，政府主管部门任命或者聘任外，会计人员具备了相关资格或者是符合有关任职条件后，由所在单位自行决定其是否从事相关工作。各单位应根据法律法规、单位内部用人制度等的规定选拔任用适合相关岗位的会计人员，并负责对他们进行管理，督促他们依法履行职责。

此外，我国国有经济占主导地位，为保证国有经济健康有序地发展，基于会计工作的特殊性，《会计基础工作规范》中对国有企事业单位会计人员的回避问题作出了规定：国家机关、国有企业、事业单位任用会计人员应当实行回避制度。单位领导人的直系亲属不得在本单位担任会计机构负责人（会计主管人员）；会计机构负责人（会计主管人员）的直系亲属不得在本单位中担任出纳工作。其中，需要回避的直系亲属包括夫妻关系、直系血亲关系（父母子女、祖父母、外祖父母、孙子女、外孙子女）、三代以内旁系血亲（兄弟姐妹、叔侄等）和近姻亲关系（岳父母和女婿、公婆和儿媳等）。

五、会计人员应具备的素质

（一）会计专业素质

会计工作的专业性要求会计人员应具备一定的专业知识和技能。会计专业技术资格和会计专业职务都是我国用于考核和评价会计人员专业知识和业务技能的方式，通过考核来评价会计人员的技术等级，有利于促进会计人员加强业务学习，提高会计技能。

1. 会计专业技术资格

会计专业技术资格是指担任会计专业职务的任职资格，分为初级资格、中级资格、高级资格三个级别，分别对应助理会计师或者会计员、会计师、高级会计师（含正高级会计师）。其中，初级、中级会计专业技术资格实行全国统一考试制度，高级资格实行考试与评审相结合的制度。

2. 会计专业职务

会计专业职务是区分会计人员业务技能的技术等级，分为助理会计师或者会计员、会计师、高级会计师。助理会计师或者会计员为初级职务；会计师为中级职务；高级会计师为高级职务。不同级别会计专业职务的任职条件及其基本职责各不相同，各单位的会计专业职务，应根据自身会计工作的需要，在规定的限额和批准的编制内进行设置。

（二）会计职业道德

会计职业道德是指在会计职业活动中会计人员应当遵循的、体现会计职业特征的、调整会计职业关系的职业行为准则和规范。它作为社会道德的重要组成部分，既体现了社会道德规范的一般要求，也突出了会计职业的特征，是职业道德在会计职业行为中的具体体现。根据我国会计工作的情况，结合国际上对会计职业道德的一般要求，我国会计人员的职业道德主要包括以下八个方面：爱岗敬业、诚实守信、廉洁自律、客观公正、坚持准则、提高技能、参与管理、强化服务。

1. 爱岗敬业

爱岗敬业包括“爱岗”和“敬业”两个方面。这里的“岗”指的是会计工作岗位，“爱岗”就是热爱自己的工作岗位，热爱本职工作，这是对人们工作态度的一种普遍要求。会计人员应以正确的态度对待各项会计事务，努力培养热爱自己所从事工作的幸福感、荣誉感。对自己的工作承担应尽的责任和义务，在平凡的岗位上做出不平凡的事业。“敬业”就是以一种严肃的态度对待自己的工作，勤恳敬业、忠于职守、尽职尽责。会计人员应充分认识到会计工作在国民经济中的重要地位和作用，尊重会计工作，以从事会计工作为荣，全身心投入到会计工作中。

“爱岗”和“敬业”的精神是相通的，二者相互联系。“爱岗”是“敬业”的基础，“敬业”是“爱岗”的体现。不爱岗就很难做到敬业，不敬业也很难说是真正的爱岗。爱岗敬业是会计职业道德的出发点，是会计人员做好本职工作的基础和条件，需要会计人员既有安心会计工作、献身会计事业的热情，也要有严肃认真的工作态度，忠于职守的工作作风。

2. 诚实守信

诚实守信包括“诚实”和“守信”两个方面。“诚实”的人一方面能忠于事物本来的面目，不歪曲、篡改事实；另一方面也能真实表达自己的想法，处事实在。它侧重于对客观事实的真实反映和对内心思想的真实表达。“守信”是指信守诺言，讲信誉，重信用，履行自己应承担的义务。它侧重于对责任义务的履行和诺言的实践。

“诚实”和“守信”意思相通，互相联系。“诚实”是“守信”的基础，“守信”是“诚实”的体现。不诚实很难做到守信，不守信也很难说是真正的诚实。诚实守信是会计职业道德的精髓。它要求会计人员要做老实人，说老实话，办老实事，不搞虚假；要保密守信，不为利益所诱惑；要执业谨慎，信誉至上。

3. 廉洁自律

廉洁自律是会计职业道德的前提。“廉洁”要求会计人员公私分明，经得起金钱、权力、美色的考验，不贪污挪用，不监守自盗。“自律”是指会计人员按一定的标准作为其言行举止的参照物，进行自我约束、自我控制。会计职业自律包括会计人员自律和会计行业自律两个方面，前者是指会计人员的自我约束，这主要靠会计人员自身科学的价值观和正确的人生观来实现；后者是指会计职业组织对整个会计职业的会计行为进行约束、控制的过程。会计人员自律是整个会计行业自律的基础和保障，每个会计人员的自身自律性强，则整个会计行业的自律性也就强。

“廉洁”是“自律”的基础，“自律”是“廉洁”的保证。会计人员要做到廉洁自律，应树立正确的人生观和价值观，自觉抵制个人主义、拜金主义等错误思想；要公私分明，不贪不占；遵纪守法，一身正气，正确处理会计职业权利与义务的关系，增强抵制行业不正之风的能力。

4. 客观公正

客观公正是会计职业道德的灵魂。“客观”要求会计人员在处理经济业务事项时，要以实际发生的交易或事项为依据，进行会计确认、计量、报告，会计核算结果要准确。“公正”是指会计人员应具备的正直、诚实品质，在履行会计职能时，摒弃私利，不偏不倚地对待相关利益各方。

“客观”是“公正”的基础，“公正”是“客观”的反映。客观公正是会计人员应具备的行为品德，既要求会计人员保持从业的独立性，也要求会计人员保持客观公正的从业心态。会计人员要做到客观公正，首先要端正态度。做好会计工作，除了要求有过硬的专业技能外，也需要有实事求是的精神和客观公正的态度。其次要依法办事。会计人员在拥有专业技能和端正的态度后，在工作过程中，还需要遵守各种法律法规、准则和制度等，按照规定进行会计核算与监督，开展会计工作。最后要实事求是，不偏不倚，保持独立。

5. 坚持准则

坚持准则是会计职业道德的核心。坚持准则是指会计人员在处理经济业务事项过程中，要严格按照会计法律制度办事，不为主观意志或他人意志所左右。这里所指的“准则”，除会计准则外，还包括会计法律法规、会计制度以及与会计工作相关的其他法律制度。

坚持准则是会计人员胜任会计工作的基础，因此，会计人员要坚持准则，首先应当熟悉准则。熟悉和掌握准则的内容，并在会计工作中认真执行，对经济业务事项进行会计确认、计量、报告时要符合会计准则的要求，为会计信息使用者提供真实完整的会计信息。同时，会计人员也应根据单位的需要，了解与熟悉其他与会计相关的法律制度。其次应遵循准则。会计人员应以会计准则作为自己开展会计工作的行动指南，在发生道德冲突时，应坚持准则，维护国家利益、社会公众利益和正常的经济秩序。最后应敢于同违法行为作斗争。会计人员在履行职责中，要敢于同违法行为作斗争，确保会计信息的真实性和完整性。

6. 提高技能

提高技能是指会计人员通过自主学习、参加培训等手段提高自身职业技能，以达到足够的专业胜任能力的活动。会计是一门与经济发展有密切联系的，随着经济和社会发展不断发展变化的专业性较强的学科。随着经济全球化进程的加快，会计专业性和技术性日趋复杂，需要会计人员提供会计服务的领域也越来越广泛，其专业化、国际化服务的要求也越来越高。会计人员只有具备过硬的会计专业知识和技能才能胜任会计工作。就当前的会计工作而言，其职业技能主要包括：会计理论水平、会计实务操作能力、会计职业判断能力、提供会计信息能力，自动更新信息能力、沟通交流能力、组织协调能力等。

会计工作质量会受到会计人员职业技能水平的影响，因此，会计人员要提高技能做好会计工作，首先应增强提高专业技能的自觉性和紧迫性。会计人员应紧跟时代发展的步伐，有危机感，自觉地不断提高其专业技能。其次应有勤学苦练的精神和科学的学习方法。会计人员只有具备勤学的精神，刻苦钻研，才能不断提高自身的专业技能，以适应不断发展的新情况和新形势的需要。此外，科学的学习方法有利于会计人员在学习的道路上达到事半功倍的效果。

7. 参与管理

参与管理是指为管理者当参谋，为管理者服务。会计管理是企业管理的重要组成部分，会计人员与管理决策者在管理活动中分别扮演参谋人员和决策者的角色。

会计人员尤其是会计部门负责人，应强化自己参与管理、当好参谋的角色意识和责任意识，具体可以从以下方面做好工作：首先是在做好本职工作的同时努力钻研相关业务，熟悉财经法规等相关制度，提高业务技能，为参与管理打下基础。其次是全面熟悉本单位经济活动和业务流程，使参与管理的职能更有针对性和有效性。

8. 强化服务

强化服务是指会计人员要具有文明的服务态度、强烈的服务意识和优良的服务质量。会计人员要礼貌待人，以高度负责的态度树立起强烈的服务意识，以优良的服务质量为会计信息使用者提供服务。

会计人员要强化服务，首先应强化服务意识。不论服务对象地位高低，都要摆正自己的工作态度，做到谦虚谨慎，态度和蔼，以诚相待。其次应提高服务质量。会计人员应做好会计工作，对经济业务事项进行核算监督，为会计信息使用者提供真实完整的会计信息，向单位决策者反映经济活动情况，指出存在的问题并提出合理化的建议，参与经济管理活动，协助领导者做出正确决策。

第四节　会计规范体系

一、我国会计规范体系的总体构成

会计规范是指在长期的会计实践中，由国家有关机关和企事业单位制定的，用以指导会计人员工作，约束、协调、评价会计行为的法律法规、准则制度和职业道德的总称，它是会计行为的标准。

会计规范体系是由不同层次的、相互联系的各项会计规范按照一定的逻辑顺序组成的，具有一定结构并共同发挥作用的有机整体。

（一）会计规范体系的构成

我国目前的会计规范体系主要由以下三方面构成：

1. 会计法律规范

会计法律规范包括会计法律和会计行政法规，这是会计规范体系中最具有约束力的组成部分，是调整我国经济生活中会计关系的法律规范，是调节和控制会计行为的外在制约因素。我国当前的会计法律主要有《中华人民共和国会计法》《中华人民共和国注册会计师法》；实施的会计法规主要有《总会计师条例》《企业财务会计报告条例》。

2. 会计准则制度和规范性文件

会计准则制度是指由财政部及相关部委在权限范围内制定的、调整会计工作中某些方面内容的会计部门规章，包括国家统一的会计核算制度、会计机构和会计人员管理制度等。规范性文件既包括财政部及相关部委制定的会计准则制度和规范性文件，也包括省（自治区、直辖市）人民代表大会或常委会根据各地区情况制定的关于会计核算、会计机构和会计人员、会计工作管理等方面的地方规范性文件。

3. 会计职业道德

会计职业道德是指在会计职业活动中会计人员应当遵循的、体现会计职业特征的、调整会计职业关系的职业行为准则和规范。会计职业道德是比较特殊的会计规范，它以道德的形式对会计人员进行理性规范，是对会计人员主观心理素质的要求，促使会计人员树立正确的人生观、价值观，需要会计人员自觉遵守，控制和把握着会计行为的方向与合理化程度。

（二）会计规范体系的作用

1. 为指导会计人员工作提供依据

会计规范体系包括统一会计人员处理工作过程中具有强制性的会计法律规范，也包括具有自主性的会计规范性文件和道德层面的会计职业道德。因此，它合理有效地为会计人员的工作提供了依据，有利于指导会计人员合法、合理地工作，从而有助于为会计信息使用者提供有效信息。

2. 为评价会计行为提供客观标准

会计信息的使用者既包括企业内部的管理者，也包括外部投资者、债权人、相关政府部门和社会公众，他们分布在社会各方，对会计信息的需求各有侧重。为此，需要在全社会范围内对特定会计主体的行为及其结果有一个统一的标准，用来评价特定会计主体的会计信息质量，会计规范体系就为此提供了客观标准。

3. 为维护社会经济秩序提供重要保障

会计规范体系作为市场经济运行规则的重要组成部分，用以指导会计人员工作，规范、协调会计行为，对维护社会主义市场经济秩序，国家进行宏观调控有着重要作用。

（三）会计规范体系的特征

1. 统一性

会计规范体系在一定范围内是统一的，适用对象不是针对具体和特定的某一单位，而是广泛适用于全国范围；不是针对具体和特定的某一经济业务事项，而是适用于全部会计事项。当然，统一性不是绝对的统一，一些会计规范也是有一定的适用范围的，如地方性会计法规只适用于该地区；企业内部会计管理制度相关规定的约束力仅限于该企业内部。

2. 权威性

会计规范作为评价会计行为是否合理、合法的有效标准，必然具有充分的影响力和威望，通过标准，让人明白哪些会计行为是符合规范的，哪些会计行为是不符合规范的。权威性可以来自会计规范的制定机关，如国家权力机关和行政机关；也可以来自社会的广泛性支持，如会计职业道德。

3. 科学性

科学性是指会计规范能体现会计工作内在规律和内在要求。会计规范与会计所处的客观环境实现了有机结合，体现了会计规范体系的科学性。

4. 发展性与相对稳定性

会计是一门随着社会政治经济环境的变化而不断发展的学科，会计规范体系也随之发展以适应时代的需求，会计规范体系的建立和发展是一个动态演进的过程，但在一定时期、一定客观环境下，会计规范体系是相对稳定的。

二、我国会计规范体系的具体内容

本书是从广义角度理解我国会计规范体系的，即凡是对会计进行制约、限制和引导的规范都应视为会计规范体系的组成部分。具体说来，我国会计规范体系由六个层次构成，根据规范强制力大小排列如表 11-1 所示。

表 11-1　我国会计规范体系

会计规范名称	规范制定机关、强制力、代表等
会计法律	全国人民代表大会及其常务委员会制定；效力最高； 如《中华人民共和国会计法》《中华人民共和国注册会计师法》
会计行政法规	国务院发布；效力仅次于会计法律； 如《总会计师条例》《企业财务会计报告条例》
会计部门规章	财政部制定；效力低于会计法律、会计行政法规； 如《企业会计准则》《会计基础工作规范》等

表11-1(续)

会计规范名称	规范制定机关、强制力、代表等
地方性会计法规	地方人大或常务委员会制定；在本地区范围内有效； 如《××省会计管理条例》等
内部会计管理制度	各单位制定；在本单位范围内有效
会计职业道德规范	非强制力执行，有很强自律性

（一）会计法律

会计法律是指由我国最高权力机关——全国人民代表大会及其常务委员会经过一定的立法程序制定的，用以调整我国经济活动中会计关系的法律规范的总称，是社会法律制度在会计方面的具体体现。我国目前的会计法律分别是《中华人民共和国会计法》《中华人民共和国注册会计师法》。

1.《中华人民共和国会计法》

我国的第一部《中华人民共和国会计法》于1985年1月21日由第六届全国人民代表大会常务委员会第九次会议通过，自1985年5月1日起实施。此后经过几次修订，目前我国实施的《中华人民共和国会计法》于2017年11月4日通过修订，2017年11月5日起施行。该法共七章五十二条，分别为：总则；会计核算；公司、企业会计核算的特别规定；会计监督；会计机构和会计人员；法律责任；附则。

《中华人民共和国会计法》是我国会计法律制度中层次最高、法律效力最强的法律规范，是制定其他会计法规的依据，在全国范围内适用。

2.《中华人民共和国注册会计师法》

《中华人民共和国注册会计师法》于1993年10月31日第八届全国人民代表大会常务委员会第四次会议通过，自1994年1月1日开始实施，于2014年8月31日通过修订。该法是我国中介行业的第一部法律，共七章四十六条，主要对注册会计师行业管理体制、注册会计师考试、注册会计师事务所组织形式和业务范围、法律责任等进行系统规范。

（二）会计行政法规

会计行政法规是指由我国最高行政机关——国务院制定并发布，或是由国务院有关部门拟定并经国务院批准发布，调整经济生活工作中某些方面会计关系的法律规范。会计行政法规是一种重要的法律形式，其权威性和法律效力仅次于会计法律。我国当前实施的会计行政法规主要包括《总会计师条例》《企业财务会计报告条例》。

1.《总会计师条例》

《总会计师条例》于1990年12月31日由国务院颁布，于2011年1月8日通过修订，共五章二十三条。它主要对单位总会计师职责权限、任免和奖惩等进行规范。

2.《企业财务会计报告条例》

《企业财务会计报告条例》于2000年6月21日由国务院颁布，自2001年1月1日起施行。该条例共六章四十六条，对企业财务会计报告的构成、编制、对外提供的要求、法律责任等进行了规定，是对《中华人民共和国会计法》中财务会计报告规定的细化。

（三）会计部门规章

会计部门规章是指由我国主管会计工作的行政管理部门——财政部以及其他相关部委根据相关法规、决定，在本部门权限范围内制定的，调整会计工作中某些方面内容的国家统一的会计准则制度和规范性文件。它包括国家统一的会计核算制度、会计监督制度、会计机构和会计人员制度等。其效力低于会计法律、会计行政法规。

1. 国家统一的会计核算制度

国家统一的会计核算制度包括会计准则和会计制度，其构成如表 11-2 所示。

表 11-2　国家统一会计核算制度的构成

- 国家统一的会计核算制度
  - 会计准则
    - 企业会计准则
      - 小企业会计准则
      - 企业会计准则
      - 政府会计准则制度
    - 非企业会计准则
  - 会计制度
    - 企业会计制度
    - 非企业会计制度

会计准则是对企业实际活动的规律性总结，一般按会计对象要素、经济业务的特点或会计报表的种类分别制定，主要规范会计要素的确认、计量与报告，不涉及会计科目和会计分录的列示。会计准则是进行会计工作的标准和指导思想，包括企业会计准则和非企业会计准则两个方面。

会计制度是对企业核算的制度规范，以特定部门、特定行业的企业或所有的企业为对象，着重对会计账户的设置、使用和会计报表的格式及其编制加以详细规范。会计制度包括企业会计制度和非企业会计制度。

2. 国家统一的会计监督制度

会计监督是会计两大基本职能之一，在我国的会计规范体系中占有重要地位。财政部根据《中华人民共和国会计法》的规定，制定的《会计基础工作规范》中要求各企事业单位的会计机构、会计人员对本单位的经济活动进行会计监督。

3. 国家统一的会计工作管理制度

为加强指导对会计电算化、会计档案的管理，我国先后发布了《会计电算化管理办法》《会计电算化工作规范》《会计档案管理方法》等，就会计电算化管理部门采用电子计算机代替手工记账的基本条件，会计档案内容与种类、归档、保管以及销毁等作了明确规定。

（四）地方性会计法规

地方性会计法规是指由省（自治区、直辖市）人民代表大会或常委会在不抵触我国宪法、相关法律法规的前提下，根据各地区情况制定的关于会计核算、会计机构和会计人员、会计工作管理等方面的地方规范性文件，其效力限于该地区范围内。

（五）内部会计管理制度

内部会计管理制度是指各企事业单位根据国家会计法律法规、规章等有关规定，结合本单位情况和经营管理的特点及需要而制定的，用以规范本单位内部会计管理活动的制度、措施和办法。

各单位内部会计管理制度的建设并没有统一的规定和要求，可根据自身所处地区、行业和部门的特点，结合自身业务管理与会计核算的需求，制定适合自身的内部会计管理制度，以查错防弊，完善自身的经营管理活动。

（六）会计职业道德规范

会计职业道德规范是会计人员在思想和行为方面的道德规范，是社会道德在会计工作中的具体体现，是引导、制约会计行为，调整会计人员与各方面利益主体关系的会计规范。

会计职业道德规范贯穿于会计工作的整个过程，反映了会计这个职业特殊的道德要求，其约束力主要来自人类良知、社会舆论和传统习俗，而非国家强制力。

我国相关的规章制度与管理条例中也包含了会计职业道德的有关内容。

第五节　会计档案管理和会计工作交接

一、会计档案管理

会计档案是指各单位在进行会计核算过程中接收或形成的，记录和反映单位经济业务事项的，具有保存价值的文字、图表等各种形式的会计资料，包括通过计算机等电子设备形成、传输和存储的电子会计档案。它是记录和反映单位经济业务的重要史料和证据，对总结经济工作、指导生产经营管理、研究经济发展的方针战略、查验各种财务问题都有重要作用。《中华人民共和国会计法》《会计基础工作规范》对会计档案的管理作出了原则性的规定，《会计档案管理办法》[①] 则对会计档案管理的相关内容作出了具体的规定。

国务院财政部和国家档案局主管全国会计档案工作，共同制定全国统一的会计档案工作制度，对全国会计档案工作实施监督和指导。县级以上地方人民政府财政部门和档案行政管理部门管理本行政区域内的会计档案工作，并对本行政区域内会计档案工作实施监督和指导。各单位应当加强会计档案管理工作，设立档案机构或配备档案管理工作人员，建立和完善会计档案的收集、整理、保管、利用和鉴定销毁等管理制度，采取可靠的安全防护技术和措施，保证会计档案的真实、完整、可用、安全。单位委托中介机构代理记账的，应在签订的委托合同中，明确会计档案的保管要求及相应责任。

（一）会计档案的内容

1. 应进行归档的会计资料

《会计档案管理办法》规定，下列会计档案应进行归档：

（1）会计凭证：原始凭证、记账凭证。

（2）会计账簿：总账、明细账、日记账、固定资产卡片及其他辅助性账簿。

（3）财务会计报告：月度、季度、半年度、年度财务会计报告。

（4）其他会计资料：银行存款余额调节表、银行对账单、纳税申报表、会计档案

① 本书会计档案管理内容依据中华人民共和国财政部、国家档案局令第79号《会计档案管理办法》编写。

移交清册、会计档案保管清册、会计档案销毁清册、会计档案鉴定意见书、其他具有保存价值的会计资料。

2. 电子会计档案管理

单位可以利用计算机、网络通信等现代信息技术手段管理会计档案。其内部形成的电子会计资料，同时满足下列条件的，可仅以电子形式归档保存，形成电子会计档案：

（1）电子会计资料来源真实有效，由相应的电子设备生成和传输。

（2）使用的会计核算系统能够准确、完整、有效接收和读取电子会计资料；能够输出符合国家标准归档格式的会计凭证、账簿、报表等会计资料；设定并履行了经办、审核、审批等必要的电子审签程序。

（3）使用的档案管理系统能够有效接收、管理、利用电子会计档案数据，符合电子数据长期保管要求，并建立了电子会计档案与相应纸质会计档案的索引关系。

（4）采取有效措施，防止电子会计档案数据被篡改。

（5）建立电子会计档案备份制度，能够有效防范自然灾害、意外事故和人为破坏的影响。

（6）不属于永久保存或其他重要保存价值的会计档案。

单位从外部接收的电子会计资料，附有符合《中华人民共和国电子签名法》规定的第三方认证的电子签名，且同时满足上述规定条件的，可仅以电子形式归档保存，形成电子会计档案。

（二）会计档案的归档与移交

（1）单位会计机构按照归档范围和归档要求，负责定期将应当归档的会计资料整理立卷，编制会计档案保管清册。

（2）属于当年归档范围的会计资料，一般应在会计年度终了后一年内，由单位会计机构向单位档案机构或档案管理工作人员进行移交。因工作需要确实需要推迟移交、仍由会计机构临时保管的，应当经档案管理机构同意，且最多不超过三年。临时保管期间，会计资料的保管应当符合国家有关规定，且出纳人员不得兼任会计档案保管工作。

（3）办理会计档案移交时，应当编制会计档案移交清册，并按国家有关规定办理移交手续。移交的会计档案为纸质会计档案的，应当保持原卷的封装；移交的会计档案为电子会计档案的，应当将电子会计档案及其元数据一并移交，且文件格式应当符合国家有关规定。特殊格式的电子会计档案应当与其读取平台一并移交。

（三）会计档案的查阅使用

各单位应当严格按照有关制度利用会计档案。在使用会计档案的过程中，严禁篡改和损坏会计档案。此外，单位保存的会计档案一般不得对外借出，确因特殊需要且根据国家有关规定必须借出的，应当严格按照规定办理相关手续。

（四）会计档案的保管期限

会计档案应分类保存，并建立相应的分类目录随时进行登记。《会计档案管理办法》规定，会计档案的保管期限分为永久、定期两类。永久是指会计档案应永久保存。单位年度财务会计报告、会计档案保管清册、会计档案销毁清册和会计档案鉴定意见书应永久保管。定期保管期限分为 10 年、30 年两类。会计档案的保管期限，从会计年度终了后第一天算起，该期限为最低保管期限。企业和其他组织会计档案保管期限如表 11-3 所示；财政总预算、行政单位、事业单位和税收会计档案保管期限如表 11-4 所示。

表 11-3　企业和其他组织会计档案保管期限

序号	档案名称	保管期限	备注
一	会计凭证		
1	原始凭证	30 年	
2	记账凭证	30 年	
二	会计账簿		
3	总账	30 年	
4	明细账	30 年	
5	日记账	30 年	
6	固定资产卡片		固定资产报废清理后保管 5 年
7	其他辅助性账簿	30 年	
三	财务会计报告		
8	月度、季度、半年度财务会计报告	10 年	
9	年度财务会计报告	永久	
四	其他会计资料		
10	银行存款余额调节表	10 年	
11	银行对账单	10 年	
12	纳税申报表	10 年	
13	会计档案移交清册	30 年	
14	会计档案保管清册	永久	
15	会计档案销毁清册	永久	
16	会计档案鉴定意见书	永久	

表 11-4　财政总预算、行政单位、事业单位和税收会计档案保管期限

序号	档案名称	保管限期			备注
		财政总预算	行政单位事业单位	税收会计	
一	会计凭证				
1	国家金库编送的各种报表及缴库退库凭证	10 年		10 年	
2	各收入机关编送的报表	10 年			
3	行政单位和事业单位的各种会计凭证		30 年		包括原始凭证、记账凭证和传票汇总表

表11-4(续)

序号	档案名称	保管限期			备注
		财政总预算	行政单位事业单位	税收会计	
4	财政总预算拨款凭证和其他会计凭证	30 年			包括拨款凭证和其他会计凭证
二	会计账簿				
5	日记账		30 年	30 年	
6	总账	30 年	30 年	30 年	
7	税收日记账（总账）			30 年	
8	明细分类、分户账或登记簿	30 年	30 年	30 年	
9	行政单位和事业单位固定资产卡片				固定资产报废清理后保管 5 年
三	财务会计报告				
10	政府综合财务报告	永久			下级财政、本级部门和单位报送的保管 2 年
11	部门财务报告		永久		所属单位报送的保管 2 年
12	财政总决算	永久			下级财政、本级部门和单位报送的保管 2 年
13	部门决算		永久		所属单位报送的保管 2 年
14	税收年报（决算）			永久	
15	国家金库年报（决算）	10 年			
16	基本建设拨、贷款年报（决算）	10 年			
17	行政单位和事业单位会计月、季度报表		10 年		所属单位报送的保管 2 年
18	税收会计报表			10 年	所属税务机关报送的保管 2 年
四	其他会计资料				
19	银行存款余额调节表	10 年	10 年		
20	银行对账单	10 年	10 年	10 年	
21	会计档案移交清册	30 年	30 年	30 年	
22	会计档案保管清册	永久	永久	永久	
23	会计档案销毁清册	永久	永久	永久	
24	会计档案鉴定意见书	永久	永久	永久	

注：税务机关的税务经费会计档案保管期限，按行政单位会计档案保管期限规定办理。

（五）会计档案的销毁

各单位应当成立会计档案鉴定委员会（或小组），定期对已到保管期限的会计档案进行鉴定，并形成会计档案鉴定意见书。需要注意的是，对电子会计档案的销毁，还应符合国家有关电子档案的规定。经鉴定，对保管期满，确无保存价值的会计档案，可以进行销毁；如仍须继续保存的会计档案，则重新划定保管期限。

1. 会计档案的销毁程序

经会计档案鉴定委员会（或小组）鉴定可以销毁的会计档案，按照以下程序进行销毁：

（1）编制会计档案销毁清册并由相关人员签署意见

档案机构编制会计档案销毁清册，列明销毁会计档案的名称、卷号、册数、起止年度和档案编号、应保管期限、已保管期限、销毁时间等内容。单位负责人、档案管理机构负责人、会计管理机构负责人、档案管理机构经办人、会计管理机构经办人在会计档案销毁清册上签署意见。

（2）组织销毁工作并派人监销

单位档案管理机构负责组织会计档案销毁工作，并与会计管理机构共同派员监销。此外，电子会计档案销毁时，还应当由信息系统管理机构派员监销。

监销人员在会计档案销毁前，应当按照会计档案销毁清册所列内容进行清点核对；销毁后，应当在会计档案销毁清册上签名或盖章。

2. 期满仍不能销毁的会计档案

保管期满但未结清的债权债务会计凭证和涉及其他未了事项的会计凭证，不得销毁。其中，纸质会计档案应当单独抽出立卷，电子会计档案应当单独转存，保管到未了事项完结时为止。单独抽出立卷或转存的会计档案，应当在会计档案鉴定意见书、会计档案销毁清册和会计档案保管清册中列明。

二、会计工作交接

会计工作交接是指会计人员工作调动、离职或因病暂时不能工作时，与接管人员办理交接手续的一种工作程序。会计人员工作交接是会计工作的一项重要内容，做好会计交接工作，有利于会计工作的前后衔接，保证会计工作的连续进行，防止因会计人员更换而出现账目不清等现象，也有利于分清移交人员和接管人员的责任。

（一）会计工作交接范围

《中华人民共和国会计法》第四十一条规定，会计人员调动工作或者离职，必须与接管人员办清交接手续。

此外，《会计基础工作规范》对会计人员的交接工作也作了明确规定：

（1）会计人员因临时离职或因病不能工作，需要接管或代理的，会计机构负责人（会计主管人员）或单位负责人必须指定专人接管或者代理，并办理会计工作交接手续。

（2）临时离职或因病不能工作的会计人员恢复工作时，应当与接管或代理人员办理交接手续。

（3）移交人员因病或其他特殊原因不能亲自办理移交手续的，经单位负责人批准，可由移交人委托他人代办交接，但委托人应当对所移交的会计凭证、会计账簿、财务会计报告和其他有关资料的真实性、完整性承担法律责任。

（二）会计工作交接程序

1. 提出移交申请

会计人员在向单位或是有关机关提出调动工作或离职申请时，应当同时向所属会计机构提出会计移交申请，以便会计机构早作安排。

2. 做好办理移交手续前的准备工作

（1）已经受理的经济业务尚未填制会计凭证的，应填制完毕。

（2）尚未登记的账目应当登记完毕，结出余额，并在最后一笔余额后加盖经办人印章。

（3）整理好应该移交的各项资料，对未了事项和遗留问题要写出书面说明材料。

（4）编制移交清册，列明应该移交的会计凭证、会计账簿、财务会计报告、公章、现金、有价证券、支票簿、发票、文件、其他会计资料和物品等内容；实行会计电算化的单位，从事该项工作的移交人员应在移交清册上列明会计软件及密码等内容。

3. 按移交清册逐项移交

会计移交工作中，移交人员必须在规定的期限内将所负责的会计工作全部向接管人员移交清楚。移交人员在办理移交时，按移交清册逐项移交；接管人员应按移交清册逐项点收。具体要求如下：

（1）现金要根据会计账簿记录余额进行当面点交，不得短缺。接管人员发现不一致或"白条抵库"现象时，移交人员在规定期限内负责查清处理。

（2）有价证券的数量要与会计账簿记录一致，有价证券面额与发行价不一致时，按照会计账簿余额交接。

（3）所有会计资料必须完整无缺，如有缺失，必须查明原因，并在移交清册中加以说明，由移交人负责。

（4）银行存款账户余额要与银行对账单核对相符，如有未达账项，应编制银行存款余额调节表调节相符；各种财产物资和债权债务的明细账户余额，要与总账有关账户的余额核对相符；对重要实物要实地盘点；对余额较大的往来账户要与往来单位、个人核对。

（5）公章、票据以及其他物品等必须交接清楚。

（6）实行会计电算化的单位，应对有关数据进行实际操作，确认有关数字正确无误后，方可交接。

此外，会计机构负责人（会计主管人员）移交会计工作时，还须将全部财务会计工作、重大财务收支、会计人员情况等向接管人进行详细介绍，对遗留问题，要写出书面材料。

4. 专人负责监交

为了明确责任，会计人员的交接工作，应有专人负责监交，以保证交接双方都按有关规定认真办理相关手续，保证会计工作连续进行，保证交接双方平等地享有权利和承担义务。对会计交接工作的监交要求如下：

（1）一般会计人员办理交接手续，由会计机构负责人（会计主管人员）监交。

（2）会计机构负责人（会计主管人员）办理交接手续，由单位负责人监交，必要时主管单位可以派人会同监交。

5. 交接后的相关事宜

（1）会计工作交接完毕后，交接双方和监交人在移交清册上签名或盖章，并应在移交清册上注明单位名称，交接日期，交接双方和监交人的职务、姓名，移交清册页数以及需要说明的问题和意见等。

(2) 接管人员应继续使用移交前的账簿，不得擅自另立账簿，以保证会计记录前后衔接，内容完整。

(3) 移交清册一般应填制一式三份，交接双方各执一份，存档一份。

(三) 会计交接人员的责任

移交人员应对所移交的会计凭证、会计账簿、财务会计报告和其他会计资料的合法性、真实性、完整性负责。因为这些资料是在其经办会计工作期间发生的。也就是说，接管人员在交接时因疏忽没有发现所接会计资料在合法性、真实性、完整性方面的问题，事后发现时仍应由原移交人员负责，原移交人员不应以会计资料已移交而推脱责任。

思考题：

1. 会计工作组织包含哪些基本内容？
2. 《中华人民共和国会计法》对单位会计机构的设置有哪些相关的规定？
3. 会计岗位的设置有哪些要求？主要会计岗位有哪些？
4. 会计人员有哪些职责权限？
5. 会计机构负责人（会计主管人员）的任职资格是什么？
6. 会计人员应具备哪些素质？
7. 我国会计规范体系有何特征？其具体内容有哪些？分别由谁制定？效力如何？
8. 会计档案有哪些内容？如何做好会计档案的保管工作？
9. 会计人员办理交接手续须由什么人负责监交？移交人员移交后，还应承担什么责任？

第十二章 会计信息系统

■学习要求

通过本章的学习，要求读者了解会计信息系统的产生与发展、特点及意义，掌握会计信息系统的组成，熟悉会计信息系统的应用管理。

■案例

提高会计工作效率的途径有哪些?

邕桂公司随着经营规模的不断发展壮大，财务部门传统的手工会计操作严重阻碍了会计工作的开展。如果你是公司的会计机构负责人，你会怎样解决这个问题呢?

第一节 会计信息系统概述

一、会计信息系统的产生与发展

会计信息系统（accounting information system，AIS）是管理信息系统的一个子系统，是专门用于企事业单位处理会计业务，收集、存储、传输和加工各种会计数据，完成会计核算工作，输出会计信息，并将其反馈给各有关部门，为企业的经营活动和决策活动提供帮助，为投资人、债权人、政府部门提供财务信息的系统。

结合相关学者的研究，本书将会计信息系统的演变历程划分为手工会计信息系统、电算化会计信息系统、现代会计信息系统。

（一）手工会计信息系统

顾名思义，手工会计信息系统就是通过手工方式来处理会计信息，会计信息记录保存的载体是纸制的凭证、账簿和会计报表等，以笔、算盘等作为主要会计处理工具。此阶段信息技术的应用微乎其微。

手工会计信息系统的特点是依靠人工进行会计数据的收集、储存、加工和传递。其最大优势在于具有良好的适应性、灵活性。此外，会计业务的处理不会因为计算机模式下诸如服务器硬件故障、停电等原因而无法正常使用。相较之下，手工会计信息系统的缺陷更为突出，由于其全过程为手工完成，存在着效率低下和差错率较高等问题，难以满足现代企业的管理要求。

（二）电算化会计信息系统

随着计算机技术的发展，原有手工会计信息系统的手工处理方式逐渐转化为由计算机来完成，从而进入电算化会计信息系统时期。这种会计信息系统是在传统会计循环的基础上建立的，计算机应用程序对会计凭证、会计账簿、会计报表的本质并没有实质性的改变，但该系统在会计发展历史中占有重要地位，其将计算机引入会计信息处理领域，极大地提高了会计信息处理的速度和质量。我国从20世纪70年代末期由国外引入了会计电算化理念。这一阶段，会计电算化是我国特有的专业称谓，反映了会计工作中由计算机取代手工处理会计数据的变化和特征。

（三）现代会计信息系统

随着计算机和网络技术的飞速发展，现代会计信息系统应运而生。会计信息系统只有不断进行发展完善，充分利用新技术、新工具、新方法进行创新，才能适应社会的需要。现代会计信息系统是以互联网为技术手段，通过对会计信息的收集、处理、存储、传输和应用，为企业经营管理、控制决策等提供充足、实时会计信息的系统。

该系统不再仅局限于传统会计信息系统下的记账工作，而是将财务工作提升到企业管理的角度，实现了会计核算与企业管理的集成、财务与业务的协同。会计信息系统从传统的由财务会计部门负责构建和运行的部门层面系统转变为在企业整体层面上进行统筹规划并由各个相关部门共同协调运行的企业层面系统；参与的人员也从传统的单一财务人员扩展到与信息处理过程相关的全部特定人员。

本书后面要讨论的会计信息系统，主要基于电算化会计信息系统和现代会计信息系统展开。

二、会计信息系统的分类

根据所能提供会计信息的深度和服务层次可将会计信息系统划分为会计核算系统、会计管理系统和会计决策支持系统。

（一）会计核算系统

会计核算系统是整个会计信息系统的基础。其主要功能是处理传统财务信息，并向会计管理系统和会计决策支持系统提供来自企事业单位经济业务事项最原始的会计核算数据，如总账核算、材料核算、成本核算、工资核算、销售核算和固定资产核算等。

（二）会计管理系统

会计管理系统是会计决策支持系统的基础，是会计信息系统的中间层次。其主要功能是在会计核算处理的基础上，根据会计决策支持系统的决策信息完成对资金、成本、销售收入和利润等方面的管理和控制，并将决策执行的结果反馈给会计决策支持系统，充分发挥会计信息系统的监督、管理、控制职能。比如资金管理子系统用于对资金的使用、周转、控制和分析。

（三）会计决策支持系统

会计决策支持系统是会计信息系统的最高层次。其主要理论依据是一些有关的数字经济预决策模型；基本内容包括长短期投资预测、不同情况下的投入产出预测和决策、风险预测与控制、利润预测等。同时，会计决策支持系统是建立在前两个系统之上，其规模是具有弹性的，会由于各企事业单位实际情况和管理水平的不同而对会计决策支持系统的要求产生很大不同，但其基本功能都是帮助决策者进行科学的经营预测和决策工作。

可见，会计核算系统、会计管理系统、会计决策支持系统并不是截然分开的，它们相互之间有着密切的联系。

此外，按不同组织类型可将会计信息系统分为：工业企业的会计信息系统、商业企业的会计信息系统、科技贸易及服务类企业的会计信息系统、金融机构的会计信息系统、行政事业单位的会计信息系统。

三、会计信息系统的特点

（一）数据的准确性

由于计算机具有高精度、高准确性和逻辑判断的特点，记账过程完全由计算机准确、快捷地完成，这在很大程度上避免了手工模式下人为因素造成的差错，使得数据的准确性有了可靠的保障，进而提高了会计信息的质量。

（二）数据处理速度的高效性

计算机具有高速处理数据的能力。会计信息系统利用计算机自动处理会计数据，极大地提高了数据处理的效率，增强了会计信息的及时性。例如，如果需要查询某日会计信息，只要对计算机输入相关提示，计算机便能快速、准确地按要求搜索到相关信息予以提供。会计信息系统从根本上改变了手工会计操作反应迟缓的弊病，同时也将广大会计人员从繁杂的数据抄写和计算中解脱出来，大大减轻了会计人员的工作强度。

（三）会计信息的共享性

互联网的全面普及，计算机网络的建设、运作、管理和发展已成为一个国家经济发展的重要环节。互联网作为世界信息高速公路的基本框架，信息的使用者从地球的任何一个地方，只需几秒钟就可以把信息传递到另一个地方，也可以从不同的地方获取所需的信息。会计信息系统的发展实现了企业内部、同城的企业与企业之间、海内外数据共享和信息的快速传递，极大地提高了信息的使用效率和共享程度，加快了信息的披露，更好地为管理者、投资人、债权人、政府部门等会计信息使用者提供所需信息。

四、会计信息系统的意义

会计信息系统是传统会计信息处理技术的重大变革，对提高会计人员在管理工作中的地位，促进微观管理和宏观管理的现代化有着十分重要的意义。

（一）提高了会计工作的效率和会计信息的质量

随着会计信息系统的应用与发展，尤其是计算机技术的不断创新，大量的会计信息得到及时、迅速的处理。同时，规范统一的输入输出格式，简洁、清晰的输入输出数据，并能进行多重校验，极大地提高了会计工作的效率和会计信息的质量。例如：一张借贷不平的报表，计算机拒绝接受；一张凭证若缺少日期或科目等，计算机拒绝认可。

（二）减轻了会计人员的劳动强度，使会计人员有时间和精力参与管理

运用会计信息系统后，大量的数据计算、分类、归集、汇总、分析等工作，全部由计算机完成。这将使会计人员从繁重的记账、算账、报账中解脱出来，减轻了劳动强度，很大程度上将会计人员从繁重的会计处理事务中解放出来，使之有时间和精力对会计信息进行分析，为相关领导、部门提供合理建议，参与管理决策。同时，会计信息系统可以提供更全面、更科学的决策依据，更有助于充分地发挥会计的预测、决策职能。

此外，会计信息系统也促进了会计人员综合素质的提高。一方面会计信息处理方式的改变，要求会计人员必须学习和掌握新知识与新技能；另一方面会计职能的扩展，需要会计人员提高素质，更好地参与经济管理活动。

（三）加快信息流速，促进组织管理的现代化

会计信息系统使会计信息可以得到及时、准确的处理，加快了信息流速，有助于管理者及时做出决策。同时，大量的信息也可以得到及时共享，促进和带动其他业务部门、管理部门的管理决策，进而促进了整个管理现代化。

（四）促进会计理论研究和会计实务发展

会计信息系统改变了传统的会计信息处理技术，必然对会计核算方式、方法、程序内容等方面产生一定的影响。同时，也提出了许多新问题，如传统的内部控制、审计方法如何应对网络环境下出现的新问题等，这促使会计理论和会计实务工作者去探索研究，从而推动了会计理论研究和实务发展。

第二节　会计信息系统的构成

会计信息系统从物理组成来看，是由计算机硬件、计算机软件、数据、会计规范、会计人员组成的；从职能结构来看，是由会计核算系统、会计管理决策系统组成，各系统又由若干个职能子系统构成。

一、会计信息系统的物理组成

（一）计算机硬件

计算机硬件是指进行会计数据输入、处理、存储及输出的各种电子设备。输入设备有键盘、条形码扫描仪、光电扫描仪等；处理设备有计算机主机；存储设备有磁盘、光盘等；输出设备有显示器、打印机等；通信设备有传输介质、路由器等。硬件设备不同的结构及组合方式决定了会计信息系统的不同工作方式。目前，常见的有单用户结构、多用户结构、局域网结构和广域网结构。

（二）计算机软件

计算机软件包括系统软件和应用软件。系统软件是保证会计信息系统能够正常运行的基础软件，如操作系统、数据库管理系统等，一般在购买硬件设备时由计算机厂商提供或自行购买。会计信息系统中的应用软件主要指会计软件，它专门用于会计核算和会计管理，是会计信息系统的一个重要组成部分。没有会计软件的信息系统就不能称为会计信息系统，拥有会计软件是会计信息系统区别于其他信息系统的一个主要因素。会计软件可通过购买商品软件或者由使用单位组织开发设计等方式获得。

（三）数据

会计信息系统的数据包括输入的各种数据。会计信息由于涉及面广、量大，一般由数据库系统集中处理。

（四）会计规范

会计规范是指保证会计信息系统正常运行的各种制度与控制程序，如硬件管理制度、数据管理制度、会计准则、会计制度、会计人员岗位责任制度、内部控制制度等。

（五）会计人员

现代会计信息系统下的人员是广义的会计人员，是指会计信息系统的使用人员和管理人员。它既包括传统的会计人员如会计主管、凭证填制人员、凭证审核人员、会计档案保管人员等，也包括系统开发人员、系统维护人员等。会计人员也是会计信息系统中的一个重要组成部分，如果没有一支高水平、高素质的会计人员队伍，那么即使有再好的计算机硬件和软件，会计信息系统也不能稳定、正常地运行。

二、会计信息系统的职能结构

会计信息系统从其系统职能结构来看可分为会计核算系统和会计管理决策系统。会计核算系统相对较为成熟。下面以工业企业为例来探讨其构成。

（一）会计核算系统

1. 总账子系统

总账子系统用于日常账务处理。它从记账凭证的填制开始，完成凭证的记账、复核、结账等业务处理，并对记账凭证、科目汇总表、总账、明细账、日记账等进行查询，提供各种形式的查询打印功能。

总账子系统是整个会计信息系统的核心。各业务核算子系统如材料核算子系统、固定资产核算子系统等生成的凭证需要转入总账子系统进行登账；同时，总账、明细账等会计信息也是会计报表子系统的数据基础。

2. 材料核算子系统

材料核算子系统用来进行与材料有关的采购、收发核算工作，并计算材料采购成本及差异（采用计划成本法对原材料进行核算时需要），反映和监督材料的收发、领用、储存等情况，计算产品或者部门材料的耗费情况。其主要功能包括：输入材料入库凭证、发料凭证以及委托加工凭证，自动登记材料采购明细账、库存材料明细账，并定期编制材料收发存汇总表等。

3. 固定资产核算子系统

固定资产核算子系统用于输入固定资产卡片，根据原始凭证自动登记固定资产明细账，每月编制折旧分配表。

4. 成本核算子系统

成本核算子系统按一定的成本计算对象和标准对费用进行归集和分配，并计算出成本计算对象的总成本和单位成本等成本信息，编制成本报表。

5. 往来管理子系统

往来管理子系统专门负责组织各企事业单位的往来款项，其数据来源于总账子系统。其功能包括往来目录管理、往来业务查询和核销、账龄分析等。

6. 销售核算子系统

销售核算子系统专门负责产成品入库、出库和结存的核算和产品销售收入、销售费用、相关税金、利润等核算，并将有关凭证转入总账子系统。

7. 工资核算子系统

工资核算子系统用于输入职工工资标准以及考勤记录、扣款等基础数据，系统会自动计算职工实发工资、应发工资，完成职工薪酬的汇总、分配、福利费的提取等工作，输出工资结算单，自动生成工资核算有关凭证。

8. 会计报表子系统

会计报表子系统根据总账子系统有关凭证、账簿的数据，自动生成财务会计报表，包括资产负债表、利润表、现金流量表等。根据企业内部管理的需求，该系统也可以自行设计内部报表，自动从账务处理系统提取相关数据，进行会计信息分析等。

（二）会计管理决策系统

1. 全面预算子系统

全面预算子系统是指根据不同的管理理念采用不同的预算编制方法，以实现企业目标利润为目的，以销售预测为起点，对未来特定时期的生产、成本、现金收支等进行预测。

2. 资金预测子系统

资金预测子系统是指根据企业生产经营的需求，对未来某一特定时期所需资金的估计和推测。

3. 短期经营决策子系统

短期经营决策子系统是指根据不同的决策方法对企业内的生产经营活动在两个或两个以上方案中作出选择。

4. 成本控制子系统

成本控制子系统是指根据不同的成本控制目的，采用不同的成本控制方法对产品进行事前、事中、事后控制，分析实际成本与标准成本的差异，找出成本变动的原因，为成本决策提供依据。

5. 存货控制子系统

存货控制子系统是指根据不同的存货控制方法分析构成存货成本的各项目，得出最适当的存货储存数量，使库存存货的成本总额最小化。

6. 长期投资决策子系统

长期投资决策子系统是指根据不同的决策方法对企业长期投资方案进行测算、对比和分析，从中选择最优的方案。

7. 销售利润预测分析子系统

销售利润预测分析子系统是指根据预测的对象、目的、时间选择不同预测方法，在销售预测的基础上，通过对销售费用以及其他对利润产生影响的因素进行分析，对未来销售和可实现利润作出预测和分析。

第三节　会计信息系统的应用管理

一、会计信息系统的组织与规划

会计信息系统的组织与规划是开展会计信息系统工作顺利与否的关键性因素，可从以下四方面予以关注：

（一）领导的参与与支持

任何系统的实施，首先都应进行规划。而会计信息系统的总体规划，不仅涉及财会部门，也涉及相关联的其他部门，为了更好地对各利益主体进行协调，会计信息系统的总体规划需要单位领导的参与与支持。由单位领导牵头组建强有力的核心小组，专门制订会计信息系统实施规划，负责组织会计信息系统的建立、制定会计信息系统的管理机制以及组织相关会计人员的培训。此外，单位领导的参与，有利于其真正理解规划会计信息系统的内涵与对单位发展的重要意义，从而全力支持单位会计信息系统的构建，协调好各方面的工作，把握规划的正确方向。

（二）资金和技术的支持

会计信息系统是一项高投入、高技术、高风险的系统工程。

其资金需求主要有三大类：一是设备费，包括软、硬件等；二是人工费用，包括系统的开发费、相关人员的培训费用等；三是变动费用，包括系统投入使用后，须消耗的打印纸、磁盘、管理人员工资、系统更新维护等费用。

技术方面，主要考虑计算机的内、外存容量，主频速度，联网能力，输入、输出设备可靠性和安全性等方面是否满足会计信息系统数据处理的要求；网络和数据库的可实现性；数据传送与通信能否满足用户要求等。

因此，规划会计信息系统时需要通过对资金需求的分析作出概略预算，以便领导对系统开发与否做出决策，并筹集安排所需资金。此外，还需要分析确定系统开发的高度，制订开发计划。

（三）科学合理的组织管理

会计信息系统的开发“三分靠技术；七分靠管理”。科学合理的计划管理是搞好会计信息系统开发的前提，制订的计划应详尽，对在一定时期内要完成的工作有一个具体合理的安排，并按计划循序渐进、分步实施的原则进行，有计划、有步骤地安排工作。此外，也需要科学合理的管理体制，只有在合理的管理体制、完善的规章制度、配套的科学管理方法等基础之上，才能作出高质量的会计信息系统的总体规划。

（四）培养配备复合型人员

会计信息系统涉及会计、计算机、通信、管理等多个学科的知识，因此，参与会计信息系统的人员应具备相应的知识结构。但当前我国缺乏相应的复合型人才，这就需要传统会计人员、计算机专业人员及高级管理人员多讨论、多学习，通过密切配合来完成相应的任务。当然，对会计信息系统中的不同人员素质的要求还是会因工作内容的不同而各有侧重。

二、会计信息系统的取得

会计信息系统的取得，必须经过详细严谨的软件选择过程。会计软件的取得，主要有以下方式：购买商品化会计软件、自行开发会计软件、委托其他单位开发会计软件、与其他单位合作开发会计软件。

（一）购买商品化会计软件

商品化会计软件是指专门的软件公司研制的，在市场上对外销售的会计软件。如金蝶、用友等会计软件，它们一般都属于通用会计软件。

1. 商品化会计软件的特点

（1）通用性。通用性包括纵向通用性和横向通用性。其中，纵向通用性是指软件能适应同一个单位不同时期的会计工作需求；横向通用性是指软件能满足不同单位会计业务的不同需求。

（2）保密性。保密性是指商家不用向购买软件的用户提供源程序代码，提供的是已经编译并加密的会计软件，是商家对购买商品化会计软件用户的保密性。

（3）软件由商家统一维护与更新。由于商家对销售的商品化会计软件已加密，即使有相关技术人员，用户几乎不可能对会计软件进行维护。商品化会计软件的维护与更新一般通过由会计软件的厂商或指定单位来实现。

2. 商品化会计软件的选择

一般来说，单位在购买商品化会计软件时，应从以下五个方面去考虑：

（1）根据单位业务量和规模选择商品化会计软件，了解软件功能是否满足本单位业务处理的要求，结合本单位计算机的硬件性能考虑可以在硬件上运行的会计软件。

（2）了解软件是否通过了财政部门的评审，考察商品化会计软件是否符合国家统一标准。

（3）考察软件系统设置的灵活性、开放性与扩展性。软件与其他信息系统的数据交换功能以及二次开发功能对于适应单位不断变化的管理工作是非常重要的。

（4）考察会计软件的运行稳定性、效率性和易用性。软件运行的稳定性是软件质量和技术水平的体现，如果软件在运行时经常死机或非法中断，势必会影响会计信息系统的运行效果和数据的安全性。同时，会计信息系统是一个人机交互系统，其易学易用性也是一个必须考虑的因素，它关系到会计人员能否顺利掌握该软件，能否顺利开展工作。

（5）考察软件开发商的发展前景和售后服务。软件开发商的研发水平、售后服务体系是否健全等对选用的会计软件能否顺利投入实际使用，今后软件运行过程中出现问题能否得到即时解决至关重要。

（二）开发的会计软件

购买商品化会计软件相对而言省时省钱，但该方法也存在一些不足。商品化会计软件一般都是通用的，考虑的问题比较多，难以兼顾个别用户会计工作的特殊需求。这就占用了较大的计算机系统资源；为了使通用的会计软件专用化，操作者初始化工作量大。鉴于此，有的单位为满足自身需求，会采用开发会计软件的方式，具体方式可以分为：自行开发、委托其他单位开发或与其他单位合作开发。

需要开发的会计软件是根据单位需求来进行的，具有专用性、易用性强的特点，但也存在一定的局限性，如技术要求高、软件开发周期长、费用高、软件的应变能力不强等。

三、会计信息系统的实施重点

基于会计信息系统的现状，结合系统功能要求，各单位应将完善基础、创造环境，完善会计信息系统内部控制，完善和发展会计信息系统作为会计信息系统实施的重点。

（一）完善基础、创造环境

推进会计信息系统的建设，首先要完善单位管理的各种基础，包括系统条件、业务标准、专业人员等。单位的信息系统环境及配置是否选择恰当，将直接影响信息系统运行状况好坏；业务流程中的业务标准及处理规则的严密性、规范性，则影响信息系统提供的准确性和时效性；通过对各职能部门的相关人员进行业务培训，使其掌握信息系统的基本知识和使用方法。

会计综合能力的提高涉及单位的各个部门和各个管理环节，需要领导的重视与支持，也需要各部门相关人员的用心参与，共同创造良好的工作环境，协调解决好相互协作中遇到的问题。

（二）完善会计信息系统内部控制

完善的内部控制是保证会计信息质量的重要环节，在会计信息系统设置与实施过程中必须充分考虑。

首先，对会计信息系统各类会计岗位人员应按系统授权要求重新划分，按照权责利相结合的原则建立岗位责任制，形成系统设计维护、业务处理等工作岗位，坚持不相容岗位相分离的原则。同时，加强会计人员的诚信教育，积极引导会计人员在会计工作中恪守会计职业道德。

其次，应加强对会计信息系统操作和维护的控制，制定一套完整而严格的操作和维护规程，包括操作的具体流程，各环节的分工和职责，维护的时间、内容、程序等，保证会计软件操作的规范化和运转的安全性。

再次，建立和完善对会计信息系统的实时监控。企业实施会计信息系统后，日常经营管理活动几乎完全依赖系统进行，系统的正常安全运行将直接关系到企业的经营。为确保系统的正常运行，应建立实时监控制度，随时掌握系统的运行情况，防止非法使用和恶意攻击可能造成的破坏。同时，应设立必要的预警保护措施，遇到可疑情况，系统会发出预警并进入自动保护状态，以保证系统的安全。

最后，加强会计信息系统会计档案的管理。存储会计数据和程序的介质，例如日常数据的备份，打印输出的各种会计凭证、会计账簿、会计报表等，均应由专人按相应的制度规定进行保管。所有会计档案均应做好防火、防潮、防尘、防盗等工作，并定期盘点整理。

（三）完善和发展会计信息系统

不断地对会计信息系统进行完善，是会计信息系统真正发挥作用的保证。

由于会计环境不断发生变化，会计信息系统应增强对环境的适应能力。这样，当会计环境发生变化时，可只需修改部分信息生成规则而无须对整个会计信息系统进行修改甚至重新设计。且经济环境的变化，也会使信息使用者对会计信息提出新的需求，会计信息系统的开发维护人员应能及时进行信息指标体系的调整，最大限度地满足信息使用者对会计信息的需求，更好地体现会计信息系统的价值，为企业的发展服务。

会计信息系统的发展离不开信息技术的发展，但先进的信息系统只能是保持当时条件下的先进性，因此，也应随着信息技术的发展，及时调整和完善会计信息系统的功能，使其发挥更好的作用。

思考题：

1. 什么是会计信息系统？请简述其发展。
2. 简述会计信息系统的构成。
3. 什么是商品化会计软件？它有何特点？选择商品化会计软件需要考虑哪些问题？
4. 企业在实施会计信息化时需要关注哪些方面？

参考文献

[1] 中华人民共和国财政部. 企业会计准则 [M]. 上海：立信会计出版社，2022.

[2] 企业会计准则编审委员会. 企业会计准则案例讲解 [M]. 上海：立信会计出版社，2022.

[3] 中华人民共和国财政部. 企业会计准则：应用指南 [M]. 上海：立信会计出版社，2022.

[4] 李家瑗，潘云标. 会计学 [M]. 北京：中国财政经济出版社，2008.

[5] 陈国辉，迟旭升. 基础会计 [M]. 7 版. 大连：东北财经大学出版社，2021.

[6] 陈国辉，陈文铭. 基础会计 [M]. 5 版. 北京：清华大学出版社，2020.